U0785427

英语名师谈

英语语言史略

王继辉 著

创于1897 商務印書館 The Commercial Press

图书在版编目(CIP)数据

英语语言史略/王继辉著.—北京:商务印书馆,2025
ISBN 978-7-100-23896-0

Ⅰ.①英… Ⅱ.①王… Ⅲ.①英语—语言史
Ⅳ.①H310.9

中国国家版本馆 CIP 数据核字(2024)第 082693 号

权利保留,侵权必究。

英语语言史略
王继辉 著

商 务 印 书 馆 出 版
(北京王府井大街 36 号 邮政编码 100710)
商 务 印 书 馆 发 行
中煤(北京)印务有限公司印刷
ISBN 978-7-100-23896-0

2025 年 4 月第 1 版 开本 880×1230 1/32
2025 年 4 月北京第 1 次印刷 印张 11¾

定价:62.00 元

谨以此书向爱妻项东教授致敬

序

英语史涉及英语从古至今的全部演变过程，是历史语言学中的一门重要学问，也是语言学者和教师们的基础知识。用一句话概括，英语史是语言学中对英语发展的考古研究，是国内外语言学者非常重视的研究领域。我的父亲刘世沐教授曾经在爱丁堡大学研读过英语史，尤其对古英语和中古英语有着浓厚的兴趣，他因此回国后在北京外国语学院（北京外国语大学）开设过此类课程。北京大学的季羡林先生是研究梵语的大专家，其研究也涉及德、法等印欧语系的多种语言，李赋宁先生在英语史方面更是功底深厚，他于 1988 年出版的《英语史》涉及英语的来源、背景，对古英语、中古英语，乃至现代英语都做了全面的阐述，其专著当是中国英语史研究的开山之作。上个世纪 80 年代末，我到芝加哥大学读书，那时该校的人文学部就有享有国际声誉的期刊《语文学》(*Philology*)，当时的主编是英语系最负盛名的弥尔顿教授。这个学术刊物就曾刊登过很多与英语史相关的学术文章，也正是这个刊物让我进一步认识到英语史这门学问的重要性，同时也意识到国内的这个领域近乎处于“空白”状态，英语教学界急需这方面的专门人才。因此，当我看到王继辉教授的《英语语言史略》书稿的时候，内心充满了兴奋与喜悦，因为这部即将出版的专著既证明季羡林、李赋宁和我父亲那一辈学者在这一领域已后继有人，同时也证明历史语言学领域的中国学者们正在加快追赶国际同行的脚步。

据我所知，继辉教授从北京外国语学院英语系毕业之后，便在美国普渡大学攻读硕士和博士学位。他在普渡的研究兴趣主要在中世纪北欧文化及中世纪英国文学，对北欧萨迦英雄传奇、古英语史诗《贝奥武甫》、中古英国诗人乔叟均有深入的研究，同时涉猎英语语言史、西方文献学等研究领域。回国后他在北京大学任教，曾长期开设相关课程，并为国内出版社引进的多部英语语言史和英语文化史专著撰写过导读性文章。在二三十年的教学和科研工作之余，继辉教授还热心为系、院，以及整个外语界的发展做过很多工作，他曾担任过本校外院学位委员会委员，英语系副主任和语言中心常务副主任等学术职务，并应聘做过多所国内外大学的客座教授、特聘教授和荣誉教授。毫无疑问，他是外语界归国学者中的佼佼者之一，在一定程度上弥补了我国外国文学和语言学研究的薄弱环节，为外语教学与研究事业贡献了力量。

谈及英语语言史我很惭愧。80年代初我在纽约州立大学攻读硕士学位之时，曾经选修过赫斯廷斯教授的乔叟课程。他是个古英语和中古英语专家，在讲授《坎特伯雷故事集》的“总序”（The General Prologue）时，他曾亲自在课上用中古英语朗读了这段诗文，之后还把他的朗读制成盒式录音带赠送给每位学生。遗憾的是，大多数学生都没有足够地重视这份礼物，我虽把录音带带回了北京，但一直将其束之高阁，完全没有派上用场。严格地讲，我对英语史知之甚少，并不是撰写这篇序言的最合适人选。然而，看到继辉教授发来的书稿之后，我便被这部形式特殊，特立独行的英语史稿吸引住了。这是一部集教学经验和科研成果于一体，内容丰富，水平很高，又深入浅出的佳作，我从中学到了很多意想不到的知识。可以说，起自上个世纪60年代的家学，到80年代初赫斯廷斯的乔叟课程，再到芝加哥大学的《语文学》期刊，我都与英语史擦肩而过，及至今天，我已以80岁高龄退休在家，才真正发现英语语言史竟然是如此有趣并意义重大，我为未能及早深入了解相关知识以丰富我的英美文学教学而深感遗憾！

“笔谈”是一种有效的叙述形式，特征是“对话”和“交流”，继辉教授正是运用了这样一个特殊方法撰写了他的英语语言史，这当然是国内学界的首创。听他说，他正在给北京语言大学的研究生们开设这门课程，不想碰到新冠病毒肆虐，他不得不采用在网上与学生书面交流的方式，以完成既定教学任务。由于这种笔谈效果很好，他便决定暂时放下已经开始用英语撰写的英语史稿，转而整理出了这部笔谈性质的书。此前国内出版的这类著作，比如李赋宁先生的《英语史》等，都采用类似文学史的体例，依循英语的发展脉络，从印欧语开篇，进而梳理英语成形并发展的整个历史过程。全书顺着时间划分章节，在每个章节中充分列举语音、形态、语法、词汇的例子，力求全面、详尽，这种传统风格当然值得学习、效法。然而，就读者群而言，此类著作却有其局限，它或许是专攻这一领域的教师甚至研究生的案头必备之书，以随时参考和查阅，但是，即便有一定英语史基础的读者也不一定完全能够读懂此类著作中的细节，因篇幅所限这类语言史的作者在罗列大量例子之时，也有可能一带而过，不做过多解释，这样的专著往往使读者望而生畏，不能为这门学科的发展起到吸引更多爱好者的积极作用。而且，阅读这类英语史著作的读者多数处于被动状态，一般都是边读边记那些古英语和中古英语的生僻词汇和句子，难以对其背后的丰富文化进行深入的思考。而继辉教授的这本专著则因疫情而一改传统撰写方式，在保持历史大框架的前提下，不求面面俱到，片断性地阐释历史语言学概念，而是用笔谈的方法直接与读者对话，将历史语言学理论和方法与轶事、典故融为一体，以最大程度地提高读者的参与感和学习兴趣。网上授课虽不同于师生在课堂上的当面交流，但继辉教授十分口语化的叙述文字，给读者以直接谈话的感觉，自然随意且深入浅出，这种方式当然会激发阅读者的求知热情，致使那些欲获得进一步知识的学生去自行查阅资料，从被动学习转为主动探索。以我为例，这部“笔谈”性质的英语史使我多年来第一次对英语史产生了浓厚的兴趣，而不是只知道它很重要却没有意愿深入了解。

《英语语言史略》的第一部分“英语史前史”，与后面几个部分相比，显得更有理论味道，但这一部分的理论叙述却非常有趣，其中涉及很多在传统英语史中并不多见的内容。比如，这一部分介绍了语言分类，从中我们得知，世界上 3000 余种语言是通过语言发生学分类法和语言类型学分类法同时完成分类的。也就是说，即使两种语言之间没有发生学上的联系，如果两者具有相似的语法系统，它们依然可以归为一类，于是，19 世纪的语言学家施莱歇尔提出了“孤立语”（isolating language）、“黏着语”（agglutinative language）和“屈折语”（inflected language）语言类别三分法，并得到了当时学者的普遍认同。接着，《英语语言史略》介绍说，这三类语言各有其基本结构特点：孤立语中的每个单词都是独立的，组成句子时，单词不会出现任何形态变化，句子的语法及语义完全由词序来传达，比如汉语句子“我爱你”，因此，这类语言也被称为“无形态语言”（formless language）。此类语言中每个字的位置固定，如果词序有变，句子所表达的意思就会发生根本的变化，我们的汉语便是此类语言，当然还包括越南语、缅甸语、泰语等。

黏着型语言的每一个实词（lexical word）和语法词（grammatical word）基本没有形态变化，各个词素可自由结合，以表达语法和语义关系。典型的黏着语有斯瓦希里语、土耳其语、匈牙利语、芬兰语等。此处继辉教授给出了一个有趣的斯瓦希里语例子：nitakupenda。这一列字母看上去像一个冗长的单词，其实是个句子。中间的 ni（I）是单数第一人称代词，做主语；ta（will）是助词，表达将来时间；ku（you）是单数第二人称代词，做宾语；penda（to like）是动词。几个词合起来的意思用英语说是 I will like you。我们如果用 la 代替 ta，将来时则变成了过去时，合起来的意思就变成 I liked you。如果我们再将 ku 改为 m，句子所表达的便是 I liked him。

屈折语与英语关系密切，其主要特征是：每个单词之间的语法关系及语义内容，均由附着在主要单词之上的词尾形态来表达，由于不同词尾肩负着的特殊语法功能，单词在句子中所处的位置可以移动。典型的屈折语有古希腊语、拉丁语、梵语，以及一些欧洲现代语言。介绍屈折语时常用的经典例子是拉丁语动词 amāre（to love）。这是动词的不定式形式，如果把这个动词的词尾 -āre 改写成 -o，写作 Amō，这就成为一个有主语有谓语的完整句子，意思是“I love”，因为词尾 -o 是 amāre 的单数第一人称直陈语气一般现在时，虽然主语并未出现，但句子是完整的，可见，词尾的屈折变化是这类语言的关键特征。当然，还有一种现象叫作“词根屈折”（root-inflection），在阿拉伯语中这种现象很普遍，即使是英语，词根屈折的痕迹也并不少见，比如不规则动词 sing、sang、sung 就是通过变更词根元音的方法完成了关键的语法表达。

根据上面的叙述，我们或许将现代英语归于屈折语，然而，《英语语言史略》在此将读者的关注引向了英语单词词尾变化的数量。比如动词，现在时单数第三人称的动词词尾是 -s，过去时和过去分词的

词尾是 -ed，现在分词和动名词的词尾是 -ing，其它情况则是零词尾。因此英语动词的词尾也不过 4 个。再看名词，名词复数词尾是 -s，名词单数所有格词尾为 -'s，复数所有格词尾是 -s'，共计 3 个。其它拥有词尾变化的词类包括形容词和副词，其数量大家也十分清楚。如果我们把英语和拉丁语做比较，英语大概就不是典型的屈折语言了。另外，英语构词法中，在词根上添加前缀后缀等词素便可组成新的单词，这种构词法叫作"派生"（derivation）。这其实就是最典型的黏着语语句结构的方式。如果进一步来观察后面这个英语句子：Tom hates Jerry，我们会发现中间的动词带有 -s 词尾，这是屈折语的特征。但是，Tom 和 Jerry 两个词在此句中万万不可调换位置，否则句意便会发生根本变化。换句话说，词序在这里是实现语法及语义功能的唯一条件。这难道不是孤立语的典型特征吗？诸如此类的例子可列举很多，因此结论是：英语并不是典型的屈折语言，确切地说，英语是一个兼具各类语言特征的混合体。

《英语语言史略》正是通过如此深入浅出的方法，将"英语是个兼备各类语言特征的混合体"这一深奥结论，简明而清晰地讲授给了学生。当然，这仅仅是这部英语史不同于传统同类著作的上乘例子之一。此外，继辉教授在这部著述里还设置了"文化经纬"和"语言天地"等有趣的栏目，以此把语言演变与社会、历史、文化环境紧密地联系在一起，这一做法极大地改变了英语史学著作的传统面貌。应该说，这部专著具备突破传统的首创性，以及深入浅出、生动活泼的吸引力，这就是我在此序开头时点赞它"形式特殊，特立独行"的原因所在。就整体而言，这是一部难得的英语史教科书。

继辉教授在最后一讲中以生动的例子讨论了语言的死亡，我想对这个话题做一简单呼应。语言在变化和演进的过程中，一些语言，特别是方言会消失，也就是死亡，英语是个最有趣的探讨案例。英语的不断变化导致多种变体的产生，比如，标准英国英语之外的美国英语、澳大利亚英语、南非英语，等等。实际情况是，各种经过变异的英语形态非但没有死亡，还都自得其乐地在世界上存在并流行，成为了世界通用英语的一部分。正如格林指出的那样，最有活力的英语变体终将超越语言死亡的威胁。当然，带有显著变异痕迹的变体与“正统”标准英语学派的追求是格格不入的。记得上个世纪 80 年代，《牛津英语大词典》的主编应邀来北京大学做学术报告。那天，阶梯教室挤满了兴致勃勃的听众，我也在场。在一个多小时的演讲中，这位主编竟然花费了十多分钟时间攻击美式英语，他激动地说，美式英语包含着很多黑人的词语和不规则语法，这些掺杂进来的内容让英国人深感羞耻。根据他的判断，美式英语已不再是英语，因此，在未来的几十年中，变异的美国英语和标准的英国英语一定分道扬镳，变成互不相干的两种语言。可见，这位牛津英语词典的权威已急切期待把美式英语枪毙掉，他对美式英语和非裔美国人的偏见着实把在场的听众们吓了一跳。有趣的是，几十年过去了，我们已经进入了 21 世纪，美式英语不但没有被扫地出门，其影响反而超越了牛津标准英语，而带有地域性的英语，如 /eɪ//aɪ/ 不分的澳洲英语等，均大行其道。我以为，令美式英语死不了的活力其实来自美国强大的政治、经济实力，以及国力支撑下的强大的文化。牛津词典主编那种标准英语独占鳌头的理想根本无法实现，其原因是大英帝国早已衰落，英国在各方面都只能跟在美国后面，只能丧失本属于他们的语言霸权。

我对语言死亡话题的呼应证实，我也参与了继辉教授发起的英语史笔谈。李赋宁先生和我父亲刘世沐教授那一代英语史学者，为我国的历史语言学研究和推广尽了力，是英语史研究领域的认真传递者，而以继辉教授为代表的接班学者已经不再满足于简单传递这门学问的一二三了，他们在教学和著述中热衷于对话和讨论，并从比较研究的角度把对汉语演变的观察融入对英语史的思考，其视野与高度已使中国英语史学的面貌焕然一新，王继辉教授的这部《英语语言史略》便是很好的例证。

刘意青

北京大学英语系

2022 年 5 月于北京

目　录

第三部分　中古英语史

第四部分　现代英语史

前言　英语历史与英语学习

我们每个人都熟悉英语，在国内教育体制下，尤其是上个世纪70年代之后，英语这门学问一直很吃香，从小学到中学都开设英语课，几乎所有的大学都有外国语学院，至少有英语系。英语专业的学生除了读四年本科之外，如有意愿还可能继续深造，读一个英语专业硕士学位，很多人甚至还获得了英语专业博士学位。总之，英语在中国早已成为稳定的二级学科。其实，非英语专业的学生也从小打下了比较扎实的英语基础。前些年，报考北京大学英语系硕士学位的考生中，成绩最优秀的还真的不是英语本科出身。可见，无论是中国的学校还是中国的学生，对英语这个专业是足够重视的，即便是针对英语专业前途众说纷纭的今天，说它是中国人心目中的"显学"也不为过。

重视外语学习是中国近代社会的特色传统。大家或许知道北京大学的已故教授季羡林先生，他是一位从事东方学研究的大师。有人尊他为语言学家，这个头衔放在季先生的头上也很合适。自从季先生跨入德国哥廷根大学的大门，开始研究古印度学之时，他先后学习了梵语、巴利语、吐火罗语等古老语言，还学会了俄语、阿拉伯语等现代语言，德语当然是他从中学开始就钟爱的外语，也是他在德国学习与研究的主要语言工具，他对这门语言高超的驾驭能力是显而易见的。正是出于其语言功底的有力支撑，季先生才最终成为大家仰慕的东方学领域大师级人物。

我在这里提到季羡林教授，是因为我始终记着他说过的一段话。季先生在回顾自己求学之路的时候，曾经强调外语学习的无比重要。用他的话说，做人文学科研究的人们，更应该多学一两门外语才好。细想起来，季先生的话虽然简单，其中却充满了智慧。成名成家谈何容易，要把自己武装起来，有雄心，有视野，还要有实打实的本领。无论你将来从事哪种职业，读书期间多学一两门外语肯定是有帮助的，因为每个语言的背后都是一个文化宝藏，语言是你聚敛智慧的源泉，而获取智慧的先决条件是打开视野，眼界一旦开阔了，心智自然随之成长。季先生熟悉多种语言，有现代语言，当然也有古老的死语言，比如梵语、巴利语、吐火罗语。古语言虽在日常生活中难以派上用场，但是要走入古人的精神世界，没有古语言的铺路是无论如何也做不到的。读文献搞研究，第一手资料都要在古语言的帮助下获取。季先生的睿智与学问，没有语言对他的滋养便难以想象。

我早年在美国普渡大学攻读学位的时候，也追随导师学过几门死语言，比如古诺斯语（Old Norse）、古哥特语（Old Gothic）。这些北欧中世纪语言貌似无用，但是读文献的时候完全离不开它们。如果读不懂历史资料，你怎么去研究古日耳曼历史文化？另外，这些古语言与英语的形成和演变有着千丝万缕的联系，别的不说，哪个学习英语的人不愿意深入了解这门语言，以便更有效地驾驭它？从这个意义上讲，任何对英语产生过影响的语言都十分重要，你在这方面的知识是提高自己英语水平的必备条件。

很多朋友在大学读书期间都要选修第二外语，也的确不时有学生跑来问我该学哪种语言，请我出主意帮忙做个选择。其实，做这种选择并不困难。单从英语学习的角度看，俄语比韩语好，法语比俄语好，而德语或许比法语还要好。我在这里说的是语言和语言之间的关联，联系越紧密，相似特征就越突出，学习之时越互有启发，对已知外语越有补益，学习新语言时也就越容易入门，这是欧美人动不动就告诉你他会说几种语言的主要原因。拿英语举例，韩语当隶属阿尔泰语系，和英语连远房亲戚都沾不上，勉强算是邻居，俄语是其姑表亲，法语是其未出五服的兄弟，而德语则是其同胞骨肉了。除了韩语之外，上面提到的这些语言都源自一个大家族，即印欧语系。我们学习英语语言史，必然要涉及英语的根源，印欧语系的研究者们两百多年来不断在著书立说，其实讲的就是这档子事。

提起英语史，我总会想起一些与英语学习相关的趣事。几年前，有个学校邀请我为他们英语专业的硕士研究生做个讲座，并允许我自由选择话题，说只要与英语学习有关即可。记得那次我给出的讲座题目是“Do You Know English？”，海报上所公布的演讲题目就是这几个英语词，后面还特意加了一个问号。现在想起来，当时的这个题目一定很扎眼，从小学、中学、大学，再到研究生，读过这么多年的书，怎么会不懂英语？我知道赶来听讲座的很多年轻朋友并不服气。于是，一开场我便对台下的学生们说，我先提两个与英语相关，大家每天都碰得到的问题，如果谁能完整地答对一个，就算大家赢，我会把现在的讲座题目收回来，另改话题。结果我没输，并按照既定话题顺顺利利地做了这场有关英语学习的演讲。

朋友们一定想知道我当时提出的那两个问题，我来告诉大家。第一个问题与英语名词有关。名词有单数复数之分，一个以上为复数，其词形与单数的不一样，这是英语语法书告诉我们的。但是，为什么两只猫是 cats，两条鱼却是 fish？为什么两头牛是 oxen，而两只老鼠又变成了 mice？同样是复数，词形却迥然不同，这究竟是怎么回事？

再看第二个问题。我们知道欧洲有很多语言同根同源，比如英语、法语、爱尔兰语、俄语，它们的老祖宗是古印欧语，其使用年代距今大约有 3,000 余年。由于这个原因，同源的语言在很多方面都极其相似。但是，为什么英语的五个元音字母 a、e、i、o、u 之中，竟然有三个与大多数欧洲语言元音字母的发音完全不一样？假如某一天，有位朋友请你去辅导英语，他向你提出这两个问题，作为出身于英语专业的老师，你有现成的答案吗？

再给大家讲另外一段有趣的往事。上个世纪 80 年代末，我在美国读书，周末傍晚经常和要好的同学们结帮出去喝啤酒。那天，我约了个同学去酒吧，不想他带来了一位地道的美国同学，说是学电气工程的博士生。这个小伙子是加州人，性格爽快，也很健谈。闲聊间，我所学的中世纪英国文学引起了他的注意。他对我说："中世纪英国文学居然是个专业，实在不可思议。我上中学的时候就开始读小说了，书店里满架子的畅销小说都读不过来，为什么要读中世纪文学？这类文学里果真有那么多可学的东西吗？你居然跨过太平洋跑到美国来，在这上面花费大量的时间，还要攻读博士学位，有这个必要吗？"

小伙子的议论听起来字字锋芒毕露，确实有些不顺耳。我看着这位朋友一脸不屑的样子，端起酒杯深深地喝了一大口，冰凉的啤酒顿时使我来了精神。于是，我提议跟他打一个赌：我当场写出 10 个英语单词，他如果认识其中一个，并告诉我这个词的确切意思，就算我输，当晚的酒钱全部由我来付，我请客。英语是他的母语，他又是个在读博士生，当然不信这一套，这顿不花钱的酒他笃定要喝了。游戏开始，我向服务生借来一支圆珠笔，顺手抽出一张餐巾纸，很快在上面写了 10 个英语单词，随即把餐巾纸慢慢地推到这位小伙子的面前。结果他一个都不认识，猜都不知道从何处猜起。他认输了，老老实实地为在座的朋友付了酒钱。有意思吗？其实做这件事并不难，你只要读过英语史，也一定能够施展这点儿雕虫小技。

玩笑归玩笑，对英语专业的学生来说，学点儿英语史是必要的。记得有一次，我的小女儿回家来说，她去问老师，英语中的 summer 读作 /'sʌmər/，而 campus 读作 /'kæmpəs/，其第二个音节中没有 /r/ 音，是什么道理？答曰：你的读法不对，campus 后面也有 /r/ 音，和 China 读法一样，读作 /'tʃaɪnər/，这是规律，没有道理，死背下来即可。小女儿听后点头称是，但一脸茫然。其实，任何语言现象都是有其缘由的，区别是有的人知道，有的人不知道。我来告诉大家如何回答小女儿的问题。在英语的某些方言中，包括英格兰西北部方言和除新英格兰地区之外的通用美国方言（General American），元音字母后面如果紧跟着字母 r，这个元音字母与 r 组成的音节就有 /r/ 音，比如 summer、person 之类，那个字母 r 在语音学中有个名称，叫作“元音后的 r”（post-vocalic r）。假使一个元音字母后面没有字母 r，这个音节当然没有 /r/ 音，比如 campus、China 等等，即使你再喜欢美式英语发音，也不能将 /r/ 音强加给这类单词。因此，如果你对某一语言现象既知其然，又知其所以然，才会更准确地把握它，使用这门外语的时候才会更有底气。

学习点儿英语史，我们便会理解很多常见的语言现象。有过教书经验的朋友当知道面对学生提问而没有答案的窘态。当然，通晓一切是不可能的，自称什么都知道的人，无知的可能性或更大。不过，我们是有办法掌握某一知识领域的基本内容的，倘若我们不了解本应知道的常识，就不应该了。我给大家提个问题，看你能否答得上来。我们谈论一个人的身高，可以说他是个 six-foot man（6 英尺高的男子），如果告诉一位朋友自驾车去某一附近景点的里程，你可以说只有 ten-mile drive（10 英里远的车程）。两个短语中均有一个复合形容词，即 six-foot 和 ten-mile，前者形容高度，后者描述距离。请注意：“6 英尺高”中用的是 foot，“10 英里远”中用的是 mile。如果有人提问，就语法而言，这两个英语短语是否正确，你该如何作答？这又涉及英语史了，我把问题留给大家日后自己寻找答案。

以上是一个大致的开场白，目的是告诉大家学习英语史的必要性。从下一讲开始正式进入主题。

第一部分

英语史前史

第 1 讲　历史语言学与语言分类

英语史是探讨英语语言演变过程的专门学问，是历史语言学的一部分，而历史语言学又是语言学的一个重要分支。为了梳理清楚基本概念，我们不妨把语言学简单地划分为“历史语言学”（historical linguistics）和“描写语言学”（descriptive linguistics），前者研究语言的演变历史，后者探讨某一个特定时间点上语言的自身状态。换个结构语言学的说法，一个是对语言的“历时研究”（diachronic study），另外一个则是“共时研究”（synchronic study）。当然，我们还可以根据不同的研究角度，把语言学再细分为社会语言学、心理语言学、认知语言学、计算语言学，等等。

我们都知道，任何一个仍被使用着的语言，无时无刻不在发生着变化，变化过程便是这个语言的历史。出于这一原因，我们可以说，历史语言学所关注的是语言的本质之一。语言的确是在我们不知不觉之中发生着或大或小的变化。前些天，我陪夫人在颐和园西堤散步，看到一些游客用手机饶有兴致地在湖边拍照。微波粼粼的湖水在远山的映衬下显得格外美丽。在新冠肺炎病毒肆虐的时候，这些美照肯定会给宅家多日的人们带来好心情。果然，我太太也受到了感染，一边拍着照片，一边忙着把自己的杰作用手机晒了出去。

我顺便问问各位，这晒照片中的“晒”字是从哪里来的？没错，英语中的share就这样悄无声息地走进了我们的汉语语言。由于语言之间的频繁接触，一种语言的词汇进入另外一种语言，日积月累，后一种语言在词汇结构上便要慢慢地发生变化，这种变化就是历史语言学研究的内容。

从古典时期到中世纪历史阶段，人们一直对神秘的语言保持着浓厚的兴趣。拿欧洲来说，现代意义的大学出现并成熟于公元14世纪15世纪前后，比如意大利的萨莱诺大学、法国的巴黎大学、英国的牛津大学，等等。最早的大学课程共有七门，当时的大学沿用了古罗马学者卡派拉（Martianus Capella）在其著作《语文学与商神的联姻》（*De Nuptiis Philologiae et Mercurii*）中的提法，将这七门课程统称为“文科七艺”（septem artes liberales），其中的前三门是语法、修辞、逻辑，即所谓“三艺”（trivium），这三门课程是学习几何、算数、天文、音乐“四艺”（quadrivium）的基础。大家注意，前三门主修课程都和语言有关，语法讲的是用单词组成短语或句子的规则，修辞探讨有效使用语言的风格与手段，而逻辑的研究对象则是语言的推理方法。欧洲历史中有相当长一段时间，大学的授课语言是拉丁语，那时候有才华的学者无不关注包括拉丁语在内的古典语言，比如古希腊语、古梵语，以及这些语言所承载着的丰富文化。这种对古典语言的钟爱与驾驭，对18世纪19世纪之间欧洲历史语言学的学科构建，尤其对欧洲现代语言根源的系统挖掘，的确是深厚的学术铺垫。

有人群生存的地方必有语言。据东德出版的《语言学及语言交际工具问题手册》统计，全世界已查明在册的语言数量，有零有整，总共5,561个。当然，这个数字包括了因政治原因被称为语言的方言，比如瑞典语和挪威语，尽管讲这两种语言的人彼此间基本没有沟通障碍，他们依然认其为归属瑞典和挪威两个国家的独立语言。即使我们刨除这些介乎方言和语言之间的部分，世界上公认的独立语言也当在 3,000 种左右。这是一个庞大的人类语言群体，要梳理清楚它们之间的异同，将其分门别类，的确是个非常复杂的系统工程。

早在 18 世纪 19 世纪之间，欧洲的语言学家们已对语言分类表现出了极大的热情，也在分类方法上做出了关键的突破，这就是历史语言学者们时常提到的语言发生学分类法（genealogical classification）和语言类型学分类法（typological classification）。前者与印欧语言谱系有关，我们后面要着重讨论；后者则不以语言的历史分化为主要依据，而是通过观察语言的内部系统，比较其语音、形态、句法和词汇的各自特征，将众多语言划归各个类别。为了叙述方便，我们先来讨论语言类型学分类方法。

早期历史语言学者对语言进行分类的初衷，当然是寻找语言之间的谱系关系。不过，一味强调因语言分化而出现的相似性而辨识语言类别，显然有其难以避免的不足。为了克服其中的弱点，洪堡大学的创始人洪堡特（Wilhelm von Humboldt 1767—1835）指出，语言分化轨迹不是进行语言分类的唯一依据，世间的语言或许没有显著的谱系牵连，但任何一种语言都有其独立的语法系统，而正是这一与生俱来的语法系统决定了它与其它语言的相同或者不同。即便不存在发生学意义上的亲缘联系，一些语言依然有可能因其内在的相同系统而归属于同一语言类型。洪堡特的这一观点奠定了语言类型学分类的理论基础。

18 世纪末 19 世纪初的欧洲历史语言学学者们，随着越来越多的非古典语言进入他们的视野，对世界诸多语言类型逐渐有了更为精细的认识，其中最典型的是德国语言学家施莱歇尔（August Schleicher

1821—1868）的三分法，即孤立语（isolating language）、黏着语（agglutinative language）和屈折语（inflected language），这个分类方法至今仍经常被历史语言学界引用。即便是在当时，语言学者们也大多认同三类语言各有其基本结构特点的说法，有人甚至据此做出了达尔文进化论式的结论，认为这三类语言分别代表着人类语言发展过程的不同进化阶段，其中孤立语和屈折语占据着语言发展程度的低高两个端点，黏着语居中，是从原始阶段演进到发达阶段之间的过渡。关于这个说法，我们暂且不做评价，到课程临近结尾时再做讨论或许更容易一些。

先来看看这三类语言的结构特征。孤立语中的每个单词都是独立而不可分的词素（morpheme）。组成句子时，单词不会出现任何形态变化，句子的语法及语义完全由词序来传达，比如汉语句子“我爱你”，其中的三个字无论处于什么位置都不会有任何形态变化，因此这类语言也被称作“无形态语言”（formless language），这是与形态多变的屈折型语言相对而言的。由于缺乏形态的帮助，此类语言中每个字的位置必须固定，你看上面例句中的三个字，其位置不能随意更动，如果它们的词序有变，句子所表达的意思就会发生根本的变化，这是孤立语的本质特征。此类语言很多，比如我们的汉语，还包括越南语、缅甸语、泰语，等等。

黏着型语言的每一个实词（lexical word）和语法词（grammatical word）基本没有形态变化，在架构句子的时候，各个词素自由结合，连接在一起，以表达各词素之间的语法和语义关系。典型的黏着语有斯瓦希里语、土耳其语、匈牙利语、芬兰语，等等。我们来看一个斯瓦希里语的经典例子：nitakupenda，这一列字母看上去很像一个冗长的单词，其实是个句子。中间的 ni（I）是单数第一人称代词，做主语；ta（will）是助词，表达将来时间；ku（you）是单数第二人称代词，做宾语；penda（to like）是动词。几个词组合起来的意思用英语说是 I will like you。我们如果用 la 代替 ta，将来时间则变成了过去时间，合起来的意思就变成了 I liked you。如果我们再将 ku 改为 m，句子所表达的便是 I liked him 了。

屈折语与英语关系紧密，因此是我们谈论的重点，大家也比较熟悉。屈折语的主要特征是：每个单词之间的语法关系及语义内容，主要由附着在单词之上的词尾形态来表达，由于不同词尾肩负着相关词的明确语法功能，单词在句子中所处的位置并不十分重要。典型的屈折语有古希腊语、拉丁语、梵语，以及一些欧洲现代语言。介绍屈折语的时候我们常以拉丁语动词 amāre（to love）为例。这是动词的不定式形式，从其词尾 -āre 便可看得一清二楚。如果把这个动词的词尾改写成 -o，写作 Amō，即使第一个字母不用大写，我们立刻会知道这是一个有主语有谓语的完整句子，意思是 I love，因为词尾 -o 告诉我们这个动词已经被赋予了几个不同的语法意义：我们从中获悉这是 amāre 的直陈语气现在时单数第一人称，虽然主语并未出现，从逻辑上说，句子依然完整。可见，词尾的屈折变化是这类语言的关键特征。当然，还有一种现象叫作“词根屈折”（root-inflection）。在阿拉伯语中，这种现象很普遍，英语中的词根屈折痕迹也并不少见，比如不规则动词 sing、sang、sung 就是通过变更词根元音的方法完成了关键的语法表达。

我们上面简单地描述了三类语言的标志性特征。英语属于哪类语言？我这里指的是现代英语。各位的第一反应大概是屈折语，这还不仅仅因为上面所举的词根屈折现象的例子，即便是词尾变化，大家或许也有理由做出这一判断。这里，我想请各位特别关注英语单词词尾变化的数量。比如动词，直陈语气现在时单数第三人称的动词词尾是 -s，过去时和过去分词的词尾是 -ed，现在分词和动名词的词尾

是 -ing，其它情况则是零词尾，即使加上这最后一个，英语动词的词尾也不过 4 个。再看名词，名词复数词尾是 -s，名词单数所有格词尾为 -'s，复数所有格词尾是 -s'，共计 3 个。其它拥有词尾变化的词类包括形容词和副词，其数量我不细说大家也十分清楚。如果我们把英语和拉丁语放在一起做比较，英语大概就不是典型的屈折语言了。

各位知道，英语构词法中，在词根上添加前缀后缀等词素便可组成新的单词，比如，god、godly、godliness、ungodliness 等等，这种构词方法叫作“派生”（derivation）。大家回忆一下，这不是最典型的黏着语语句结构方式吗？请各位再来观察后面这个英语句子：Tom hates Jerry。中间的动词带有 -s 词尾，说明它在直陈语气现在时单数第三人称的状态，这是屈折语的特征。但是，Tom 和 Jerry 两个词在此句中万万不可调换位置，否则句意便会发生根本的变化。当然，在这个句子结构中，变换两个词的位置并不复杂，因为调换位置之时并不需要对它们做任何形态上的更动。换句话说，词序在这里是实现语法及语义功能的唯一条件。这难道不是孤立语的典型特征吗？诸如此类的例子我们可以列举很多，结论是：英语并不是典型的屈折语言，确切地说，英语是一个兼具各类语言特征的混合体。这或许是个令人一时摸不着头脑的结论，但这的确是事实，我在后面会详细给大家讲述形成这一状态的历史原因。

由此看来，使用施莱歇尔的三分法为英语做类型定性是有一定困难的。说到英语语言的类别归属，我想给各位介绍一次相关的学术会议。1986 年是我赴美求学的第二个年头，这一年，坐落在得克萨斯州的莱斯大学召开了一个令学界瞩目的专题学术研讨会，会议的中心话题是“语言谱系分类”。熟悉欧洲语言历史研究的朋友们都知道，会议选择在 1986 年召开，是为了纪念一位伟大的语言学者，18 世纪英国的威廉·琼斯勋爵（Sir William Jones 1746—1794）。那一年的两百年前，也就是 1786 年，琼斯在印度加尔各答他一手创建的亚洲学会（Asiatic Society）第三次年会上，首度提出了印欧语言谱系假说，从而奠定了用历史比较方法（comparative method）来追溯印欧语言发生学亲缘关系的学术基础。1986 年的莱斯大学专题研讨会对非专业语言学家出身的琼斯勋爵为比较语言学所做出的贡献，给予了人们预想不到的高度评价。研讨会与会者一致认为，琼斯当年的简短假说意义深刻，因为这一假说使语言研究彻底摆脱了宗教信条的束缚和早期经验主义语言比较的局限，在客观上为后来的历史语言学提供了可靠的历史比较方法，也正是这一科学方法如同当年的《马可·波罗游记》（*The Travels of Marco Polo*）一样极大地拓宽了欧洲人探求语言历史的视野，其贡献完全可以与哥白尼、伽利略、达尔文的科学发现相媲美。莱斯大学研讨会对琼斯的评价是史无前例的，那么，这位法官出身的东西方语言爱好者，究竟在第三次亚洲学会年会上说了些什么呢？

根据史料记载，自亚洲学会创办伊始到其创办人琼斯离世，总共召开了 11 次年会，每次年会上琼斯都应邀做他的主旨发言，每个发言都是当年年会的重头大戏。1786 年 2 月 2 日，琼斯照例出席了年会，在这次年会上，这位热衷探究亚欧语言渊源的学者发表了他著名的第三次年度演讲（The Third Anniversary Discourse）。这篇演讲词很长，其中一段关于欧洲现代语言与古典语言血脉关系的内容是其精髓，也正是这段文字给所有与会者留下了不可磨灭的印象。他根据自己长期研究多种语言的印象，郑重地告诉大家：

> The Sanscrit language, whatever be its antiquity, is of a wonderful structure; more perfect than the Greek, more copious than the Latin, and more exquisitely refined than either, yet bearing to

both of them a stronger affinity, both in the roots of verbs and in the forms of grammar, than could possibly have been produced by accident; so strong indeed, that no philologer could examine them all three, without believing them to have sprung from some common source, which, perhaps, no longer exists: there is a similar reason, though not quite so forcible, for supposing that both the Gothick and the Celtick, though blended with a very different idiom, had the same origin with the Sanscrit; and the old Persian might be added to the same family, if this were the place for discussing any question concerning the antiquities of Persia.

无论梵语源自哪种古语言，其结构之美的确令人慨叹。它的结构比希腊语更完备，比拉丁语更丰富，比两者都更加精妙。无论是动词词根还是语法形态，它又与两种语言保持着亲族联系，其紧密程度仅用巧合断然难以解释清楚。三者之间的关系的确不凡，致使任何对三者做过研究的语言学者都无法否认它们出自或已消逝了的共同源头。虽然我们的理由没有这样充分，但也因这个想法倾向支持哥特语和凯尔特语与梵语同样来自这一源头，尽管它们与不同的地方语言曾经相互融合。如果今天的场合合适，我们也当将古波斯语纳入这一共同家族之中。

就词汇、语法而言，拉丁语和希腊语与梵语相似，哥特语和凯尔特语也与梵语相似，因此，没有理由怀疑这些语言不是源自同一个很有可能已不复存在的古老语言。这些语言，包括古波斯语在内，当同属一个“语言家族”（language family）。这就是琼斯在那次演讲中所展示的被后人称为“印欧语假说”的构想。正是这一构想引导着后来的历史语言学研究者们借助历史比较方法，将包括英语在内的欧亚诸多语言科学地串联在一起，逐步构建出了印欧语谱系树模型，为历史语言学的研究开辟出了一条崭新的路径。我将在下一讲详细介绍历史比较方法和印欧语谱系树，以及英语在这一模型当中的确切位置。

文化经纬

语言的起源

西方语言书写历史经过了象形文字（pictographic writing）、意符文字（ideographic writing）、字母文字（alphabetical writing）等复杂的演变过程。但是文字是人类语言的后续发展，口头语言大大先于文字语言。大家了解口头语言是从哪里来的吗？每提起这个问题，人们总会联想到基督教圣经旧约中巴别通天塔（Babel）的故事。故事中说，大洪水过后不久，诺亚的后代忘记了上帝的警告，又想树立一座高耸入云的通天宝塔，以便与上帝比个高下。于是，成千上万的人们聚集到一起，乱哄哄地凿石垒砖，开始营造这座空前绝后的高大建筑。上帝对人们的狂妄十分气恼，决定打乱天下的语言，在他们之间制造交流障碍，以打击其不知天高地厚的癫狂。结果是人们突然操起了不同的言语，完全无法彼此沟通，只好放弃建塔的企图，各奔东西去寻找安宁了。这是一个很有趣的经典故事，不过，即使我们不去顾及故事中的宗教寓意，巴别塔的故事也不过向我们讲述了人类语言的一个发展假说，并未涉及语言的起源问题。

语言到底是从哪里来的？其实，有关语言的起源，历史上的语言学研究者们曾提出过不少猜想。比如，有人认为语言来自人们日常生活中的感叹语（the pooh-pooh theory），也有人说人们因不断仿效周围动物的鸣叫而形成了表达自己情绪的语言（the bow-wow theory），还有的说语言是在人们的劳动号子中逐渐演化出来的（the yo-he-ho theory）。以上理论各有各的道理，大家可以找时间浏览一下。

下面一种关于语言起源的说法听起来似乎更合乎逻辑：最初，人们使用的交际手段很像一个手势与呼声的混合体，其想法主要借助手势来相互表达，叫声犹如今天书写文字中的标点符号，起着停顿或强调的辅助作用。后来，大约在 50,000 年前，由于生理机能的改变，人类的行为也发生了一系列变化。普利斯（Thomas Pyles）和阿尔吉欧（John Algeo）在他们的教科书中曾经说过，人类的大脑容积在这一时期显著增大，大脑各半球的不同功能也随之得到了强化。如此一来，大多数人的重要躯体功能（包括语言功能）均落到了大脑的左半球，人类的右手因此变得异常忙碌，实在没有时间以手势表达想法了。于是，人际交流的任务便转到了声音上来，这是人们逐渐习惯用声音来表达思想的直接物理原因。普利斯和他的同事解释说，随着日益复杂的声音符号不断增多，语言出现了。

人类或许是拥有以声音为交流手段的唯一动物种类，同时人类与其近亲黑猩猩共有以肢体动作进行复杂交流的能力，这两个事实明确地告诉我们：在人类交际史上，以动作为表达手段的肢体语言当远远先于以声音为表达方法的口头语言。

语言天地

语言的定义

无论研究母语还是学习外语，我们都无法绕开“什么是语言”这个基础问题。仔细想想，给“语言”二字下个定义还真不是一件容易做到的事情。如果你上网稍加搜索，就会找到很多相关的讨论。那么，哪个定义比较准确呢？如果暂无定论，我们不妨先看看权威学者的说法。美国语言学家萨丕尔（Edward Sapir 1884—1939）曾经给语言下过一个著名的定义。依据他的说法，人类语言是用任意创造的符号交流思想、传递情感的非本能方法。这个定义中有三个关键概念：首先，“语言是任意创造的符号”；其次，“语言用来交流思想、传递情感”；再次，“语言具有非本能性”。我们逐一做个简略观察。

首先，人类语言是任意创造出来的符号，其中“任意”和“符号”是关键词。我们先来看“符号”。符号可细分为“声音符号”和“书写符号”两种，前者是耳朵可辨别出的通过特定声音传递的概念，后者则是眼睛可看得到的用固定图像标示出的概念。换句话说，声音符号是话语，书写符号是文字。语言是符号不假，但世上有很多语言并无文字，即便是操英语的日耳曼族群，也曾有过漫长的没有文字书写的史前期，因此，声音符号是语言的必有特质，书写符号则是后来的发展。也就是说，语言一定有声音符号，书写符号则可有可无。另外，这些声音符号一定是个可分拆的精密系统。有些符号指向某一特定物体或概念，是“实词”（content word），比如food、sun、eat、debt等；有些符号则用于连接物体或概念，没有具体的词汇意义，这类符号叫“功能词”（function word），比如the、and、but、to等。这两种符号在语言的严密系统中各自行使其特定的功能。

再看“任意”二字。每个语言的形成过程都离不开创造者不断在某事物与某声音之间建立联系，而在建立这种联系之时，创造者的确表现出了显著的随意性，各种语言无不如此。《美国传统英语大词典》（*American Heritage Dictionary of the English Language*）定义一种动物时描述道："一种经驯化的食肉类哺乳动物，与狐和狼同族，拥有众多种群"（a domesticated carnivorous mammal related to the foxes and wolves and raised in a wide variety of breeds），我们在汉语中称其为"狗"。有意思的是，德国人把这类物种称作 Hund，法国人称其为 chien，而西班牙人则叫它们 perro。这些不同的名称在古罗马时代被那些骄傲的罗马人称作 canis。同一物在不同语言中的不同称谓说明，人们在建立发音符号与事物概念之间的关系之时，既任性又随意。因此，萨丕尔定义中的"任意"二字是符合人类语言本质的。

萨丕尔在其定义中强调人类语言的相互交流功能也符合客观事实。不过，人们通过语言与他人进行沟通的时候，其沟通对象当是同一语言集群的成员。没有接受过专门训练，或没有受过训练的人给予的帮助，在一个群体中用不同语言相互交流是困难的，而且如此产生的阻隔往往不可逾越。因此，做语言定义之时，其功能的实施范围当做必要的界定。至于"语言的非本能性"我们不难理解。动物"语言"具有显著的本能性，比如，猿类具有与人类相像的声音沟通能力，它们的信息交流程度完全可以满足其简单的日常生存需求。如果一只黑猩猩发现了食物，它可以用既定的声音信号将其发现转告给附近的同族。不过，与人类相比，其中的某些复杂信息黑猩猩是无法传达清楚的。有研究显示，人类可以用语言告诉孩子不能吃过多的高脂肪食物，因为此类食物对身体有害，但可以多吃些含有优质蛋白的食物，因为它们有助于健康，而这些都是通过长期的生活积累而获得的文化经验，只有人类的语言才能通过其精密系统传达诸如此类的复杂信息。这是非人类语言难以做到的，在语言定义中这一特征当然应有所体现。

根据以上讨论，我们或可接受下面这一则对人类语言的定义：

A language is a system of arbitrary vocal symbols and grammatical signals by means of which the members of a speech community communicate, interact, and transmit their culture.

语言是由随意指定的声音符号和语法信号组合而成的系统，通过这一系统，特定话语族群的成员可相互进行信息沟通、思想交流，以及本族文化的传递。

第 2 讲　比较方法催生出的印欧语谱系树

我在本讲中继续给大家介绍语言的历史研究。任何研究领域都要经历漫长过程而逐渐成熟和发展起来，历史语言学也是如此。语言学圈内的学者们普遍认为，在世界各大语系的建构中，印欧语系的工作起步最早，后来的发展也最深入最系统，这主要得力于早期德国语言学学者们在这一领域所展现出的突出热情和执着态度，正因如此，他们在历史语言学领域的贡献也最大。当然，我上一讲提到的威廉·琼斯是印欧语系研究中开疆辟地的人物，其卓越成就不仅为自己赢得了英国王室授予的爵士勋位，也为后来的印欧语言谱系研究立下了关键的第一块基石。

人类思想史上的任何重要突破都不可能是孤立事件。应该说，欧洲人在历史语言学领域的出奇表现，完全是这一时期欧洲的浓厚人文氛围熏陶、浸润、滋养的结果。琼斯对印欧语言谱系概念的率先阐述出现在 18 世纪 80 年代，在这段时间里，欧洲还发生了两件大事值得我们关注，其一是达尔文（Charles R. Darwin 1809—1882）发表了他的《物种起源》（*On the Origin of Species by Means of Natural Selection*），另一件则是 18 世纪末 19 世纪初在西欧出现的浪漫主义思潮（Romanticism）。前者提出了生物进化假设，从而极大地动摇了万物神造，物种永恒的传统理念，而后者则高度推崇和弘扬着中世纪民族文化，从而刺激了人们对本族语言渊源及其演变过程的猎奇之心，激发出了人们对本族文化传统的探索热情。德国的格林兄弟（Grimm Brothers）也正是在这一时期脱颖而出的。

格林兄弟是天才的日耳曼文化先行研究者，他们的创造是与德国的浪漫主义思潮紧密联系在一起的。由法国大革命（1789—1794）催生出的浪漫主义文学运动在 18 世纪 19 世纪之交已席卷全欧，并在德国这片一度混乱落后的土地上结出了丰硕的果实。以卢梭（Jean-Jacques Rousseau 1712—1778）和赫尔德（Johann Gottfried von Herder 1744—1803）为代表的欧洲浪漫主义先驱，视民族文学和民间童话为早期黄金时代天人和谐的见证，他们的启蒙主义思想与浪漫文学实践一举颠覆了康德（Immanuel Kant 1724—1804）对中世纪文化的看法，激活了德国人寻求文化之根的强烈欲望。格林兄弟的文学活动正是在这一时期展开的。俗称“格林童话”的《儿童与家庭童话集》（*Kinder- und Hausmärchen*）历经兄弟二人长达 6 年的辛勤搜集整理，于 1812 年首度出版，及至 1857 年其最终版本面世之时，他们的童话集已包括“白雪公主”“灰姑娘”“睡美人”“小红帽”“青蛙王子”等 216 个充满了日耳曼色彩与情趣的童话故事。当然，在这两位天才兄弟杰出的贡献之中，我们更为关心的是与印欧语系相关的“格林定律”（Grimm's Law），后面我会另辟时间着重讨论这个话题。

这一讲我想扼要地谈一谈印欧语言谱系模型的建立过程。大家知道，人类自从创造了文字，才开始记录自己的日常作为与社会活动，这是“有史文化”的开端。如果从两河流域的苏美尔人使用楔形文字（cuneiform）的年代算起，至今也不过五六千年。由于书写成熟之前的文字参考价值有限，我们以文字为依据可追溯的语言历史并不久远，因此，构建史前语言谱系关系不是轻而易举的工作。

历史语言学者们首先面临的问题是研究方法。就历史语言学方法论而言，我们最应该了解的是历史比较法。从语言的本质看，观察和比对现存语言的词汇特征与语法结构，通过内部拟测（internal reconstruction），部分构建出它们的史前母语还是有可能的。这种判断基于两个事实：其一，任何自然语言词形与词义之间的关系都具有显著的随意性（hypothesis of arbitrariness），比如我们前面提到过的汉语的“狗”，在法语中叫作 chien，在西班牙语中是 perro，德语称其为 Hund，拉丁语则叫作 canis，而英语的名称却是 dog（源自古英语 docga）。英语中的 hound 在古英语时期既已出现，但这个词是从古高地德语中借来的，不属于“原生态”，因此可以忽略不计。大家注意，各种语言中这个词的词形虽完全不同，它们却同指时常陪伴人类的一种虽龇牙咧嘴但令人心动疼爱的犬科宠物，可见语言选择字词之时是绝对随着各自感觉走的。其二，人类语言的语音变化没有其选字时那种潇洒任性的倾向，在多数情况下，无论变化多大都有规律可循（hypothesis of regularity）。由于以上两个事实的存在，假设几种语言在指称某一事物或现象之时，词形相近，或者词形并不同，但能从其不同之处鉴别出有规律的语音对应变化，这几种语言就有可能是“同族语”（cognate language），通过比对它们的同源词（cognate word）和有规律可循的对应音素（phoneme），便可部分构拟出它们原始共同语的基本特征，如此推导下去，这些语言的谱系关系就逐步建立起来了。简单地说，这就是琼斯当年提出的构想和证实这一构想的历史比较方法。

从古至今在多种语言之间搭建起某种族群关系，是个极其复杂的事情。你要认祖归宗，首先要请教同族的长辈，根据他提供的线索，回老家去寻找和查阅传世家谱，德国人早在 19 世纪便做了这方面的基础工作。比如，我们前面提到过的那位德国语言学家施莱歇尔，为了说明众多欧洲及部分亚洲语言的同族关系，特意依照此法构拟出了原始印欧语（Proto-Indo-European），并用这个拟构语言于 1868 年翻译了他自己撰写的一则寓言故事《羊与马》（Das Schaf und die Pferde）。虽说他的尝试或许过于异想天开，其用心显然是要借此证明原始共同语的构拟是有其科学依据的。无论如何，施莱歇尔对历史语言学界来说的确是位难得的天才，仅就其 1863 年提出的印欧语谱系树模型（family tree model），我们就足以感受到施莱歇尔在历史语言学研究领域的崇高地位。

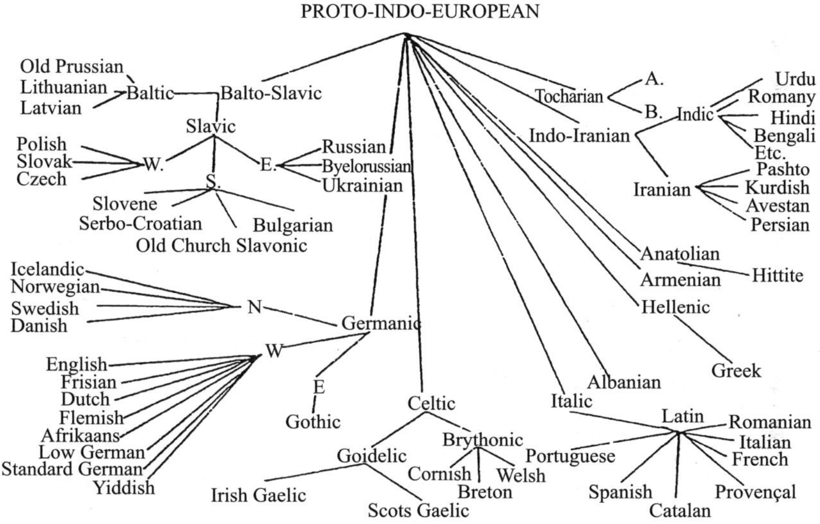

（印欧语言谱系树模型）

施莱歇尔将达尔文的生物进化理论应用于语言的发生学研究，试图以动植物分类的方法构建出语言分类的模型，这是他在印欧语言分类领域提出谱系树分类模型的终极目标。这个模型利用类比（analogy）把人类家族各代成员的称谓派上了用场，以便形象地说明印欧语系中母语和派生出来的子语之间的“血亲”关系。这是一株根冠倒置的大树，根在最上方，是母语（mother language），下生各枝，为子语（daughter language），各枝之间为姊妹语（sister language）。各姊妹语继续下伸各枝，生发出自己的各个子语。如此类推，形成一株完整的语言谱系之树。我们从中能够看到，日耳曼语是印欧语的女儿，拉丁语也是印欧语的女儿，日耳曼语和拉丁语是亲姐妹。我们也能看到，英语和德语都是日耳曼语的亲生女儿，彼此是同胞姐妹，而法语和西班牙语同是拉丁语的女儿，她们俩出自一个娘胎，也是亲生姐妹。我们同时还被告知，英语和法语虽属同宗，但她们是两位亲姐妹的后代，源自两位不同母亲，因此，英语和法语只是姨表姐妹。

施莱歇尔提出的这个语言谱系树模型，清晰简洁地揭示了印欧家族中各个语言之间的发生学关系。不过，我们在看到某个语言径直分化成多个语言的同时，也似乎接收到了谱系树清晰简洁但过于简单化的语言演变信息。语言分化需要一个多样的渐变的不同走向的发展过程，因为任何语言都因不同因素对其形成的不同程度的影响，以不同的节奏逐步演化成几个不同的语言形态。显然，在同一族群谱系中，从前一个纯粹语言形态骤然蜕变成后几种纯粹语言形态的分化方式，在现实中是不可能存在的。世间一切事物如果不完美，必会有人站出来提出自己的修正方案，以使其尽量完美起来。这个人依然是位德国语言学家，据说是施莱歇尔在耶拿大学（University of Jena）的亲传弟子，叫施密特（Johannes Schmidt 1843—1901）。就在施莱歇尔提出谱系树模型的第二年，也就是 1872 年，施密特在波恩出版了《印度日耳曼语言之间的亲缘关系》（*Die Verwandtschaftsverhältnisse der indogermanischen Sprachen*）一书，从中推出了自己对语言演变过程的观点，即著名的“波浪模型”（wave model）。

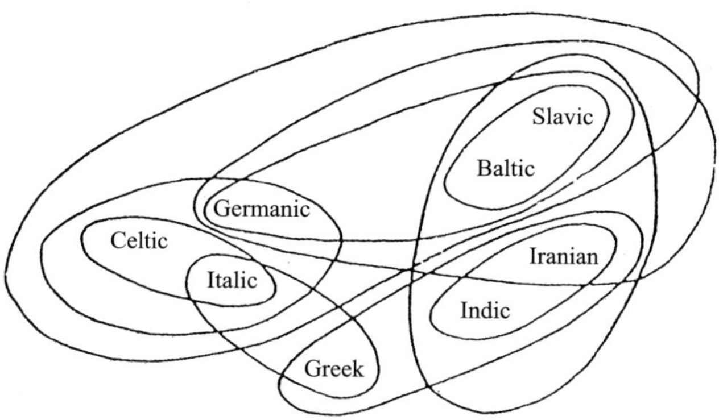

（印度日耳曼语言波浪模型）

这是从物理学借来的一种模型，以解释语言形成方言，进而转化成另外一种语言的全过程。通过这一模型的传统图示我们可以想象，如果一把石子被同时投入湖中，它们会在平静的湖面上激起几圈波澜，接着每圈波澜向四面八方涌动，由近及远，由强转弱地与邻近的其它波圈儿相会，相撞，相互吸纳融合。也就是说，由于不同的原因，几种语言在不同的时间点开始向四周扩散，与周边语言发生相互影响，其交汇部分开始逐渐变化，成为各个不尽相同的方言，其不同点继续扩大，最终形成新的语言。由于施密特的波浪模型关注到了语言变化急缓多样的性质，它有效地回避了谱系树模型留给人们的语言突变的不实印象。不过，与施莱歇尔的谱系树相比，虽说施密特的波浪图景克服了前者的弱点，它一经提出也显示了自身固有的不足。比如，我们很难从图示中同时厘清某一语言先驱与后辈的完整形态，这方面的模糊也无法使我们准确判断出语言和语言之间的上下传承关系。总之，波浪说对理解方言的形成是有帮助的，但在发生学语言分类上实在难以替代谱系树模型的关键位置。

时至今日，谱系树模型依然是历史语言学界最推崇最依赖的语言分类方法，因为它切实地揭示了原始语在分化过程中，留给后续亲属语言结构要素的可信通道，为历史语言学的持续发展打下了坚实的方法论基础，其理论和历史价值是显而易见的。

文化经纬

古印欧语的发源地

要讨论古印欧语的发源地（homeland），我们就不得不从人类文化语言学（ethnolinguistics）说起，因为人类文明的历史表现和印欧语言发源地的认定是密不可分的，其中的简单逻辑是，如果某古代语言出现描述某事物的词汇，操这一语言的人们一定熟悉这一事物，我们便可依据这一事物存在的原始地域和时间来判定这一语言的原发地域及其相关的发生年代。比如，在搜寻古印欧人原始故乡的过程中，语言学家们发现，古印欧语中有“猪”“鹿”“驼”“狼”“桦”“杉”“橡”“松”等动植物字词，却在其中少见与海洋、高寒或高热地带物种相关的语汇，他们因此认为古印欧语当起源于内陆动植物繁多的东欧温带地区。

然而，正如一些研究者所说，故事并非如此简单，因为古印欧语中出现的词汇所指向的物种与今人心目中的物种并不完全一致。比如，古印欧语中的 *laks- 并不特指生于波罗地海周边流域的“鲑鱼”（salmon），它在印欧语系西南部各语言中也指代其它鱼种。再如，古印欧语中的 *bhergo- 在乌克兰语中的意思是“桦树”（birch），但拉丁语同源词 fraxĭnus 却特指一种称作“白蜡树”（ash tree）的木本植物。可见，词汇所指代之物在历史的变迁中会随着时间的转移而发生改变，也正是出于这种词与物之间的不稳定关系，古印欧语词汇不能作为判断其发源地的唯一凭据。

随着古印欧语研究的不断深入，学界越来越重视这一领域的跨学科性质，于是，自上个世纪50年代开始，考古学的研究成果成了历史语言学家们的重要参照，这方面最具代表性的学者是人类学家金布塔斯（Marija Gimbutas 1921—1994）。1970年，她在美国宾夕法尼亚大学的一次专题研讨会上发表了她的著名论文《古印欧文化》（Proto-Indo-European Culture: The Kurgan Culture during the Fifth, Fourth and Third Millennia BC）。这位来自德国的学者以发生在俄罗斯南部的考古学成果为依据，再一次雄辩地将古印欧语起源地的研究和雅利安人的大迁徙联系在一起。她认为，出现在公元前3600年至2200年之间的黑海-里海“坟冢文化”（Kurgan Culture）是打开古印欧语发源地难题之门的金钥匙。根据她的说法，欧洲进入新石器时代之后，印欧语雅利安文化区与非印欧语古欧洲土著文化区并存，前者是施行父系家长制骁勇善战的游牧民族，后者则是安于恬静农耕生活的母系氏族群体。随之而来的是操印欧语的雅利安人对古欧洲土著社会的征服，欧洲从母系社会转变为父系社会，从平和转而尚武，致使印欧语从东欧大草原向西一路扩张，直至以坟冢文化为源头的雅利安人征服了整个欧洲，尽管在长期征战迁移的过程中他们的血统被欧洲土著族群所同化，其源自东欧莽原的原始印欧语却最终取代了“古欧洲语”（Old European），一举成为遍布欧洲乃至南亚次大陆的共同语言。

语言天地

吐火罗语之谜

1890是个印欧语系研究者们体验惊喜的年份。据传，一位叫鲍尔（Hamilton Bower 1858—1940）的英国军人正是在这一年在中国新疆的库车地区意外得到了七部梵语残卷，以及布满神秘文字的大量桦树皮残片，而后者使印欧语系疆界研究的另一台重头戏徐徐拉开了大幕。早期登场的主角是来自匈牙利的英国考古学家斯坦因（Marc Aurel Stein 1862—1943），在接下来的十几年间，他四度深入天山北道的库车以及敦煌等地区进行考古勘察，又陆续找到了一批载有同一种文字的各类残本。经过随后一段时间的繁复研究，哥廷根大学的西克（Emil Sieg 1866—1951）和普鲁士科学院的西克林（Wilhelm Siegling 1880—1946）透过梵语同类抄本，终于破解了这如同天书一般的文字，并在其论文和专著之中武断地将这个神秘语言冠上了“吐火罗语”（Tocharian）这个奇怪的名字。

吐火罗语分为两种平行方言，今天的中外研究者们称其为“吐火罗语甲种”（Tocharian A）和“吐火罗语乙种”（Tocharian B），而大量的研究表明，它们并不是吐火罗人的语言。英国的著名东方学学者贝列（H. W. Bailey 1899—1996）根据这两种方言残本被发现时所处的不同地理位置，分别将其更名为焉耆语（Twγry）和龟兹语（Kuchean）。尽管它们均用印度婆罗米字母（Indic Brāhmī）书写，其用途却有显著的差别，前者只出现在佛经抄本之中（北京大学的季羡林教授于上个世纪 80 年代曾在这一领域做过出色的研究），而后者则经常用于世俗文书的誊写。当然，这些成果并不是令印欧语系研究者们高度兴奋的主要原因。人们通过细致的比较突然意识到，这个身处东方腹地的吐火罗语居然与周边众多阿尔泰语言毫无谱系关联，而是一个远离其母语西方语群的印欧语言。其中最引人注目的是这两种方言中的 kaumten (hundred) 和 kante (hundred)，词首辅音都是 /k/，与拉丁语 centum (hundred) 同源，而不以梵语同义词 santam (hundred) 中的 /s/ 音起始，因此吐火罗语不是印欧语系东方咝音类语言（satem languages），而是同一语系西方颚音类语言（centum languages）的一个独立分支，同时又是印欧语系最靠东的语言。1984 年，美国爱达荷大学的亚当斯教授（Douglas Q. Adams）在一篇分析吐火罗语和其它印欧语之间关系的论文中，用统计学方法充分证实了这一判断。

吐火罗语为什么于 6 世纪至 8 世纪之间孤身出现在被阿尔泰语言包围着的环境之中？它又为什么从历史舞台上悄然遁形？对此人们众说纷纭，就像出现在西班牙东北部法国西南部非印欧语系的巴斯克语（Basque）一样，一时难以解释清楚，诸如此类的“独存外系语言地域”（language pockets）当与早期人类迁徙或已不为人知的当地古老语言有关。当初维吾尔人（Uygur）被黠嘎斯人（Qïrqïz）逐出蒙古高原，西迁到塔里木盆地之时，为了争夺赖以生存的绿洲，与当地操吐火罗语族群发生血战并征服了他们，于是这个族群连同他们的语言于公元 840 年前后便骤然消失了，后世发现的从吐火罗语译成维吾尔语的文献似乎也佐证了这段尘封了千余年的悲壮历史。

第 3 讲　英语史学中的长元音大音变

上一讲通过讨论语言分类问题，扼要地梳理了印欧语言中的谱系关系。透过历史比较方法，我们可以看清楚英语的来源。如果从古印欧语说起，从这个业已消失了的古老语言中分化出了古日耳曼语（Proto-Germanic），古日耳曼语又是低地德语的母语，而古英语是从低地德语中演化出来的，随后是与我们今天越来越接近的中古英语、早期现代英语，直至我们非常熟悉的现当代英语，这便是最清晰最简洁的英语演变历史，我会一步一步地讲述这一漫长的英语变迁过程。

和任何其它语言一样，随着时间的流逝，英语在缓慢但很执着地变化着，其演变主要表现在如下几个方面：首先是语音方面的变化（phonological change），其次是词语形态上的变化（morphological change），再次是句法结构上的变化（syntactic change），另外还有词汇组成的变化（lexical change）。这些变化致使今天的英语远远不同于1500 年前的古英语，而英语史课程的主要话题就是这个语言在不同历史时期各方面的变化情况。纵观英语演变过程，尤其在中世纪英语到现代英语的过渡阶段，其语音变化是最为突出的，因此我们也会花费比较多的时间来观察英语在各个阶段的语音特征，以便帮助大家在脑子中建立起英语演变的历史轮廓。英语语音的蜕变从来都没有停止过，而最突出的一次结构性音变当数发生在中古英语与早期现代英语之间的所谓“英语长元音大音变”（The Great Vowel Shift）。为了方便后面各讲中的对语音的描述，我们需要事先了解音变前后的英语语音状态。因此，本讲的中心话题就是这次英语长元音大音变。

在讨论音变之前，先梳理几个基本概念。在学习英语的过程中，大家一定时常听老师们使用“语音学”（phonetics）和“音系学”（phonology）这两个术语。乍听上去二者似乎可以交替换用，其实不然。简单地说，语音学更接近纯科学，它不一定与某种语言有必然的联系，因此，有人甚至认为这门学问并不归属我们所说的语言学（linguistics）范畴。语音学所涉及的领域均与人类言语物理发音的普遍规律有关，1897 年国际语音学学会推出的“国际音标”（International Phonetic Alphabet）就是语音学的典型应用范例。音系学又称音位学，是语言学的一个重要分支，是对某一个特定语言发音体系的共时甚至历时研究，我们无论是讨论某一历史时段中英语的语音表现，还是观察英语在各个时期的语音变化，都属音系学研究领域。

语言学意义的语音变化主要有两种，第一种叫作“条件音变”（conditioned sound change），另外一种称为“非条件音变”（unconditioned sound change）。顾名思义，前者指的是发生在特殊语音环境下的语音变化，后者则是发生在某一特定音素身上的固定孤立变化，我们说它“固定”和“孤立”都是因为它的发生不以任何语音环境为先决条件。我先给大家举一个条件音变的例子：英语辅音 /l/ 处于非首音位置之时，叫作“边音”或“旁流音”（lateral; liquid），其发音方法是用舌尖抵住口腔顶部让气流从舌体的两侧流出。英语中有一组单音节词，元音后面紧跟着边音 /l/，比如 folk、talk、milk、fall 等。

请大家首先注意这组单词中的前面两个。根据正常的英语发音规则朗读这两个词的时候，我们会发现词中曾经代表边音的字母“l”没有发挥原有的边音功能，其应有的音值已经在两个词中默默地消失了，这种音值流失现象在音系学中被称作“非边音化”（delateralization），是英国文艺复兴后期的一次音变所遗留下来的后果，同时也是一起典型的条件音变，因为它的发生需有两个极其苛刻的语音环境条件：其一，边音前面的元音一定是短元音 /ɔ/，其二，边音后面一定要跟着另外一个不同的辅音，满足了这两个条件，音变即刻发生。你看，folk 源自古英语 fole，其根音是短元音 /ɔ/，folk 中的边音又跟上了一个其它辅音，完全符合前面说的音变环境。第二个词talk 源自中古英语talken（to talk），其元音 /a/ 在非边音化之前已圆唇化（rounded），实际发音是 /'tɔlken/，而这个中古英语动词的词尾 -en 在中古英语后期已被放弃，边音 /l/ 的后面只剩下了一个其它辅音，当然也符合音变条件。于是，这两个词被非边音化，因失去原有边音而留出空余需要补偿，因此前面元音的音值得到增长（lengthening），结果是，两个词分别读作 /foʊk/ 和 /tɔ:k/，这一音变结果一直传流到今日。后面两个词 milk 和 fall 的语音环境则大不相同，因此其中的边音没有非边音化。你看，前者的元音不是 /ɔ/，后者的边音后面跟上的是一个与其相同的辅音，两种情况均不符合音变的环境要求，因此这两个词至今依然保留其中的边音，读作 /mɪlk/ 和 /fɔ:l/。可见，条件音变是被语音环境严格制约着的。

与条件音变相比，非条件音变的表现就不一样了。关于此类音变的特质，任何历史语言学专著都会做出界定，其大致意思无非是：某一语言中的特定语音切分成分（segment），无论出现在什么位置，无论前后其它切分成分的性质如何，一经出现便会发生同样的音位变化。也就是说，此类音变看上去是不以任何语音环境为前提的，正因如此，我们才称其为非条件音变，也有人将其描述为“孤立音变”（isolative sound change）、“偶发音变”（sporadic sound change）、“自主音变”（autonomous sound change）等。当然，“孤立”“偶发”“自主”说法的形成，很有可能是历史语言学研究者们的无奈之举，因为他们实在无法使用根本不存在的文献来证实那些杳无痕迹的远古引发音素。不过，应当可以确定，绝对的非条件音变不是历史事实，只是今天不可能用文献来反证其存在而已。如果我们暂且从带有显著系统性质但并不常见的“非条件音变”这个角度来观察，中古英语后期逐渐出现的英语长元音大音变（可缩写为 GVS）的确是个很好的例子。

提到英语长元音大音变，不由使我想起了爱尔兰剧作家萧伯纳（George Bernard Shaw 1856—1950）。这位充满幽默感的剧作家，曾经在他的朋友面前写出一个英语单词，让他猜这个词的确切读法。那个词是这样写的，photi。你有答案吗？我来告诉你，这个词的念法是 /fɪʃ/，意思是“鱼”（fish）。不对吗？你看，philosophy 前两个字母的发音，加上 women 第二个字母的发音，再加上 lotion 第三第四个字母合在一起的发音，不正是 fish 吗？无论从发音还是从拼写的角度看，photi 都完全符合英语的要求，如果大家不介意，完全可以用这个词来替代 fish，对吗？

各位一定领会到了，我这里是在谈论英语中的字母和语音之间的关系。就语言书写而言，西方语言经历了象形（pictogram）、会意（ideogram）书写形式之后，才开始进入了以音组词（sound writing）的阶段。这一书写阶段的最佳状态当是一个字素（grapheme）指向一个音素（phoneme），大部分印欧语系的现代语言都接近这一理想的拼写状态。换句话说，理想的拼写当拥有字母与单音一一对应的关系，只有这样，你才能看到一个字便知其读法。这种书写方式还有一个名称，叫作“字母拼写法”（alphabetical writing）。想想看，西班牙语，法语是不是这样？遇到生词而不知其发音的时候，你需要查看国际音标吗？我们在读汉字的时候也不时碰到同样的困难。你可能会说，汉语不是拼音文字。即使我们用汉语拼音来书写汉语字词，每个汉字只包含一个不可分拆的音素吗？当然不是，大多数汉字中有两个音素，一个声母，一个韵母，两个音素组成一个音节，这是汉字的标志性特征。也就是说，汉字的最小单位是音节，不可分解，因此汉语不是字母语言（alphabetical language），而是所谓的“音节语言”（syllabic language），日语也是。

从整体上看，英语是字母语言，但是有理由追问一句，英语在字母语言中处于什么状态？我来做个简单的判断：英语的拼写系统糟糕透顶。举个例子，大家都熟悉 ei 这两个英语字母，请看下面几个常见的英语单词：eight、either、foreign、heir、leisure、protein、weird。如果第一次碰到这些词，旁边又没标注发音，你能读得出来吗？为什么英语的拼写如此不靠谱？我后面还会仔细讨论这个问题，这里只简单地做个解释。首先，自 1066 年诺曼人威廉（William the Conqueror 1028—1087）入侵开始，讲法语的人统治了英格兰三百余年，他们的法语，包括他们的拼写传统，必然在英语中留下深刻的印迹，比如原来的 cwēn 被拼为 queen，原来的 kirk 被拼为 church。其次，自从 1476 年卡克斯顿（William Caxton 1422—1491）将金属活字印刷术自德国引入英格兰，在威斯敏斯特开办了第一个印刷作坊之后，出版业在英格兰蓬勃兴起，随之而来的印刷规矩，如为了保持印刷字行长短的整齐划一而随意减少或增加单词字母等，极大地改变了英语的传统拼写习惯。

再有，印刷术在英国的应用使大量发行同一版本书籍成为可能。由于阅读者倾向将印刷品当作规范文本加以模仿，英语的拼写便逐渐有了标准。不幸的是，在这一拼写标准形成之时，英语的发音系统正在经历着空前的重大改变，也就是说，文字的拼写规则建立于文字的发音规则之前，难怪当今英语的拼法并不反映当今英语的读法。这里提到的发音系统重大改变，就是指发生在 15 世纪 16 世纪前后的英语长元音大音变。当然，我们有理由相信，这一音变的起始时间或许更早，其过程也有可能延续了更长一段时间。绕了一个大圈儿，终于又回到了本讲的主要话题。先给大家展示几行古英语文字，大家看看能不能逐字把这几行念出来。

Him ðā Scyld gewāt　　tō gescaep-hwīle,
fela-hrōr, fēran　　on Frēan wǣre.
Hī hyne þā ætbǣron　　tō brimes faroðe,
swǣse gesīþas,　　swā hē selfa bæd,
þenden wordum wēold　　wine Scyldinga,
lēof land-fruma　　lange āhte.
Þǣr æt hȳðe stōd　　hringed-stefna,
īsig ond ūt-fūs,　　æþelinges fær;
ālēdon þā　　lēofne þēoden,
bēaga bryttan　　on bearm scipes,
mǣrne be mæste;　　þǣr wæs mādma fela
of feor-wegum,　　frætwa, gelǣded.
Ne hȳrde ic cȳmlīcor　　cēol gegyrwan
hilde-wǣpnum　　ond heaðo-wǣdum,
billum ond byrnum;　　him on bearme læg
mādma mænigo,　　þā him mid scoldon
on flōdes ǣht　　feor gewītan.
Nalæs hī hine lǣssan　　lācum tēodan,
þēod-gestrēonum,　　þon þā dydon,
þe hine æt frumsceafte　　forð onsendon
ǣnne ofer ȳðe　　umbor-wesende.
Þā gȳt hīe him āsetton　　segend gyldenne
hēah ofer hēafod,　　lēton holm beran,

gēafon on gār-secg;　him wæs geōmor sefa,

murnende mōd.

（《贝奥武甫》节选：ll. 26-50 a）

其实，古英语文字很容易朗读，因为其中的每个字母代表一个特定音值，字母与发音之间大致上一一对应。另外，每个词的重音均在词首第一个音节，当然，前缀除外。从朗读的角度看，古英语要比当今英语简单许多，这种情况一直持续到中古英语时期末叶。也就是说，上述发音原则在朗读乔叟（Geoffrey Chaucer 1340?—1400）的《坎特伯雷故事》（*The Canterbury Tales*）时，也基本适用。这段时间当是英语长元音大音变的关键发生期。莎士比亚逝世于1616年，他所讲的英语当带有接近音变尾声的语音特征。

那么，在这次元音大音变中英语的语音系统究竟发生了什么变化？简单地说，在大约一二百年的时间里，中古英语的长元音经历了一次影响整个语音系统的音位大迁移。下面是音变发生之前中古英语的长元音图示：

	front	**central**	**back**
high	iː		uː
mid	eː		oː
	ɛː		
low		ɑː	ɔː

（中古英语长元音图示）

先来熟悉一下早期中古英语的长元音系统。上面的图示标出了各长元音在口腔中的发音位置。左边是前元音，共4个，自上而下依次为“高前长元音”（high front long vowel）、“中前长元音”（mid front long vowel）、“低前长元音”（low front long vowel）；底下的第 4 个前元音 /ɑː/ 的发音位置靠后，通常也称这个音为“低前长元音”（low front long vowel）。右边是中古英语里 3 个后长元音，自上而下依次为“高后长元音”（high back long vowel）、“中后长元音”（mid back long vowel）和“低后长元音”（low back long vowel）。这些是中古英语中全部长元音的名称，后面会经常提及，请务必熟记。

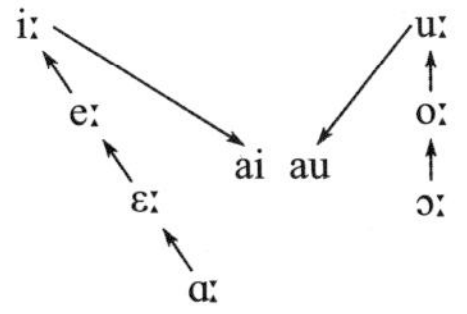

（英语长元音大音变图示）

这第二幅图显示的是长元音大音变发生的过程与结果。简单地说，一两百年后，原来的低长元音，无论前后，都从其原本发音位置向上迁移了一级，语言学中称这种向上迁移为“提升”（raising）。于是，low front 变成了 mid front，mid front 变成了 high front。后长元音也发生了同样的向上迁移，结果是 low back 变成了 mid back，mid back 则变成了 high back。

大家注意，长元音如此有秩序地往上提升之后，整个长元言系统出现了两个问题：其一，处于最上端的两个长元音，即 high front /iː/ 和 high back /uː/，已无往上迁移的余地，它将与移上来的元音重叠。如此一来，这个语言中发 /iː/ 音的词，和发 /uː/ 音的字词势必过多，失去了语言音位本来存在着的平衡。其二，最底下的长元音因上移，形成空缺，也就是说，这个语言中，没有发 /ɑː/ 和发 /ɔː/ 的字词了，结果当然是加剧了这个语言音位的不平衡状态。

在任何语言的语音结构中，相对对称是必不可少的，每个语言也都有自我修复因音变而形成的非对称结构的能力。先说中古英语中 high front 和 high back 的去向。图中已显示，这两个高长元音分别与低元音结合，最终演化成了两个双元音（diphthong），前者将发音位置降低（lowering）与低元音相连，由此变成了双元音 /aɪ/，后者则变成了 /au/，语言学中把这种现象叫作“双元音化”（diphthongization）。再来看看前后两个低元音位置的空缺。前低长元音 /ɑː/ 留出来的空缺很快得到了替补，来源有两个，其一是古英语字词中的短元音增长（lengthening），比如，古英语的 fæder（father）到中古英语时期，拼写为 fader，其根音仍然是个短元音，及至早期现代英语初期，短元音演变成了长元音 /ɑː/，于是，大音变之后的 father 读作 /'fɑːðə/。另外一类词汇词根的短元音 /ɑ/ 后面跟着两个辅音，即我们常说的“辅音丛”（consonant cluster），前面一个与元音同化（assimilation），致使元音音值增长，比如 palm /pɑːm/、cart /kɑːt/，等等。

低后元音 /ɔː/ 的缺失同样也最终得到了填补，从而使长元音体系形成了新的平衡。在这里，我想给大家举一个与此相关的有趣例子。古英语中 lagu（law）的发音是 /'lɑgu/，由于第二个辅音 /g/ 的位置在两个音位靠后的元音之间，其发音变成软腭浊擦音，听起来有些像汉语“喝”字的读音。有趣的是，在中世纪用手书写字母 g 的时候，很有可能将 lagu 误写为 laƿu，因为古英语字母 ƿ 很像 g，只是上面的半圆所朝方向正好相反。古英语中的 ƿ 指代 /w/ 音，因此手写书誊写者很容易将这个词误拼为 lawu，我们知道，字母 w 本来就是两个 u 的组合，如此一来，这个词后面竟然出现了三个 u，由于在中世纪阶段字母的重写通常表示那个字母的发音增长，因此我们可以想象得出 law 后来被读作 /lɔː/ 的原因了。这种误写现象歪打正着，顺便帮忙填补了低后元音的空白。

以上就是英语长元音大音变的全部内容。下面举几个例子来说明这个大音变引发的严重后果。先看 high back。古英语中有个词 nāma（name），前一个元音字母是长元音 /ɑː/，第二个元音字母是词尾，在早期现代英语中被不发音的 -e 所替代了，其过程是从弱化到消失，这个字母的存在当然可以忽略不计。根据大音变，这个长元音字母的发音要往前上方迁移，变成 /eː/，这就是英国现代英语方言中 name 的原始发音。

再比如，古英语 hūs 中的元音字母是长元音 /uː/，在中古英语时期，为了表示长元音的发音长度，经常重复那个元音字母，于是，这个词的拼写变成了 huus，中间的 -uu- 在手写时不易区分，因此，为了避免混淆，常被改拼为 -ou-，其发音依旧，仍然是长元音 /uː/。根据大音变，这个 high back 最终变成了双元音 /au/，这就是当今英语单词 house 的发音。再举一例，古英语 grēne 中的第一个元音字母是长元音，读 /eː/，第二个元音字母是词尾，后来因弱读被中元音（schwa）/ə/ 取代，最终被废弃，变成了不发音的 -e，其存在没有音系学的意义，当然可以忽略。大音变告诉我们，这个词的长元音经提升变成了 /iː/，前面说过，长音在拼写时经常被重复，因此有了今天的 green，其发音我们也当理解了。

如果一个语言中最重要的音发生了系统变化，这个语言听起来一定像个陌生语言，这是中世纪英语和当今英语之间区别如此之大的重要原因。关于英语长元音大音变，已扼要地介绍完了。下一讲将恢复英语历史的正常时序，继续讨论印欧语系中古日耳曼语的情况。

文化经纬

斯普纳首音误置现象

坐落在英国牛津中心的牛津新学院（New College, Oxford）始建于

1379 年，是牛津大学历史最悠久的学院之一。兴建之初，其创立者温彻斯特主教威科姆的威廉（William of Wykeham）将这座美丽的庭院式建筑群命名为“圣玛丽学院”（College of St. Mary），不过，为了区别于另外一所同名学院，后人很快便以“新学院”取代了原来的名称。

建立这座高等学府的初衷是培养更多教士，以填补因黑死病的肆虐招致的教会人员的重大空缺。为了实现这一办学目标，校园内的礼拜堂受到了学院领袖们的高度重视，礼拜堂最终被打造成了学院中最宏伟的地标建筑。后来，拥有 600 余年历史的这座建筑被选为拍摄《哈利 · 波特与火焰杯》的核心场景。牛津新学院内有很多值得人们驻足的景观，其中有一间独特的屋宇，门楣上标示着 The Rooner Spoom 的字样，屋宇的名称的确令人费解。不过，倘若大家听说过斯普纳（William Archibald Spooner 1844—1930）这个人，并知道有关他的有趣故事，屋名的奥秘就不难破解了。

斯普纳在 19 世纪末 20 世纪初曾经长期担任牛津新学院的院长，并在学院中讲授历史和神学领域的诸多课程。据说，学生们很喜欢跑来听他上课，不过，每当这位教授登上讲台、面对满堂兴奋的学生之时，总不忘绷着脸幽默地说上一句：“其实，我知道你们为什么跑到我的课堂上来，你们不过是想再听几句那个玩意儿。”他所说的“那个玩意儿”就是后来被称为“斯普纳现象”（Spoonerism）的语言游戏。

更确切地说，这是一种源于口误的“首音误置”现象。比如，“Is the dean busy?”（院长忙吗？）因口误把后面两个词的首辅音互换，说成“Is the bean dizzy?”（豆子晕吗？）平日生活中，这种因语速过快或说话时不谨慎而发生的口误很常见，但细想起来却又觉滑稽，比如，老师责备学生时，想说 You’ve missed all my history lectures（你错过了我所有的历史课），却因性急一不留神说成了 You’ve hissed all my mystery lectures（你对我所有的神秘课发出嘘声），其中 missed 和

history 两个词的首辅音相互错置，于是意思大变，这岂不是笑话！再如，母亲急于教育孩子，想责备他说 You have very bad manners（你的表现太差了），不想慌忙中秃噜出了 You have very mad banners（你的旗帜疯了），如此一来，母亲非但不再生气，或许还会为自己的口误捧腹大笑起来。据说，斯普纳院长就常在课堂上犯下此类语言错误，以至后来成为他的幽默专利了，学院为纪念他而特设的 The Spooner Room，也被好事者换上了 The Rooner Spoom 这样一个莫名其妙的名字。

其实，这是我们说话时的常见现象，其中有些被大家沿用至今，语言学称这种现象为"音序变位"（metathesis）。我给各位举两个例子：古英语中有个动词 acsian，后面的三个字母是动词不定式的后缀，acs- 是这个词的词根。大家注意，它的念法是 /ɑːks/，现代英语中的 ask /ɑːsk/ 就是由于音序变位演变而来的，开始时或许是某人犯了个发音错误，后来因其影响过大，大家就争相效仿，于是，约定俗成，这个词变成了现在的样子。再举一例，古英语中的 hros 传至今日人们还在使用，你能否猜出现代英语中这个词的拼法？

语言天地

语言中的偶发音变

Stanley（斯坦利）这个名字大家耳熟能详，这不仅因为它与美国的著名投资银行 Morgan Stanley（摩根士丹利）有关，其实，早在欧洲中世纪时期，这个家族已因其高贵和富有而在英国声名显赫。从词源学角度看，Stanley 的原义是 Stone Field，当是这个权倾一时的家族在德比郡附近的发祥之地。公元 10 世纪前后，古英语 stān 已演化成了中古英语后期的 ston，再经过后来的音变，如同 bān 变成了 bone, hām 变成了 home 一样，在多数方言中其发音也从 /stɑːn/ 很快转为 /stoun/

了。然而，Stanley 这个贵族名称至今依然没有被圆唇化（rounded），仍保留着 /'stɑːnlɪ/ 这个古老的读音。究其原因，或许是中古时期英格兰北方方言对这个专有名词的特殊影响吧。从音变的整体走势上看，这当是个规则中的不规则例子。

在语言演变的历史进程中，不规则的语音变化尽管不易觉察，其实很多，语言学中称此类情况为“偶发音变”（sporadic sound change）。比如，我们前边提到过的“音序变位”（metathesis）现象。从偶然口误（speech error）到错误发音的重复、扩散，再到错误发音成为人们模仿的范式（norm），最终形成了语言局部的永久性变化。咱们再看一个例子：古英语单词 wœps 被人不经意地颠倒了后面两个辅音的次序，因此变成了后来的 wasp，历史中的某一段时间里，人们在前后两种词形之间左右摇摆，任意选择，最终习惯地用后者取代了前者。这个过程是真实的，因为今天的某些英格兰方言依然使用着 wops 这个古老的词形。

类似的偶发音变情形还有很多，比如，一个词中如有两个相似音节，人们倾向将其中之一省略，在语言学中这种情况被称作“掉音”（haplology）。英语中常用的副词 simply 和 gently 是从 simplely 和 gentlely 逐渐转变过来的，你看看后面一对的第二第三音节是不是很接近？学习英语史时我们常想起英格兰名称的古老写法 Anglalond（land of the Angles），将中间的两个相似的音节去掉一个，便是今天的 England 了，英语词形就是这样经年累月地变化着的。

再看一个有意思的例子：中古英语中有一个从古法语借过来的名词 napron，不定冠词出现后，其写法为 a napron，到了 16 世纪前后，这个词却变成了 an apron，这样一来你便知道这个词的意思了。其间发生了什么？使用者在抄写中，将两个词的切割位置搞错了，于是变成了现在的样子。昔日的错误很有可能是今天的真理，关键看犯错误的人是否有足够大的影响力，说的就是这个道理。

第 4 讲　天才的语言历史探索者格林

这一讲回到英语出现之前的历史阶段。史前史的内容很重要，因为其中的细节能够帮助我们理解英语的起源以及后来演变的走势，在这上面多花些时间是值得的。英语的史前史部分和古英语部分都比较复杂，接下来的各个历史阶段与我们越来越近，大家对其内容自然会越来越感觉熟悉。

在历史语言学的研究领域，要关注两个突出的欧洲学术流派，一个是新语法学派（Neogrammarians），另外一个则是结构主义语言学派（Structuralists）。新语法学派出现在先，我们先来认识一下参与其中的语言学家们，熟悉一下他们的成就。这个学派的代表人物主要聚集在 19 世纪 70 年代前后的德国莱比锡大学（Universität Leipzig），包括莱斯科恩（August Leskien 1840—1916）和布鲁格曼（Karl Brugmann 1849—1919）等一批当时风华正茂的年轻语言学学者。一般认为，保罗（Hermann Paul 1846—1921）于 1880 年发表的《语言史原理》（*Prinzipien der Sprachgeschichte*）是新语法学派的宣言。这些学者深受达尔文进化论的影响，认为语言的演变有内在规律可循，而且，就像任何其它科学规律一样，语言演变的法则中绝无例外现象。基于这一认识，他们将探索深层次的规律视为语言学者的首要任务，从而坚定地肩负起了挖掘没有任何例外的语音法则的历史使命。

这不由使我想起了17世纪英国的大科学家牛顿（Isaac Newton 1643—1727）。剑桥大学三一学院大门左侧的草坪上，至今依然矗立着一棵枝叶茂盛的苹果树。据说，牛顿于1665年离开三一学院之后，回到了自己的家乡，并经常倚靠在一棵类似的苹果树下，沉思他所热衷的科学问题。一天，一个苹果突然落下，砸到他的头上，这件事引起了他的注意。对他来说，苹果必然落在地上，不会出现例外。苹果往下掉，即便砸在自己的脑袋上，也没有什么值得大惊小怪的。但是，如果苹果离开枝杈，没有向下坠落，情况就不一样了，一定有其原因，比如一只飞过的大鸟在苹果坠落的瞬间将其接住，之后叼着苹果飞走了。据说，这就是物理学万有引力定律（law of universal gravitation）的由来。之后，牛顿将他的这一构想写入了《自然哲学的数学原理》（*Philosophiæ Naturalis Principia Mathematica*）一书，并于1687年将其付梓，公布于世。

19世纪的那一批年轻的历史语言学家们，也正是秉承这种科学态度，深究着语言演变的历史，从而提出了一系列解释语言变化的定律（laws）。由于这些语言学学者们充满自信的执着坚守，不赞同其观点与做派的老一代语言研究者便戏称他们为“新语法学家”，其中颇有“年少气盛，不知天高地厚”的讥讽意味，而这个戏谑称号却被这帮青年才俊欣然接受，并直接将其用作自己学术领地的一块金字招牌。

另外一组语言学家就是我刚才提到的结构主义语言学派。谈起他们，大家一定会想到这些学者的鼻祖，瑞士人索绪尔（Ferdinand de Saussure 1857—1913）。他曾在莱比锡大学攻读历史语言学，是新语法学派圈子里的重要成员。他在21岁完成的成名之作《论印欧语系语言中的原始元音系统》（*Mémoire sur le système primitif des voyelles dans les langues indo-européennes*），曾被新语法学派誉为“历史语言学中的杰出篇章”。不过，他在20世纪初便离开德国，开始了在巴黎和日内瓦的教书生涯。这段时间里，他的结构主义语言学理论逐渐成形，其相关课堂讲座最终被其弟子结集成书，取名为《普通语言学教程》(*Cours de linguistique générale*)。索绪尔和后来发展起来的布拉格学派（Prague School）并不十分赞同新语法学派的历时研究倾向，认为语言是一个有机的自主系统，其结构保持着各语言因素相互依存的对称关系。如果其中一个因素更动，其它因素也必随之发生变化，以达成一种新的结构对称。大家想想，发生在15世纪16世纪的英语长元音大音变，不正是这一语言学理论的很好注脚吗！

类似的音变为数很多，就拿印欧语系来说，被学界认定的主要音变定律就有大小41个，这个数字还不包括另外20余个非主要定律，语言学家科林奇（N. E. Collinge）教授于1985年在其专著《印欧语系语言定律》(*The Laws of Indo-European*)中，对这些重要音变定律均做了详细且中肯的评述。本讲想要重点讨论的，是发生在英语形成之前的一次系统音变，这次音变致使古日耳曼语从其它印欧系语言之中分离了出来。由于这次音变涉及几组古印欧语的辅音，更确切地说，涉及几组古印欧语塞音（stops）向古日耳曼语辅音的转化，因此，历史语言学学者们习惯称这次音变为“日耳曼辅音音变”(Germanic Consonant Shift)。后来，在日耳曼语族中又发生了另外一次辅音音变，这次音变把高地日耳曼语（High Germanic）从低地日耳曼语（Low Germanic）中分离了出来。按照先后顺序，前一次叫作“第一日耳曼辅音音变”(First Germanic Consonant Shift)，后者则是“第二日耳曼辅音音变”(Second Germanic Consonant Shift)。英语是从低地日耳曼语演化出来的，而现代德语却是高地日耳曼语的子语言，因此，英语之所以有别于德语，在很大程度上是“第二日耳曼辅音音变”作用的结果。讲英语演变史，直接有关联的是“第一日耳曼辅音音变”，而对这一音变过程的系统阐述，是 19 世纪新语法学派在印欧语系研究领域的卓越成就之一。

19 世纪初叶的那些年见证了历史语言学的初步形成，也正是在这一时期，历史语言学家们找到了适合这一新兴学科实现重大突破的研究方法。应该说，历史语言学研究方法的确立得益于自 17 世纪 18 世纪发展起来的欧洲生物解剖学，因为这一领域的科学家们早已具备了较为成熟的比较研究方法，而且在动植物分类等方面均有令世人瞩目的建树。早期的历史语言学学者正是借鉴了他们的方法，从各个印欧系语言的语音比较入手，开始对语言之间的谱系关联进行深入的探讨。

在印欧语谱系的研究领域，人们其实早已意识到，日耳曼语言的某些特征是从古印欧语承接过来的。更为重要的是，这一时期的众多学者坚信，印欧系语言的演变有规律可循，我前面提到过的琼斯勋爵在印度做的研究便是个突出案例。当然，率先将研究者的注意力转向语言辅音系统的，当是德国人葆朴（Franz Bopp 1791—1867）于 1816 年公布的关于梵语、古希腊语、拉丁语和古日耳曼语的研究。不过，当年葆朴的兴趣仍局限在各语言语法形态的比较之上，在他的讨论中我们只依稀看出他对语音系统的特殊关注。到了丹麦人拉斯克（Rasmus Kristian Rask 1787—1832）于 1818 年推出其《古诺斯语或古冰岛语起源研究》（*Undersøgelse om det gamle Nordiske eller Islandske Sprogs Oprindelse*）之时，古印欧语辅音和日耳曼语言辅音之间的传承关系，就已成为历史语言学研究者的焦点话题了。大约在第二年，即 1819 年，格林写完了他的《日耳曼语法》（*Deutsche Grammatik*），并在这部已送印的书稿中提出了与拉斯克相似的见解。据说，格林随后根据拉斯克论文所提供的线索，进一步修改了自己著作中的相关章节，并于 1822 年推出了《日耳曼语法》的第二版。也正出于这个缘故，后来的历史语言学学者们将古日耳曼语的辅音变化定律归在了格林的名下，这就是众所周知的著名“格林定律”（Grimm’s Law）。

在讨论格林定律的具体内容之前，我先带着各位熟悉一下语音学中常用的相关术语。请大家看下面的几幅图。自左至右，第一组左侧的三个古印欧语辅音，从上到下分别叫作“清双唇塞音”（voiceless bilabial stop）、“清齿龈塞音”（voiceless alveolar stop）、“清软腭塞音”（voiceless velar stop）。再看第一组右侧，这是三个古日耳曼辅音，自上而下，分别为“清唇齿擦音”（voiceless labial-dental fricative）、“清齿间擦音”（voiceless interdental fricative）、“清软腭擦音”（voiceless velar fricative）。

p → f	b → p	bh → b
t → θ	d → t	dh → d
k → h	g → k	gh → g

（第一日耳曼辅音音变图示）

第二组左侧的古印欧语三个辅音的名称，大家应该猜得出来。这三个音与第一组左侧的三个音相比，只多了声音，即“浊双唇塞音”（voiced bilabial stop）、“浊齿龈塞音”（voiced alveolar stop）和“浊软腭塞音”（voiced velar stop）。第二组右侧三个古日耳曼语辅音的名称，与第一组左侧的一样，这里不再赘述。

第三组左侧三个古印欧语辅音的样子特殊，名称自然生疏。自上而下，这几个音分别叫作“浊双唇送气塞音”（voiced bilabial aspirated stop）、“浊齿龈送气塞音”（voiced alveolar aspirated stop）和“浊软腭送气塞音”（voiced velar aspirated stop）。第三组右侧三个古日耳曼语辅音的名称，与第二组左侧的一样。以上音素的名称是语言学中描述音素时的标准称谓，虽繁复，但有用，要牢牢记住。熟悉了这些术语，后面的讲解就相对容易了。

概括地说，格林告诉我们，在英语、德语、冰岛语等日耳曼子语言出现之前，古日耳曼语已经从古印欧语中剥离出来，其中的主要标志是三组古印欧语辅音在古日耳曼语中发生了重大变化，它们已经演变成为一个有别于古印欧语的独立辅音系统，而这一语音变化，在其它印欧语系子语言中没有发生，比如梵语、古希腊语、拉丁语等。古日耳曼语从此形成了一个与其它印欧系语言不一样的特殊语支（language branch）。

再扼要地回顾一下格林定律讲了些什么。格林说，在这次音变中，古印欧语辅音中的所有塞音，在古日耳曼语中都发生了音变。具体而言，古印欧语中的"清双唇塞音""清齿龈塞音"和"清软腭塞音"，变成了古日耳曼语中的"清唇齿擦音""清齿间擦音"和"清软腭擦音"。古印欧语中的"浊双唇塞音""浊齿龈塞音"和"浊软腭塞音"，在古日耳曼语中变成了"清双唇塞音""清齿龈塞音"和"清软腭塞音"。古印欧语中的"浊双唇送气塞音""浊齿龈送气塞音"和"浊软腭送气塞音"，在古日耳曼语中则变成了"浊双唇塞音""浊齿龈塞音"和"浊软腭塞音"。

再来总结一下音变的结果。第一组音变告诉我们，古印欧语的清塞音变成了古日耳曼语的清擦音，丢失了原有的"塞"。第二组音变说，古印欧语的浊塞音变成了古日耳曼语的清塞音，没有了原来的"浊"。第三组音变的内容是，古印欧语的浊送气塞音变成了古日耳曼语的浊塞音，从此不再"送气"。这些概念很重要，是讨论英语历史的一大关键，请务必记清楚。我们知道，这个定律是历史比较语言学学者们，根据各个现存语言中的同源同根词语，一个一个地推论出来的。而且，那些新语法学派的语言学家们相信，这是颠扑不破的定律，绝对不存在例外情况，如果有问题，一定源自人们对这一语音规律的理解局限。

下面就用实例来逐个印证这一系统音变。请注意，这里谈的是古印欧语辅音向古日耳曼语辅音的演变，而古印欧语和古日耳曼语早在文字记录出现之前就已经不复存在了。所能使用的例子一定是来自它们的子语言，比如在一定程度上继承了古印欧语发音系统的梵语、古希腊语、拉丁语等，以及代表古日耳曼语发音系统的哥特语、德语、英语等。为了便于大家理解这一音变结果，我们尽量使用选自拉丁语和英语的例词。

先来看第一组辅音演变，即清塞音变为清擦音，左边是拉丁语，中间是古英语，接着是现代英语的词义：

pĕdĕs	fōt	（foot）
trēs	ðrīe	（three）
cornū	horn	（horn）

再看第二组，浊塞音变清塞音：

lăbĭum	lippa	（lip）
dentis	tōð	（tooth）
gĕnus	cynn	（kin）

下面观察第三组，浊送气塞音变浊塞音。请注意，古印欧语的 bh 和 dh 这两个组合音素已在拉丁语中变成了 f，古印欧语的 gh 已在拉丁语中变成了 h，因此，下列拉丁语词中的词首字母 f 原本是古印欧语的 bh 或 dh，拉丁语词中的词首 h 原本是古印欧语的 gh。来看例子：

frāter	brōðor	（brother）
fŏris	duru	（door）
hostis	giest	（guest）

请对照定律，再仔细看看各组辅音之间的对应关系。

如果大家都看明白了，请大家再关注以下两点：其一，这里说的是格林定律，凡符合条件的音，在本音变定律中都要发生相应变化，不会出现例外。比如第一组中的第一个例子：拉丁语单词中的第一个辅音 p 在英语单词中变成了 f，符合定律；拉丁语单词中的第二个辅音 d 在英语单词中变成了 t，符合定律对第二组音变的描述，也没有问题。

就整体而言，例词的细节在完整地诠释着格林定律，好像没有发现什么例外情况。不过，请大家仔细看一看第三组中的最后一个例子。拉丁语单词 hostis 有两个相关辅音：前面提到过，拉丁语中的首辅音 h 是从古印欧语中的 gh 演变而来，在英语中自然当变成 g，没有问题，因为这一变化符合定律要求。但是，第二个相关辅音 t 是个清齿龈塞音，根据格林定律，这个辅音在日耳曼语言中，应该变成清齿间擦音 th /θ/，遗憾的是，我们在英语例词 giest 中没有看到清擦音的出现，字母 t 居然故我依然，没有发生任何变化，这显然有悖于大名鼎鼎的格林定律。这一细节是定律中的例外情况吗？

其实，这样的问题在格林定律中并不少见，因此，定律一经发表，细心的研究者们便意识到了这些例外预示着众多亟待解决的难题，而格林却一时难以提供化解这些困惑的令人信服的说法。比如，拉丁语的 captīvus（prisoner）在古英语中是 hæft，第三个相关辅音 t 没变成清擦音，仍保留了原来的样子。再比如拉丁语的 piscis（fish），在古英语中是 fisc，古印欧语中的 c 发 /k/ 音，在古英语中也没变成擦音，仍保持着原来的 c（在古英语中也发 /k/ 音）。格林自知这是个在定律中一时无解的谜团，但无能为力。

大家知道，依据新语法学派的信念，定律中“意外”的背后，必藏匿着人们尚未察觉到的秘密。果然，三年之后的 1862 年，一位叫罗德纳（Carl Lottner 1834—1873）的语言学家破解了格林定律中的这个不解之谜。他说，就整体而言格林定律是科学的，因此也必是准确的，问题在于定律对其牵扯到的语音环境未能完全描述清楚。其实，要破解这个难题十分简单，只要在其三条描述之后再加上一条便能揭开谜底。这需要附加的条目是：当古印欧语的清塞音出现在另一个清辅音之后，这个清塞音在古日耳曼语之中会保持其古印欧语音素的原状，不发生任何变化，原因在于清塞音与另一个清辅音的连接在发音机理上来得更为容易。如此说来，古英语单词 giest 的身世当已一目了然，这个难题就这样被罗德纳轻而易举地化解了，也正是罗德纳出色的辨识能力，使得后来的历史语言学学者将其音变研究的着眼点，更多地放到了语音环境与发音机理这两个重要因素之上。

当然，这还不是故事的全部，人们很快发现古印欧语的清塞音有时在古日耳曼语中并不变成清擦音，而经浊化变成浊塞音，这当然是个更难解释的“意外”。这个难题的化解过程，我将在下一讲为各位做详细的叙述。

文化经纬

日耳曼族群大迁徙

日耳曼族群的大迁徙以西罗马帝国的轰然崩塌而宣告结束，时间在公元 476 年，此前的 3,500 余年是古印欧人从东欧莽原大举西迁，足迹踏遍欧亚各地的烽火年代。古印欧游牧先民凭借着战车烈马，尽情地追逐着水草绿洲，一路摧残欧亚土著部落的乡野城郭，虽东打西杀，居无定所，但他们的持续移动实实在在地推进着欧亚大陆的远古文明。古日耳曼人的大迁徙就是这一游牧民族碾压农耕世界巨大车轮的历史延续。

据说，公元前 1 世纪中叶，当恺撒率领着罗马军团驰骋于高卢（Gaul）地界之时，他全然分不清当地的凯尔特人和毗邻的其它族群，误以为莱茵河东岸的大小部落都是高卢凯尔特人（Celts）的族亲。因此，这位不可一世的罗马统帅厌恶地戏称他们为“日耳曼”（germāni 亲兄弟），就这样，人们以讹传讹，“日耳曼”便以一个部族名称堂而皇之地记入了宏大的历史书卷。简单地说，古日耳曼人大致分为三个支系：早期迁移到奥德河（Ode River）以东的为东日耳曼人，包括勃艮第人（Burgundians）、汪达尔人（Vandals）、哥特人（Goths）等。他们与英语的历史无关，所以我们在这里不做讨论。西日耳曼人早年生活在易北河（Elbe River）与莱茵河（Rhine River）之间的广袤地区，撒克逊人（Saxons），法兰克人（Franks）都属于这一分支。另外一支日耳曼人聚居在斯堪的纳维亚和今天的丹麦半岛，是最晚迁离故乡的北方族群，其中包括盎格鲁人（Angles）、朱特人（Jutes）、丹麦人（Danes）、挪威人（Norwegians）、瑞典人（Swedes）等。

北方日耳曼人南迁之前，凯尔特人占据着欧洲中部的大部分土地，到了公元 1 世纪前后，日耳曼人强行进入欧洲大陆，其威猛与彪悍逼迫凯尔特人让出了他们曾长期盘踞着的地域，退到了高卢、伊比利亚半岛和不列颠群岛等少数区域。从今天的地图上看，法国北部塞纳河（Seine River）下游的诺曼底地区的诺曼人（Normans）大多是来自北欧的日耳曼人（Northmen）后裔，法兰克人（Franks）是法国的主体，本身也属西日耳曼部族。诺曼底西侧的布里塔尼（Brittany）在古罗马时期被称作“阿莫利卡”（Armorica），公元 5 世纪不列颠南部被日耳曼部族吞并之后才换成了这个名字，原因是海峡对面凯尔特部族的布立吞人（Britons）失去了家园，他们只好背井离乡，大批涌入此地。日耳曼人大迁徙对西欧社会的深刻影响由此可见一斑。

公元 400 年罗马帝国放弃了不列颠诸岛这个最西端的行省，退回高卢以应对从东方蛮族逼来的巨大军事压力。于是，处于政治真空状态的不列颠招来了几个西部日耳曼部族的入侵：朱特人首先以雇佣兵的名义占据了地处东南角的肯特（Kent）地区，接踵而来的是盎格鲁人和撒克逊人，前者以武力强占了东北部，后者则成了南部的主人。很快，日耳曼人的七国（Septarchy）称雄天下，取代了凯尔特人，成为当地的霸主。由于盎格鲁人的强势，整个英伦诸岛的南部换上了自己族群的名号，叫作“英格兰”（Anglalond），他们所操的日耳曼方言也成了岛内各王国的通用语言“英语”（Anglisc）。自此，我们翻开了英语历史的第一页。

语言天地

关于文字的点点滴滴

语言不等于文字。有些语言虽然没有文字，它们依然是人们用以进行日常沟通的语言，此类例子很多，这是常识。除了厘清语言的特质之外，我们还应该专门给文字下一个确切的定义。任何词典都会告诉你，文字是书写于某一种平面之上的、以记录某一特定语言的、约定俗成的视觉符号系统。其中有以图释义的象形文字（hierogliphic writing），比如古埃及人写在纸莎草上的通俗语和僧侣语，有用字母或单字代表语音组合的音节文字（syllabic writing），比如古赫梯人刻在泥板上的楔形文字（cuneiform），日本人的平假名、片假名（hiragana, katagana）等，也有只显示辅音而不完全标出元音的表音文字（consonantal writing），比如以色列人的希伯来语，当然还有用字母代表单一音位的拼音文字（alphabetic writing），最典型的是古梵语、古希腊语、拉丁语等。

西方文字学称某一文字的标准系统为 orthography，和我们汉语中的“正字”概念相像，其中包括大小写字母，词语拼写规范，还应该包括标点符号的应用。这里面有两个相关术语恰好与我们已经讨论过的语音学（phonetics）和音位学（phonology）相对应，即“文字学”（graphetics）和“字位学”（graphology），前者是对一般文字符号的创造、传播和接受过程的研究，不牵扯任何具体的语言文字，而后者则是对某一语言的文字符号在语义传输过程中所起作用的具体研究。

在西方拼音文字中，有另外两个术语值得注意，即所谓“二合字母”（digraph）和“三合字母”（trigraph）。从这两个术语的前缀看，di- 和 tri- 均来自古希腊语，分别含有“二”和“三”的意思。据此我们知道，“二合字母”是指两个字母的组合表示一个单音，比如 shirt 一词中 sh- 的发音为 /ʃ/，中间 -ir- 两个字母的发音是 /əː/，这两组字母均发一个音，是典型的“二合字母”。当然，在古英语中，还有一种两个字母交联在一起的现象，比如字母 æ 原本为 a 和 e 相拼（ligatured）而成，也发一个音，比如 fæder（father），此类字母也叫二合字母。另外，英语中还有一种两个字母分开出现的二合字母，比如 cape，第二个元音字母 e 的存在是为了标示第一个元音字母 a 是个双元音，这种“二合字母”后面有一字母之隔的 e 被一些文字学者称作“魔幻 e”（magic e），也是一个不够典型的“二合字母”。

至于“三合字母”，在英语拼写系统中也比较常见，这里仅给大家举几个例子。请看后面三个单词：switch、caught、manoeuvre，前两个词词尾的 -tch 和 -ght，后一个词中间的 -oeu 均发一个单音，分别是 /tʃ/、/t/ 和 /uː/，是典型的“三合字母”。这种情况，当然有英语中音素（phoneme）太多，字母过少的缘故，音与字母之间不可能一一对应，而更重要的原因是，英语词语来源复杂，当这些借词（loan words）进入英语之时，势必携带着它们原有的发音，这也是英语单词发音混杂无序的根源之一。

第5讲　格拉斯曼和维尔纳的音变顿悟

我在上一讲谈到，格林定律在古日耳曼语辅音音变的研究领域是个了不起的发现，其影响也是空前的。那个时期的历史语言学学者，尤其是新语法学派的研究者们，对格林的发现抱有充足的信心。对他们来说，这一定律代表着新兴语音学的最高成就，具有无与伦比的科学魅力，也正因如此，他们坚信定律中真正的例外是不存在的。于是，语言学家们集中了他们的全部热情与精力，比较和分析着各类语言材料，以求最终摆脱挑战者的缠绕。随着历史比较方法的逐步成熟，人们越发相信，任何例外的背后都藏匿着完全可以追溯和辨析的根由，只是学界尚未将其发掘出来而已。

其实，规律和例外是相互依存的有机整体，任何规律的确立过程总是伴随着对其中各类问题的有效解释，从这个意义上说，新语法学派的执着是有道理的。随着时间的推移，他们逐渐意识到语音环境和发音机理，以及二者之间的关联都会对音变产生某种影响，这种多点观察角度很快便得到了多数研究者的关注。在这里，我给大家介绍一个相关的汉语音变例子。中国齐鲁菜系中有一道美味，主要食材是猪肉和鸡蛋，因菜肴出锅之时鸡蛋的品相青黄而且细碎，很像木樨属的桂花，因此俗称木樨肉。这道菜中的“樨”字本来的发音是 /xī/（汉语拼音），但因前一字的韵母为圆唇音 /ù/（汉语拼音），后一字的韵母势必受其影响，也向圆唇音迁移，于是 /ī/（汉语拼音）变成了 /ü/（汉语拼音），这是人们后来称这道菜为“木须肉”（/mù xū ròu/）（汉语拼音）的原因。两个相似的音素在相互影响下发生变异，语言学称其为“同化”（assimilation），这是发生“意外”音变的原因之一。

在很长一段时间里，一个接一个的挑战迫使格林和新语法学派的守护者们连连招架，在他们将视野逐步扩大到各种语音环境之前，也确实不易拿出任何像样子的解释。罗德纳对相邻语音环境的关注无疑为探究例外音变带来了福音，但是，如果仅以他的描述为依据来观察“木须肉”，留给我们的依然是一头雾水。/u/ 和 /ɪ/ 两个元音并不相连，但 /i/ 却因 /u/ 的存在而发生圆唇化，变成了 /ü/（汉语拼音），这当作何解释？诸如此类与定律不相吻合的现象曾有人提出过，比如，代表古印欧语辅音系统的梵语词 bodhāmi（to notice）与代表古日耳曼语辅音系统的哥特语单词 biudan（to offer）是同源词。按照格林定律的说法，与哥特语单词中两个浊塞音相对应的当是两个送气浊塞音，这样，梵语词的拼法当是 *bhodhāmi。令人费解的是，梵语单词第一个辅音并不是送气音，而是一个浊塞音 b-。从表面上看，这显然不符合格林定律。这究竟是个例外，还是其中藏匿着什么人们尚未觉察到的隐情？

解释这一现象的又是一位叫格拉斯曼（Hermann Günther Grassmann 1809—1877）的德国人。据说他是位很有天赋的银行家，但因身体缘故放弃了自己的金融事业，转而研究起了古印度的吠陀文献（Veda）。对梵语的痴迷肯定给了这位语言学者无尽的遐想空间，其中包括对格林难题的大胆猜测。他的发现载于 1863 年撰写的一篇长文，正是这篇载有被后人称为“格拉斯曼定律”（Grassmann's Law）的文章，为研究者提供了两个全新的概念：其一，梵语与古印欧语之间不能简单地画等号，因为前者内部也在不时发生着仅属于自己的语音变化；其二，当梵语单词中同时包含两个以送气浊辅音为开端的音节，或当梵语单音节词的首尾均为送气浊辅音的时候，第一个送气浊辅音发生非送气化（de-aspiration），变成单纯的浊辅音。大家注意，这一历经变化的浊辅音与后来的古日耳曼辅音音变无关，也就是说，它不包含在格林定律之内。

根据格拉斯曼定律，我们知道了梵语单词 bodhāmi 中的第一个辅音字母 b- 是从古印欧语 *bh- 演变过来的，由于格林定律讲的是古印欧语辅音系统向古日耳曼辅音系统的演变过程，后来历经变化的梵语 b- 与格林定律无关。至此，这一疑团得到了前所未有的圆满破解。请各位注意，无论是罗德纳还是格拉斯曼，都在努力将我们的目光牵移到与音变相关的语音环境之上，前者提醒我们关注相邻音素及其发音机理与音变的关系，后者则清楚地告诉我们，非相邻音素也同样会引发语音变异，也就是我们常说的“非临近同化”（distant assimilation）。另外，格拉斯曼还告诫人们，古印欧语系中的语言也在经历着自身的音变。了解这一点，有助于我们理解某些不规则的语音变化。

非规律性音变在任何语言中都可以找到，这种貌似意外的变化似乎也没有什么特别超乎寻常之处，因为尽管此类情况一时令人困惑，它们最终都会得到某种解释。今天再看当初人们对格林定律的质疑，或许并不会真正触动我们，然而，当时的质疑者给格林的压力是巨大的。在不相信其定律不可置疑的人物中，有一位学者名叫舒哈特（Hugo Schuchardt 1842—1927）。这位孤傲的语言学家同样出生在德国，并在这个国度接受了完整的教育。1876 年底他移居到奥地利，在东南部古老的格拉茨大学（University of Graz）谋得一份教职，从此直到 1900 年去世，他再也没离开过这个地方。我们在这里提到舒哈特，是因为他的偏执与独特。他的老师之一是施莱歇尔，就是那位提出印欧语系谱系树构想的新语法学派著名导师。令人始料不及的是，舒哈特很快便与其恩师顶上了牛，开始与新语法学派的语音演化定律唱起了对台戏。

这位先生平时深居简出，喜欢终日宅在家中独自冥思苦想，据说他授课教书都不愿意离开他的卧室，喜欢斜倚在床榻上与弟子们展开对话。总之，舒哈特做任何事情似乎都这样漫不经心地敷衍了事，但对欧洲各地方言却表现出了持续的研究兴趣，而且他会不断地从其方言研究中找出实例，借以力驳格林定律。对他来说，字词才真正使人们看清楚人类语言和文化的发展进程，因为“每个字词都有其自身的演变历史”（Every word has its own story）。他因此认为，对个别字词的研究远比对语言对文化的研究更为重要，更有意义，而所谓“定律”对语言演变的解说并没有多高的实际价值。

然而，舒哈特等学者的负面评价并没有影响新语法学派学者们对格林定律“例外”的探求。大家知道，古希腊语中的patēr（拉丁字母拼法）与古英语中的fæder是有着对应关系的同源词。根据格林定律，前者的两个清塞音，p和t，终将变成古日耳曼语中的两个清擦音，f和þ。于是，问题来了：第一个音没有问题，古希腊语的清塞音p确实变成了古英语的清擦音f，与格林定律的说法完全一致。问题在于第二个清塞音t。格林定律说，古印欧语的清塞音t，要在古日耳曼语中变成清擦音þ，可是，在古英语单词fæder中，我们看到的是d，一个浊塞音。换句话说，清塞音非但没有变成清擦音，反而浊化了，这个变化公然违背了定律所指向的演变路径，究竟是怎么回事？

实事求是地说，格林定律的伟大在于它的开创性，并不在它的完美。这个定律初始论证的缺陷是显著的，当然需要后人做出关键性的诠释与弥补。这个后人就是五十多年后突然冒出来的一位丹麦语言学者，他的名字叫维尔纳（Karl Verner 1846—1896）。说起来，在西方学术史上，仅以一篇文章跻身于学术界的学者并不多见，维尔纳当属其中之一。这位语言学家自幼体弱多病，因此自己娇惯自己，养成了极其孤僻的生活习性。读大学的时候，他就是个独居大侠，喜欢闷头思索，很少与他人往来交流。后来，他在哥本哈根大学谋得一份教职，潜心研究和讲授起他所钟爱的东欧语言。他所开设的课程似乎引不起学生们的广泛兴趣，有人说，到他的课堂来听讲的学生人数，从来都没超过四个。然而，谁也没有想到，这样一位闷葫芦似的人，竟然在语音的历史演变领域，闹出了大动静，而且一举成名。

据说，他诠释格林定律的灵感是从睡梦中得来的。一天午后，他在一棵果树的阴凉下打盹。他突然醒来，顿觉对格林定律的“例外”有了答案。这事发生在 1875 年初夏，正是他大学毕业的前夕。为几十年的未解之谜找到了答案，当然是件令人兴奋的大事，也是新语法学派学者们梦寐以求的发现。然而，维尔纳却怎么也打不起精神，丝毫没有将这一神秘成果公之于世的欲望。他慢吞吞地给其导师写了一封长信，详细叙述了自己的想法。在他的导师反复劝说鼓动下，两年之后，也就是 1877 年，维尔纳才勉强写了篇文章，题目是《关于第一音变的特例》（Eine Ausnahme der ersten Lautverschiebung），在著名的年度学报《历史语言探索》（*Zeitschrift für vergleichende Sprachforschung*）上登了出来，正是这篇 30 页长短的文章，一下子便在新语法学者群中搅起了巨大的波澜，因为他们又一次找到了有力的证据，雄辩地说明音变规则是没有例外的。

确实，维尔纳的天才发现是对格林定律关键性的补充，因此，人们后来将其命名为“维尔纳定律”（Verner's Law）。对一位历史语言学学者来说，这无疑是至高荣耀。那么，维尔纳究竟在打瞌睡的时候领悟到了什么呢？我们知道，古印欧语是典型的屈折语，其中每个字在语境中的语法功能，取决于它的词尾变化，也正是由于每个词的词尾变化有长有短，其重读音节也不固定，会有规律地在这个词上前后移动。也就是说，古印欧语拥有一种移动重音系统（mobile stressing system），而梵语和古希腊语完整地继承了这一语言特征。古日耳曼语是什么样子呢？开始时，这个语言的字词重音也前后移动，但很快就发生了变化，古日耳曼语的重音逐渐固定在了字词的首音节，如果这个词没有前缀，其重音一定落在第一个音节之上。各位记住，这是日耳曼语言的突出特点。

回过头来再看维尔纳的发现。这位历史语言学者经反复观察后突然意识到，那些貌似违背格林定律的“例外”都有明显的共同特征。他发现，古印欧语的三个清塞音字母（p, t, k）在一般情况下变成了古日耳曼语的三个清擦音字母（f, þ, h），这是格林定律所描述的情况。当古印欧语中的这三个清塞音在日耳曼语言中显示为三个浊塞音（b, d, g）的时候，这一变化并不是什么“例外”，因为这种浊化是有规律可循的。维尔纳解释道，浊化的发生取决于两个必要条件：其一，当一个清塞音两侧均为“有声音”（voiced sound），比如元音或浊辅音，其二，当这个清塞音前是一个非重读音节，即这个音在字词中紧跟着一个弱读音节的时候，这个清塞音在古日耳曼语中一定会浊化，而不变成清擦音。显然，浊化是有条件的，两个条件，缺一不可，而这一切都发生在古日耳曼语的重音移往字词的首音节并固定下来之前。

这就是“维尔纳定律”。根据这一定律，可以解释前面提到的那个“例外”了。古希腊语单词 patēr，在向古英语 fæder 的演变过程中，中间的古印欧语清塞音 t 经历了浊化，在古日耳曼语中呈现为浊塞音 d。这个格林定律没有涉及的音变规则，被维尔纳解释得一清二楚：在古日耳曼语单词重音固定在首音节之前，古希腊词 patēr 中的 t 处于两个元音之间（a 和 ē），而且这个词的重音在第二个音节，即 t 紧跟着一个非重读音节，因此，古印欧语的 t 在古英语中不变成清擦音，而经历了浊化，古英语词因而呈现为 fæder。语言的历史变迁使我们难以看清楚原来的字词重音状态，但维尔纳从逻辑上把因此而形成的“例外”做出了彻底的解释与论证，从而极大地支持了新语法学派关于语音音变定律无例外的假说。

另外，顺便一提：人们在运用维尔纳定律解释日耳曼语言变化之时，还提到了一些词中的 s 变为 r 的原理，比如现代英语动词 to be 的过去时单数 was 与复数 were 之间的关系。这两个词中分别出现 s 和 r，从逻辑上看，后者是前者演变的结果，其道理与维尔纳定律有关。古日耳曼词中 *wez- 的第二个辅音从 z 变到 r 这个过程被称作“r 音化”（rhotacization），这一特殊变化也发生在日耳曼语字词重音固定在首音节之前，z 身处两个元音之间，而且紧跟着一个非重读音节，这个 z 便演化成了 r，因此，我们今天依然有动词 to be 过去时的两种古怪形态，was 和 were（古英语的原始词形为 *wesan），这一音变现象也在维尔纳定律的解释范围之内。

别看维尔纳少言寡语，他对更深层次语言规则的洞见对新语法学派，甚至对历史语言学的贡献是巨大的。他的见解不仅摆脱了很多格林遗留下来的疑难问题，同时还为后续研究提供了两个关键性思路：其一是超音段（suprasegment）及其周围因素对音变所产生的影响，比如单词重音导致的语音变化；其二则是为日耳曼语言的形成过程提供了重要的逻辑线索，比如，古日耳曼语字词重音的固定必然发生在格林定律和维尔纳定律之后，因为重音位置是维尔纳定律音变的先决条件；再比如，维尔纳叙述的音变一定发生在格林音变之后，因为前一音变的结果不可能继续参与后一音变过程，也就是说，因浊化而来的浊塞音不能继续变为清塞音。

总之，19 世纪新语法学派的历史语言学者们，第一次以科学的态度系统地观察了语言在音系学领域的演化过程。这是他们对人类语言研究方法做出的一大贡献，同时也是语言系统研究的开端。20 世纪初以索绪尔为代表的结构语言学派，包括后来的布拉格学派和美国的芝加哥学派，正是发展了这种对语言的系统研究，从而更深刻地强调了语言这个结构严密的系统和各个子系统在这一大结构中的位置，以及它们在语言变化过程中的相互作用。

文化经纬

罗马人心目中的日耳曼

历史上直接记述古代日耳曼人的学问家为数不多，其中著名的或许只有三位：首先是罗马统帅恺撒（Gaius Julius Caesar 100 BCE—44 BCE），他以历史著作《高卢战记》（*Commentarii de Bello Gallico*）闻名于世。第二位当是古罗马著名史学家塔西佗（Cornelius Tacitus 56—120），其晚年的《日耳曼尼亚志》（*De Origine et Situ Germanorum*）流传至今。公元 7 世纪的英格兰圣者比德（Bede 672？—735）于 731 年完成了他的《英吉利教会史》（*Historia Ecclesiastica Gentis Anglorum*），这部巨著史料丰富，为作者赢得了“英国史学之父”的美誉。以上三位学者有两个共同之处，其一是他们都以当时流行的拉丁语治史，其二是他们均对日耳曼人兴趣浓厚。

当然，三个人所生活的年代不同，观察日耳曼人的角度也自然不同。《高卢战记》的记述偏于日耳曼人在高卢战场上的即时表现，作为清剿他们的罗马军团统帅，恺撒的描述中多有敌视贬斥之词。《英吉利教会史》中的相关章节是对日耳曼族群进入英格兰的历史回顾，其观察角度弥漫着基督教的传奇色彩。比较起来，只有塔西佗的《日耳曼尼亚志》是对早期日耳曼的社会习俗和经济生活的冷静观察，更富有人种学的研究意义，也正是出于这个原因，自从文艺复兴时期的人文主义学者波吉奥等人将这部著作整理出版之后，学界便将其当成了研究古日耳曼社会的主要史料。

塔西佗撰写这部志书的年代正值罗马帝国因“腐朽堕落”而江河日下之际，因此，这位史学家笔下的日耳曼人被描述得生机勃勃，蒸蒸日上，他们极富战斗精神的原始遗风与罗马社会苟且颓废的社会景象自然形成了鲜明的对照。按照塔西佗的说法，日耳曼人虽远不及罗马公民的文明程度，但是，他们的社会氛围开明通达，秩序井然。这一时期的日耳曼人仍生活在暴戾血腥的蛮族社会形态之中，以活人殉葬和以人命祭奠神祇依然是其多神信仰的重要组成部分。但是，这个社会却在其它方面显露出了某种人性的高贵，比如，族长每遇要事，都会把男女族人召集到议事场所（ðing），根据挥舞长矛人数的多寡，确定集体意志和行动方式；族长和族人天然地联系在一起，他们之间始终保持着开明慷慨与尚武忠勇的相互依存关系，每当战事来临，追随族长的族人群（comitatus）必以为其领袖抛尸沙场为最高荣耀（lof），而非战之时，族长定与族人同在“酒厅”（medo-ærn）中共享金银珠宝、美酒佳肴；在日耳曼社会里，人无论高低，事不分大小，只要有罪，族长必典刑精当。族群间如发生冲突而有人被杀，本族人除履行复仇义务之外，还可以用索取赔偿金的方式来平息冲突，受害者亲属可根据死者的身份从加害者那里得到不同数量的“人头血金”（wergild），以达成和解。在塔西佗的心目中，这些文化特征已使日耳曼社会显现出了罗马帝国难以匹敌的勃勃生机。

正是塔西佗笔下的日耳曼族群，最终将西罗马帝国驱赶进了自己的坟墓，并在西北欧广袤的土地上打下了一片属于自己的天地，从而创造出影响至今的独特日耳曼文化。

语言天地

神秘的如尼文字

据 1899 年 1 月发表的一篇文章记述，美国明尼苏达州的一位叫奥曼（Olof Ohman）的农人在整理自家庭院之时，从一棵古树下刨出了一方模样很像石碑的巨石，上面刻满了古怪的文字，经人辨认后发现，这是一段用古如尼字母（runes）撰写的北欧人在当地探险的经历。如果这幅碑文不是有人刻意虚构出的故事，几位来自挪威或瑞典的古探险者就曾造访过这个地方，更为重要的是，他们将离奇经历用如尼文字记录下来，并将其镌刻在石头上留在了新大陆。

如尼文字是古日耳曼人的书写系统，最早出现于公元 2 世纪，这是考古文献所确认的大致时间。因此，早在古罗马人将拉丁字母连同基督教信仰带给日耳曼部族之前，如尼字母既已出现并在之后的几个

世纪传遍北欧各个角落，甚至在欧洲其它一些地方也得到了广泛的应用。据说，如尼字母起源于东欧，是维斯瓦河（Vistula River）附近的古哥特人依照古希腊字母所创。也有人从瑞士和意大利北部的遗存中看出了早期如尼字母的南欧印记，因此认为这一地区是如尼字母的发源之地。当然，更多的研究者觉得丹麦半岛的日耳曼部落是如尼字母的老家，因为这一地区的确是大多数现存如尼碑文的发现之地。

一般认为，文字初创之时，日耳曼人用坚硬锋利的工具将字母刻于木头截面上。大多数如尼字母以一道或两道竖线为结构主干，竖线要与木头上的纹路形成九十度角，以使刻线清晰易读，竖线一侧或两侧的横行笔画要以小于九十度的角度与竖线相接或交叉，以避免与木头纹路平行，如尼字母的这些特点均与书写载体有着直接的关系。

用来书写不同日耳曼方言的如尼字母数量不同，少则 24 个，多则 28 个。根据如尼字母的一般排列顺序，研究者们通常以前 6 个字母的名称组合 futhark（第 3、4 个字母的原型是 þ，发音为 /θ/，现代英语中以 th 显示）指代如尼字母表。从古如尼文字的遗存上看，日耳曼人有时从左向右书写，也有时从右向左书写，还有时从左向右写到一行终端之后转头，接着从右向左继续书写，这种往返书写样式便是人们常说的“牛耕式转行书写法”（boustrophēdón; βουστροφηδόν），古埃及和古希腊书写传统中都曾有过同样的书写习惯。另外，如尼字母不分大小写，使用中也没有显著的标点符号。

有关古日耳曼如尼字母的传说很多，如尼文字研究者（runologists）的专题研究文章每年也都有发表。用如尼字母占卜算命虽显得有些过时，此类讨论也经常成为人们茶余饭后的消遣话题。不过，学界普遍认为，早期的如尼文字遗存还是有其重要史料价值的，因为，无论从语言学还是从文化史的角度看，那个时期有关古日耳曼文化的文献实在少得可怜。

第二部分

古英语史

第 6 讲　英格兰君王们的千秋功过

前几讲试图为大家梳理清楚两个问题：首先是英语逐步形成的历史脉络。我们知道，英语来自古日耳曼语，而后者又源于古印欧语。由于英语和德语均为古日耳曼语的子语言，它们是一奶同胞，因此，二者在各个方面都很相像。法语和俄语则不然，尽管它们与英语同属一个大家族，法语源自罗曼语（Romance Language），即罗马帝国的拉丁语，俄语是从古斯拉夫语发展而来，英语自然和它们有显著差别，这是缺失非嫡传基因的自然结果。其次是研究语言谱系关系的基本方法。19 世纪以来的历史语言学家们在探索印欧语系的过程中，逐渐形成了一整套观察语言演变的进化论理念，即一个语言演变为另外一个语言，其过程是有规律可循的。通过同源词的比较可推导出同族语言的演变“定律”，从而引导出研究其谱系关系的“科学方法”，由于这是普遍规律，其中当然不存在例外，这一理念是新语法学派的基本观点。

新语法学派开创了将日耳曼语言放在语言大系统里进行观察的先河，尤其在语音演变领域，这些语言研究者对历史语言学的确做出了基础性的贡献，而以索绪尔为代表的结构主义语言学家们，则把新语法学派的基本方法提到了前所未有的高度。他们提出，语言的语音、形态、语法、词汇等各个子系统，均在大系统中相互依存，相互影响，共同支撑着一个完整的结构体系，他们的这种系统性思考进一步奠定了研究语言深层本质的理论基础。这是索绪尔、布拉格学派等结构主义语言学家在20世纪所做的独到工作。

当然，任何观点都需经受得起深究。如果说语言是个精密的结构体系，语言发生的任何变化必然会影响到整个系统的运行。当这个语言发生诸如格林定律，或中古英语时期的那个元音大音变所描述的重大语音变化之时，尤其是当语言正处于重大音变的过程之中的时候，使用这个语言的人们还能够利用它来彼此表达想法，相互进行有效的沟通吗？

对语言使用者来说，他所用语言中发生的任何细微变化都应该是件大事，而古往今来，我们从未听说有人因使用正在变化着的语言而遭遇了重大的沟通问题。那么，对这种现象我们该如何解释？在语言研究领域，人们将这一难题称为“索绪尔悖论”（Saussurean Paradox）。大家已熟悉圣经旧约《创世记》第十一章中巴别塔（Tower of Babel）的故事。经文说，上帝为了惩处人类的狂妄与自傲，忽然施法，改变了人类语言的统一发音，致使人们操起了不同的发音系统。于是，人们再也无法相互沟通，只得放弃了共同建造通天塔的念头，各奔东西了。回过头来，再想想我们这个语言学上的谜团，有解吗？

回答是肯定的。为此做了深入研究并给出解释的是位美国人，叫拉波夫（William Labov 1927—2024）。此人在哈佛大学读的本科，1964年在哥伦比亚大学获博士学位，后来又在多所大学教书，做研究。有人说，拉波夫最早读的是化学，后来对语言与社会的关系产生了兴趣，于是开始了他的社会语言学研究。我在这里提到他，是因为他的一项开拓性的社会语言学研究及其划时代的研究成果。

此事发生在上个世纪60年代初期。美国马萨诸塞州科德角（Cape

Cod）以南有一个岛屿，面积约 250 平方公里，是美国东海岸除长岛（Long Island）、芒特迪瑟特岛（Mount Desert Island）之外的第三大岛。由于这个离岛的夏秋两季气候清爽宜人，且周边海景格外秀丽，发现这个岛屿的英国探险家戈斯纳德先生（Bartholomew Gosnold 1571—1607）给它起了一个美丽的名字，“玛莎葡萄园岛”（Martha’s Vineyard），第一个词是他宝贝女儿的芳名，后一部分是说这个地方曾经盛产野葡萄。正是在这个岛上拉波夫发现，此地的原住民虽聚居在一起，但是，由于他们的年龄不同，生活经历各异，他们所操当地方言的口音有着不同程度的差别，拉波夫后来称这些差别为当地方言的“变体”（variants）。为了搞清楚这些变体的来龙去脉，他用统计学原理，对岛上各类原住民所使用的某些方言字词的发音，做了系统的田野比较研究。结果他发现，方言的不同变体与使用者对这个岛屿的情感有着直接的关联。

比如，年长者一生在这个岛上打鱼种田，他们无心离开家乡，同时又对日益增多的外来游客心存反感，因为这些外来者不仅破坏了小岛的原始环境，同时也打乱了他们原本恬静单纯的生活。于是，这类岛民不自觉地固守着当地原有的说话腔调，丝毫不接受外来游客口音的影响。岛上的年轻住民则在很大程度上有别于他们的长辈。这些憧憬着未来的年轻人要么经常出岛，到大陆的城市或观光或读书，要么在波士顿等附近城市找份工作，打工挣钱。他们向往或迷恋岛外生活，无意坚守父辈的传统生活方式，当然也毫不犹豫地放弃了本地的口音，以图尽快融入岛外的主流社会。拉波夫还举了一个极端特殊的例子。一个年轻人到纽约城谋求发展，在那里工作一段时间之后，他对大城市的车马喧嚣和复杂的人际关系感到厌倦，并决定返回玛莎葡萄园岛，重新加入他所熟悉的父辈行列，之后，他很快又重新捡起了本地的乡土口音。有意思的是，与其父辈相比，他说话的时候似乎在有意强调其口音与岛外人的不同。拉波夫解释说，这个年轻人显然想以这种方式，来表达他再也不想离开家乡的特殊心情。

根据这些细致的田园量化调查与分析，拉波夫认为，一些非语言学意义上的社会因素会引发语言变体的出现。而且，不同的变体会同时存在于同一语言社群（Speech Community）之内，而这些变体就是语言最终发生变化的根源，它们不仅不会阻碍说话者的正常交流，当某一个变体的影响远超过其它变体之时，它还会占据主导位置，使其它变体向其靠拢，最终成为这个语言的主流。

拉波夫教授所做的众多研究奠定了社会语言学“变异研究”学派（variationist school）的理论基础与方法基础，正是这个社会语言学流派帮助我们看清楚了，导致语言变化的原因不仅仅出自语言的内部结构，一些非语言因素也同样会诱发语言发生演变。把语言放到一个使用同一语言的社会系统中进行考察，用社会学的观察方法来解释语言变化，对新语法学派乃至结构语言学派来说，的确是重大的进步，也是拉波夫的社会语言学对语言历史研究领域的关键性突破。从社会语言学视角来观察英语的演变过程，也是近些年英语史学家们的研究趋势，苏格兰阿伯丁大学（University of Aberdeen）芬内尔教授（Barbara A. Fennell）的《英语语言史：社会语言学研究》（*A History of English: A Sociolinguistic Approach*）就是这样一部作品，接下来本讲也会按照这一思路来叙述英语在各个演变阶段的变化过程。

下面正式进入古英语阶段的讨论。请注意：有人把这一阶段的英语称作“盎格鲁–撒克逊语”（Anglo-Saxon），这种称谓有其道理，因为那时操用这一语言的主要是进入英格兰的盎格鲁人和撒克逊人这两个日耳曼族群。不过，这个笼统的称谓不如“古英语”（Old English）来得精准，因为它与“中古英语”（Middle English）、“现代英语”（Modern English）并用的时候，各个阶段相互呼应，更具史学意味，因此，这几个名称如今已成为英语史话语中约定俗成的标准术语，其英语名称的词首字母都需大写，不得用错。

为了叙述方便，英语史学者通常把这部演变历史切割成几个阶段，语言学界称其为“历史分期”（periodization）。一般认为，古英语阶段自公元 449 年开始，延续 600 年，至 1066 年结束。起始年份是日耳曼人第一次大规模地登陆不列颠群岛，截止年份是操法语的诺曼人（Normans），跨过英吉利海峡，一举征服了讲英语的英格兰人。这样的分期虽不一定与英语变化的实际过程完全相符，但大致反映了这一时期英语的突出特征，因此，虽有些武断，我们还是以此为时间框架进行讨论。

为了强调社会因素在英语形成与变化的过程中所起的特殊助推作用，我首先向大家介绍几位英国历史上的著名王者，以及他们在英语史中的独特地位。先谈第一位，他的名字叫伏提庚（Vortigern）。从名字上可以看出，这是一位凯尔特（Celtic）部族首领，根据公元 6 世纪比德（Bede 672？—735）在其史书中所提供的信息，这位王者似乎就是著名修道士吉尔达斯（Gildas 500？—570）在其《不列颠的衰落与灭亡》（*De Excidio et Conquestu Britanniae*）中提到过的那位凯尔特布立吞人（Britons）的“骄傲君主”（superbus tyrannous）。如果这一判断准确，此人的政治活跃年代当在公元 5 世纪中叶，与吉尔达斯年代相差不足百年。公元 410 年，罗马人决定放弃阿尔比恩（Albion，不列颠旧称）这个帝国最北端的边远行省，岛内南部的凯尔特人因失去了雄壮罗马军团的庇护，开始遭受北方凯尔特部族皮克特人（Picts）和斯科特人（Scots）的持续侵扰。对一贯在帝国的羽翼下养尊处优的布立吞人来说，这段时间是极端困苦无助的艰难时期。

为了拯救自己的子民，布立吞首领伏提庚王必须找到一个抵御北方不断武力侵扰的万全之策。于是，他从欧洲大陆北部请来了外族雇佣兵，朱特人（Jutes）。这些日耳曼军人承诺，他们将帮助伏提庚王赶走北方入侵者，使布立吞人重获太平，伏提庚王随即答应，事后将割块领土让他们居住下来，以作酬谢。朱特雇佣军果然打败了北方蛮族，也得到了赠地。但是，他们并不满足，很快就招来了长期觊觎不列颠岛的另外两个日耳曼部族，即盎格鲁人（Angles）和撒克逊人（Saxons）。有史书记载，伏提庚王不满日耳曼部族的得寸进尺，于是突然发难，攻击了驻扎在肯特（Kent）地区的朱特军队，结果是伏提庚王的儿子被乱兵杀害，凯尔特军队败北，布立吞人被迫逃往边远地区，有的甚至流亡海外，而日耳曼各部族则堂而皇之地占据了岛屿南部，建立了几个日耳曼王国。很快，盘踞在东部的盎格鲁王国称大，他们的日耳曼方言变成了通用语言（Angelisc，English），整个南部也以这个部族命名（Anglalond，England）。英语便是在这一时期出现在不列颠诸岛，历史习惯将时间标为公元 449 年。

第二位值得我们关注的英格兰王者具有纯正的日耳曼血统。他是英格兰南部威塞克斯王国（Wessex）的国君，史称阿尔弗雷德大王（Alfred the Great 849—899），说起来，在英国史上唯独这位君主享有如此崇高的称号。根据一位叫阿瑟（Asser）的威尔士修道士的描述，他生来就多病缠身，直到离世也未摆脱无名疾病的困扰，其体魄并不像如今雕像呈现的那样健硕威武，但是，阿尔弗雷德王确实在其 50 年的短暂生命中，创下了英国史中前所未有的丰功伟绩。故事还需从他的坎坷经历说起。《盎格鲁–撒克逊编年史》（*Anglo-Saxon Chronicle*）记载道，阿尔弗雷德刚满五岁，便在罗马教皇那里获得了威塞克斯王位的继承权。然而，他上面有四位长兄健在，要直接登上王位谈何容易。为了避免骨肉争斗，王国长老会（Witan）决定由他的几位兄长在老王身后依次执掌王权。

阿尔弗雷德长大成人之后，王国连年遭受北欧维京人（Vikings）

的血腥军事侵扰，国家面临灭亡的风险。在此期间，四位王兄相继离世，于是，阿尔弗雷德登上王位，扛起了抗击侵略者、振兴英格兰的大旗。当然，他的20年王者征途并不平坦，但是，他几经生死波折，终于以超凡的政治智慧与军事才能，以多病之躯击败了强悍的入侵之敌，第一次统一了英格兰全境。为了英格兰的持久和平与发展，这位战争中的胜利者，此时做了两件出人意料的大事：第一，他和战败的丹麦维京人签订了一个永久和平协议。协议规定，在丹麦人放弃“蛮族”信仰、皈依基督教的前提下，国王将在英格兰北部划出一块由丹麦人直接管辖的“丹麦法区”（Danelaw），供这些北欧人永久居住。由于他与丹麦人握手言和，推行“分土而治”的政治策略，加上他以政治联姻的手段与北方麦西亚贵族成功结盟，英格兰争得了休养生息的机会，为后续的和平打下了坚实的基础。

第二，他在英格兰境内掀起了一股文化复兴的风潮，通过教化来提高其子民的素质。一段时间里，阿尔弗雷德王在欧洲大陆招贤纳士，将学识渊博的名流汇集到英格兰著书立说。据说，这位国王还身体力行，在众多宫廷学者的扶持下，亲自将多部拉丁语著作翻译成英语，其中包括波依提乌（Boethius 480—524）的《哲学的慰藉》（*De Consolatione Philosophiae*）、格列高利一世（Gregory I 540—604）的《牧者职责》（*Liber Regulae Pastoralis*）、比德（Bede 672？—735）的《英吉利教会史》等。这位国王卓越的文治武功不仅使英格兰获取了养精蓄锐的宝贵时间，同时也为自己赢得了“英格兰之父”的美誉。他在文化方面的远见卓识更使古英语散文体在这一时期得到了长足的发展，并在学术领域占据了一席之地。

下面我们来看第三位国王，埃塞尔雷德二世（Aethelred II 969—1016）。这位王者是威塞克斯第14位君主，由于他的判断能力低下，其作为经常使王国陷入困境，因此人们给了他一个绰号，“决策无方者”（Æthelred Unræd）。的确，他在王位上坐了37年，昏庸与误判也伴随了他37年。埃塞尔雷德12岁时就在他母后的一手策划下，昼夜间攫得王位，突然登上了一国之君的宝座。为了稳固其通过阴谋获得的王位，埃塞尔雷德几乎一开始便对前朝老臣恶言相向，肆意剥夺他人权利，致使朝内政局风雨欲来，暗流涌动。

随着威塞克斯国力的衰落，维京人又开始觊觎不列颠诸岛。当年阿尔弗雷德王苦心营造的祥和气氛早已不复存在，一时乌云密布，战争一触即发。偏偏在这个时候，埃塞尔雷德王不去巩固边防，反而处心积虑地盘算着在国内征收税金，试图以赠送金钱的方式讨好丹麦人，买下一方和平。这笔王室的专用税金史称“丹麦金”（Danegeld）。结果适得其反，他的做法不仅助长了丹麦人杀戮掠夺的嚣张气焰，而且引起国内上上下下的强烈不满。也偏偏在这种内外交困危机四伏的情况下，这位国王又做出了两个惊人的决定。

第一个，埃塞尔雷德王突然翻脸，对丹麦人开始实施强硬政策。他下令对王国境内的丹麦移民强行加收高额税金，致使国内的丹麦人，包括财力雄厚的丹麦富商，怨声载道。即使这样，埃塞尔雷德王还不觉解气。公元1002年11月3日晚上，他突然下令诛杀了境内的大批丹麦移民，其中包括在威塞克斯居住的丹麦国王的亲妹妹。这一天大的突发政治事件激怒了丹麦贵族，于是，丹麦王斯万一世（Sweyn I）御驾亲征，挥师攻下英格兰，自己做起了英格兰国王。还好，倒霉蛋埃塞尔雷德王早已为自己留下一条后路，这或许是他平生做过的最明智的一件事。几年前，为了抵御丹麦入侵，埃塞尔雷德王迎娶了爱玛（Emma）为妻，此女是法国诺曼底公爵的胞妹，这个政治联姻一下子派上了用场，讲英语的英国国王带着全家老少投奔了讲法语的大舅子，把自己的家园丢给讲诺斯语（Old Norse）的丹麦人，开始了他在诺曼底漫长的自我流放生涯。

这是英语史中的一个重要转折点，从这时开始，古英语在英格兰走上了下坡路。接下来的一位王者更为重要，他叫爱德华（Edward 1003—1066），绰号是“忏悔者”（Edward the Confessor）。正是这位未来的国王，把讲法语的诺曼人引进了英国，自此古英语走到了尽头，逐渐演变成了中古英语。这是后话，后文会做详细介绍。

文化经纬

不列颠岛上的凯尔特人

在日耳曼人踏入不列颠南部之前，英伦三岛并不是太平世界。从古希腊时期开始，人们便称这片蛮荒之地为阿尔比恩（Ἀλβίων, Albion），其词义大概与矗立在多佛尔海峡沿岸那100余米高的白灰岩峭壁（White Cliffs of Dover）有关。据说，古特洛伊城沦陷之后，大英雄布鲁图（Brutus）率领一支人马来到了一个叫作阿莫里凯（Armorica）的地方安顿下来，之后，他们又横跨海峡来到阿尔比恩落下了脚，并开始以布立吞人（Britons）自称。史书记载，这些来自欧洲大陆的布立吞人属凯尔特部族。罗马皇帝克劳迪乌斯一世（Claudius I 10 BCE—54 CE）将不列颠划入帝国版图大约在公元50年前后，接下来的近400年间，布立吞人得到了罗马帝国的羽翼庇护，过着相对平静的生活。到了公元410年，罗马皇帝不敌来自帝国东方的压力，决定放弃这个边远行省，及至公元442年，罗马军团已完全撤出了不列颠。于是，已高度罗马化的布立吞人瞬间又退回了昔日遭受北方蛮人血腥侵扰的恐怖之中。

随时跨过哈德良长城（Hadrian’s Wall）闯入布立吞地界进行烧杀劫掠的，是与布立吞人同种同宗的两个北方凯尔特部族，一个是皮克特人（Picts），另外一个则是斯科特人（Scots）。据盎格鲁-撒克逊史学家比德记述，皮克特人的老家是欧洲黑海北岸的锡西厄（Scythia）地区。一次，他们驾着十几艘大船借着季风漂洋过海，来到了如今的爱尔兰北岸，并试图与当地的土著商量在岛上寻块地方安顿下来，不想被一口回绝。其中一位首领告诉皮克特人，他们的东边还有一个大岛，虽已有人占据，但大可过去争一争，或许有机会挤进去，获得一席之地。这位首领随后又说，如碰到难处，可回来求援，他们一定出手相助。走投无路的皮克特人只好扬帆渡海拼死一搏。他们成功了。站住脚的皮克特人为了繁衍生息，派使者找到帮助过他们的热心人，希望与他们通婚，以便在邻岛定居下来。这次皮克特人没有失望，他们为自己争取到了妻子，同时也招来了无尽的麻烦。

与皮克特人通婚的是爱尔兰土著，这个以征战远近闻名的凯尔特族群之所以向远道来访的不速之客表现出难得的友善，是因为他们也源自锡西厄地区。早年间，当这支凯尔特族群游历到古埃及，其首领迎娶了一位叫作苏格塔（Scotta）的法老公主，后经多年流浪，最终途经西班牙辗转来到了如今的爱尔兰岛，这是比德称爱尔兰为“苏格提亚”（Scottia）的由来。也正是这个凯尔特族群，忘记了当年的温情相助经历，他们手执阔斧长矛，闯入不列颠，占据了西北部的大片土地。随着他们在不列颠的王国日益强大，北部便以族群的名字“斯科特”（Scots）重新命名，最终将这块土地改称为“苏格兰”（Scotland）。自此，苏格兰人和皮克特人便成了南部布立吞人的嗜血死敌。如果不是后来日耳曼雇佣兵的介入，布立吞人失去罗马帝国的庇护之后，必亡于这两个北方凯尔特部族之手。

语言天地

不列颠人的欧甘字母

英国的官方语言是英语，但在这个国度里还分布着一些族群使用几种凯尔特语言（Insular Celtic Languages），比如苏格兰的盖尔语（Gaelic）、马恩岛上的马恩语（Manx）、威尔士地区的威尔士语（Welsh）等。其中的马恩语几乎已完全消失，讲盖尔语的人为数最多，苏格兰的一些大学至今仍在坚持开设盖尔语课程。这些语言均属印欧语系，凯尔特语族，都用拉丁字母书写。当然，早在欧洲中世纪初叶，凯尔特人就已创造了属于自己语言的书写系统，也就是我们常常听说的“欧甘字母”（Ogham Alphabet）。

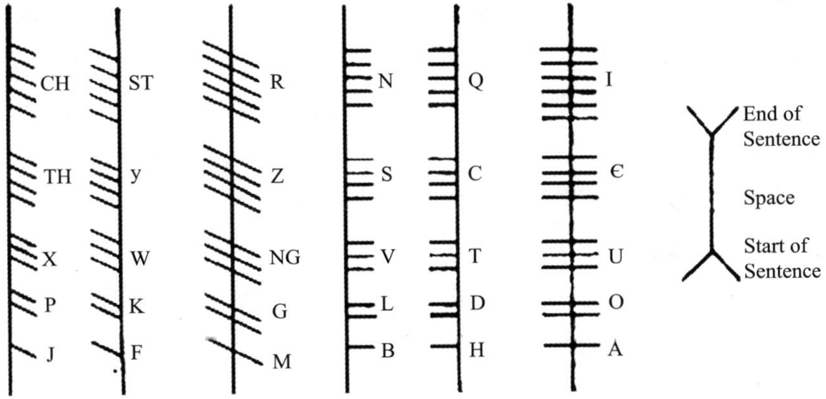

（欧甘字母图示）

欧甘字母是一种典型的线形文字（linear script），共有 30 个字母，分为 6 组，每组 5 个，这些字母分别由一条竖线为主体，再加上 1 至 5 条横线、斜线，或居竖线一侧或与竖线交叉，组成各个字母。这些字母和拉丁字母一样，各有一个名称，由于凯尔特人最初信奉自然神，用树木名称来称呼他们的字母，因此，人们又叫这个书写系统为“树木字母表”（tree alphabet）。

从字母的书写特征上看，无论横竖都是直线，没有曲线，更没有折钩，这一定与书写工具及承接字母的载体有关。有人曾一度猜测，Ogham 这个词源自古爱尔兰语 oguaim，其词义是“武器尖端留下的划痕”，这种猜测虽不一定准确，但也说明先人书写之时，大多使用锋利的锐器在木头上或在硬石上镌刻，笔画没有曲线的原因也就可想而知了。学界一般认为，字母的名字源于凯尔特传说中的造字神奥格玛（Ogma）。

目前载有欧甘文字的遗存大多为刻于 5 至 6 世纪的碑文，此类石碑在英国和爱尔兰两地至少有 400 个。根据专家们的推测，这些字母当是从某种基础字母演化而来，其中最大的可能是流行于中世纪不列颠诸岛的拉丁字母。至于这个地区的古凯尔特人在古典文化占据主导地位之时，为什么要创造出一套新的字母系统，研究者们提供了两种说法：其一，有人认为，字母出现之时，正值布立吞人在罗马帝国的支持下，严重威胁着其它凯尔特族群的生存，因此，威尔士人便创造了这套密码，以抵御来自布立吞人的政治与军事风险。其二，拉丁语随着基督教教义进入凯尔特文化，其字母系统难以完整记录凯尔特人的语言，于是，早期传福音者便另创了一套字母，以利传教事业的稳步推进。无论出于哪一种原因，欧甘字母在公元 4 世纪前既已出现，并在后来的两百年间得到了广泛的应用。

第 7 讲　古英语的字母与发音

英语史是英语专业的主体知识，学英语的学生们要具备自己的主体知识概念，这的确是有必要的。前不久，我的一位硕士研究生交来了毕业论文，其中涉及几个要加以讨论的核心概念，包括 intellect 这个英语单词。她在论文中说，通过反复查找，发现英语中 intellect 源自波兰语、俄语等三种语言。我看到后感到有些失望，其原因很简单，即将获取硕士学位的这位研究生得出这样的结论，当有两种可能：其一，她的确不知道这个词来源于拉丁语的 intellectus，是个已有一把年纪的“外借词”（loan word）；其二，她或许实在搞不清楚语言学中的“词源”（etymology）究竟是什么意思，因此，糊里糊涂地做出了判断。无论出于哪个原因，这位研究生的说法都是不应存在的“硬伤”，因为这里涉及的是基础概念，英语专业的学生不能不知道。

很多与英语相关的概念我们都要切实梳理清楚，这不是难事，关键在于学习英语的人们脑子里是否有这根弦。我曾经在南方的一所大学给刚刚进入硕士项目的学生们做过一次关于英语学习的讲座。大家兴致很高，很想听听我的英语学习路数。其中一位小伙子说，花了两年时间，终于考上了研究生，很想抓紧时间好好读几本书。有如此强烈的读书欲望当然是件大好事。于是，我问他，你想读哪类书？他说喜欢文学，想读些名著，但名著的文字实在太难，不容易读懂。我接着问，你可否给我举个例子？他毫不犹豫地回答道，比如莎士比亚，他用古英语写的剧本太难了，一时半会儿很难读懂。故事讲到这里，大家或许已经意识到我要说什么了。

暂且不去评论莎士比亚戏剧语言的难易，就概念而言，说莎翁的语言是“古英语”本身就是个很值得议论一番的话题。这一讲就从这里说起。讨论英语历史，首先要对各个时期的英语做个划分（periodization），以方便讨论每一阶段中英语的显著特征，这一点在前面提到过。再来加深一下印象：英语史学者倾向把英语的演变历史大致分为三个阶段，即古英语（Old English）阶段、中古英语（Middle English）阶段和现代英语（Modern English）阶段，每一个阶段的英语可分别简写为 OE、ME、ModE，这些都是标准术语，注意它们的大小写。三个阶段的英语都有各自的突出特征，在讨论其特征的时候，我们通常关注四个方面，包括语音（phonology）、形态（morphology）、句法（syntax）和词汇（lexicon）。

要观察古英语与其它阶段英语之间的不同，我们首先应该看的是人们在书写这个阶段的英语之时所使用的字母（graphics）。人类语言虽说有 3,000 多种，无论哪一种语言都是以为数不多的几个基本音素（phoneme）组成的，多说 50 个，少的也就是十多个。一般而言，组成一个语言的音素当在 30 个上下，而这些音素要用符号记录下来，用或繁或简的符号系统记录下来的语言就是我们所说的文字。于是，英语书写系统很快出现，这就是基于拉丁字母的，一个符号大致指代一个音素的英语表音字母系统。

自英语文字出现伊始，人们所使用的就是这种基本上一一对应的表音字母系统。简单地说，在整个历史演变过程中，英语曾经使用过两种字母，一个是我们前面提到过的“如尼字母”（runes），另外一个就是从罗马人那里学来的，今天仍在沿用着的英语字母，共计 26 个。如尼字母曾经是北欧日耳曼人常用的书写形式，据说，这些字母源自

“伊特拉斯坎字母”（Etruscan alphabet）。从字形上看，这些字母有棱有角，横短竖长，也很少有曲线，这样的字母比较适合在硬质书写面上用尖锐的利器进行刻写，日耳曼人选择了这一书写形式，大概与当时他们的书写材料有关。再来看一下如尼字母表和后来人们为了便于记忆分别给它们起的字母名称。

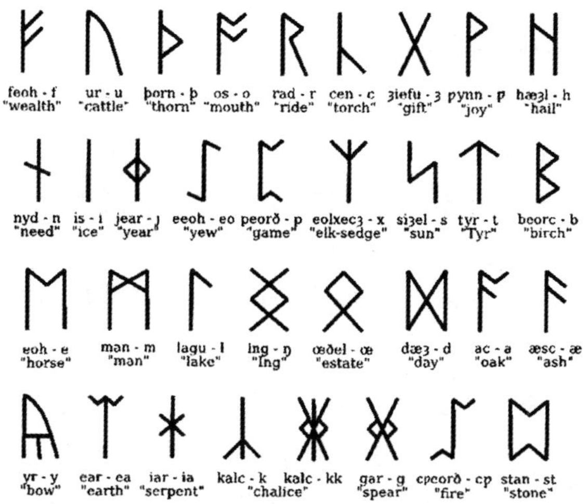

（如尼字母图示）

我们目前能够看到的用如尼字母拼写的古英语文献屈指可数，但这些为数不多的文献却给我们留下了不少宝贵的文化信息。从中我们得知，公元3世纪前后，来到不列颠诸岛的盎格鲁–撒克逊人在某些特殊场合仍在使用如尼字母，与古北欧人所使用的字母大致相同。另外，我们还从中了解到，盎格鲁–撒克逊人通常用这种字母进行横向书写。但是，与罗马字母不同的是，如尼字母既可以从左向右写，也可以从右向左写，甚至可以第一行从左向右，写到尽头之后，转过头来再从右向左继续书写，也就是我们前面提到过的“牛耕式”书写方法。19 世纪在法国发现了一个用鲸鱼骨制作的盒子，人们通常称其为“法兰克宝箧”（Franks Casket）。这个盒子的四面和顶部面板上，都雕刻着图案，而正面面板上除了两幅基督教图像之外，四周还以“牛耕式”镌有用如尼字母写就的一首古英语谜语诗，内容是“大鲸用海水击打崖壁，恐怖之王游上嶙峋石滩，顿显一派愁苦景象”（ᚠᛁ ᛋᚳ · ᚠᛚ ᚩᛞᚢ · ᚪᚻᚩᚠᚩᚾᚠᛖᚱᚷ ᛖᚾᛒᛖᚱᛁᚷ ᚹᚪᚱᚦᚷᚪ: ᛋᚱᛁ ᚳᚷᚱᚩᚱᚾᚦᚫᚱᚻᛖᚩᚾᚷᚱᛖᚢᛏᚷᛁ ᛋᚹᚩᛘ, fisc flodu ahof on fergenberig; warþ gasric grorn, þær he on greut giswom），附在其后的是谜底“鲸骨”（ᚻᚱᚩᚾᚫᛋᛒᚪᚾ, hronæs ban）。这个镌刻在法兰克宝箧上的谜语生动地展示了如尼字母的书写方式，同时又巧妙地告诉我们制作这个宝箧的材料来源，一头不慎搁浅死亡的鲸鱼。

再次提及如尼字母，是因为其中的几个字母后来被引进了古英语的拉丁字母拼写系统。一个语言大致有 30 个左右基本音素，如果这个语言选择了表音字母书写方式，一个符号代表一个音，二十几个字母也就够用了。当初的盎格鲁–撒克逊人深受古罗马文化的影响，进而选择了拉丁字母作为他们的书写方式。之后，他们突然意识到，古英语中的一些发音在拉丁语中找不到，因此，罗马人的字母表中没有合适的字母能够指代这些发音，而其中另外一些字母，在古英语书写中又派不上用场。怎么办？调整，重新组合。

于是，盎格鲁–撒克逊人在他们熟悉的如尼字母中，借入了三个符号，即 þ（thorn），ʒ（yogh），ƿ（wynn），括号中是这三个字母的名称，它们分别代表古英语中的 /θ/、/w/、/g/ 等音。另外，古英语还从古爱尔兰语中借来了一个字母 ð（eth），其相貌当是原来的 d，在其上方加上了一个短横，因此也有人将其写作 đ，在古英语后期，这个字母的发音为 /ð/，以区别 þ 所代表的清音 /θ/，当然，这两个字母也时常被人们混用。总之，这四个字母中的两个用来表示古英语中特有的两个音素，另外两个显然是盎格鲁–撒克逊人更为熟悉的符号，因此，他们决定使用这两个符号以取代原有的拉丁字母 w 和 g。拉丁字母中的 j、k、q、v 四个字母在古英语中可以用 i、c、u 三个字母替代，因此被弃而不用。另外，在古英语中，除了个别外来语单词之外，字母 z 基本派不上用场，因此也被放弃了。至此，似乎所有的问题都被重组之后的字母系统解决掉了，只有一个字母我们今天不够熟悉，即从拉丁语借来的 æ（ash），在后来的音变发生之前，它也是古英语字母中的一员。

我们可以计算一下：26（现代英语字母）– 7（j、k、q、v、w、g、z）+ 5（þ、ƿ、ʒ、ð、æ）= 24（古英语字母）。现在知道了，古英语的字母表包含 24 个字母。当初的古英语，一个字母基本代表一个音，你看到一个词，便大致知道如何读它，这是一个相对理想的状态。但是，到了后来，英语语音的变化越来越大，而书写系统的调整又赶不上语音变化的速度，拼写规则已定，发音却还在不断变化着，因此导致拼写与发音不一致，一个字母代表多种声音，致使英语单词越来越难读了。下面是来自一首古英语诗歌的几个诗行，我们可以观察一下古英语单词的拼写方法。

The Wanderer

Oft him ānhaga āre gebīdeð,
Metudes miltse, þēah þe hē mōdcearig
geond lagulāde longe sceolde
hrēran mid hondum hrīmcealde sǣ,
wadan wræclāstas. Wyrd bið ful āræd.
Swā cwæð eardstapa, earfeþa gemyndig,

wrāþra wælsleahta,   winemǣga hryre:
Oft ic sceolde āna   ūhtna gehwylce
mīne ceare cwīþan.   Nis nū cwicra nān
þe ic him mōdsefan   mīnne durre
sweotule āsecgan.   Ic tō sōþe wāt
þæt biþ in eorle   indryhten þēaw
þæt hē his ferðlocan   fæste binde,
healde his hordcofan,   hycge swā hē wille.
Ne mæg wērig mōd   wyrde wiðstondan,
ne se hrēo hyge   helpe gefremman;
for ðon dōmgeorne   drēorigne oft
in hyra brēostcofan   bindað fæste;
swā ic mōdsefan   mīnne sceolde,
oft earmcearig,   ēðle bidǣled,
frēomǣgum feor,   feterum sǣlan,
siþþan geāra iū   goldwine mīnne
hrūsan heolstre biwrāh,   ond ic hēan þonan
wōd wintercearig   ofer waþema gebind,
sōhte seledrēorig   sinces bryttan,
hwǣr ic feor oþþe nēah   findan meahte
þone þe in meoduhealle   mīne wisse,
oþþe mec frēondlēasne   frēfran wolde,
wenian mid wynnum.   Wāt se þe cunnað

前面说过，书写古英语的时候，人们使用的是一对一的表音字母，大体上说，每个字母都要被清晰地读出来，因此，朗读古英语要比朗读现代英语容易得多。现代英语中，字母与发音的关系极其复杂。我给各位举几个例子。首先，同一个字母会代表多种声音，比如，f**a**ther、**a**ll、**a**bout、**a**pple、**a**ny、**a**ge，等等。其次，不同的字母会有完全一样的读法，比如，s**ea**、**Ae**sop、sc**e**ne、mach**i**ne、rec**ei**ve、th**ie**f、am**oe**ba 等。还有，一个单音却用几个字母拼写出来，比如，lo**ck**、**th**at、b**oo**k、**sh**op、a**pp**le、spe**ci**al 等。再次，一些字母并不代表任何发音，但它们依然占位，比如，**k**now、dou**b**t、thou**gh**、i**s**land、moos**e** 等。如此混乱的局面实在不可思议，难怪萧伯纳讥笑说，英语的 fish 大可拼写成 photi。

其实，欧洲的大部分语言都不是这样的，包括古英语。读研究生的时候，我开始研读古英语，记得老师告诉我，只要记住古英语的几个发音要领，就完全可以朗读这个语言。当然，古英语是个死语言，你的发音是否百分之百的准确，并没有人十分在乎，也不会因此而严重影响交流，在没有压力的情况下，朗读这事显得容易了许多。但是，古英语学者通过对各种语言线索的分析比较，的确发现，古英语的发音与其字母拼写，有着极其紧密的逻辑联系，一一对应的表音字母，确实使古英语的朗读格外简单明了，这是事实。

接着介绍几个朗读古英语的基本规则。先看元音（vowels）。古英语中有 8 个单元音（monophthongs），粗略地说是四前四后，即前元音自上而下 i(ː)、y(ː)、e(ː)、æ(ː)，和后元音自上而下 u(ː)、o(ː)、ɔ(ː)、ɑ(ː)。读单元音的时候，大家注意以下三点：第一，元音字母的读法大致与国际音标相同。第二，高前元音字母 y(ː) 是圆唇音，听起来像汉语中“鱼”字的发音，而现代英语中没有这个元音。第三，古英语的单元音有短长之分，括号中的“ː”代表长音。另外，古英语的长元音和短元音，在发音位置上只有长短之分，没有音位的变化，与现代英语中的长音 /iː/ 和短音 /i/ 之间在位置上的区别显然不同。

关于长短音，还请注意：古英语的长短单元音是8对完美的对称音素，它们不仅有长短之分，在单词中，就是因为这长或短，意思会完全不一样。比如，god /gɔd/ 和 gōd /gɔːd/，第一个读短音，意思是 God，第二个读长音，意思则是 good。再如，syl /sjul/ 和 sȳl /sjuːl/，前者短，意思是 still，后者长，意思则是 pillar。再看一个例子，metan /'metɑn/ 和 mētan /'meːtɑn/ 这两个字的词尾 -an 告诉我们，这是两个动词的不定式，前者词根元音读短音，意思是 to measure，后者词根元音读长音，意思就变成了 to meet。古英语中单元音是长是短，要根据使用者对这个语言的熟悉程度做出判断，在现存的古英语手抄本中并没有明显标示。

古英语的双元音（diphthongs）只有两对，即 ea、ēa 和 eo、ēo，发音是从第一个音素滑向第二个音素，两个双元音的长音就是把第一个音素拉长，之后滑向第二个音素。比如，eoh /eoh/ 和 ēoh /eːoh/ 两个词，前者短，意思是 war-horse，后者长，意思是 yew-tree。记住，读这两个词的时候，千万不要忘记将最后一个字母 h 读出来。当然，古英语中的双元音有时会出现变体，比如，io 即是 eo，ie 是 i 的变体。

关于古英语辅音字母（consonants）的读法，说起来也并不复杂。接下来梳理一下基本规则。最值得注意的是两个字母的读法，第一个是字母 c，第二个是 g。先来看第一个。简单地说，这个字母在单独使用的时候，有两个发音，一个是 /k/，另一个则是 /tʃ/。其发音规则是：

1. 当 c 出现在另外一个辅音字母之前时，它的发音是 /k/，比如，cwellan（to kill）、cnēow（knee）。
2. 当 c 与后元音连用时，它的发音也是 /k/，比如，camp（battle）、bōc（book）。
3. 当 c 与前元音连用时，它的发音就变了，是 /tʃ/，我们称之为腭化（palatalization），意思是说，发这个音的时候，因为前元音的影响，舌尖向硬腭抬起，比如，cild（child）、læce（doctor）、cirice（church）。

4. 还有，当 c 与其它辅音字母组合使用时，读法如下：sc 的发音是 /ʃ/，比如，scirte（shirt）；cg 读 / dʒ /，比如，ecg（edge）。

下面我们再来看 g 的读法。这个字母的发音方法与 c 有相同之处，可以与其比较着记忆：

1. 当 g 在另一个辅音前出现时，它的发音是 /g/，比如，glæd（glad）、gnornian（to lament）。
2. 当 g 与后元音连用时，它的发音也是 /g/，比如，galan（to sing）、guma（man）。
3. 同样，当 g 与前元音连用时，要将其腭化，读 /j/，比如，slægen（slain）、mægden（maiden）。
4. 另外，当 g 在两个后辅音中间使用时，读作 /x/，很像汉语中"喝"字的发音，是个浊擦音，与清擦音 /h/ 相对，比如，dragan（to draw）、lagu（law）。

前面说过，读古英语的辅音并不难，只要知道发音要点，每个音都读出来即可。不过，下面几个地方值得注意并熟记：

1. f、þ、ð 这三个擦音，以及 s，有清浊之分，当它们在元音前面或后面使用时，读清音，如 lof（glory）、sunu（son）、pæð（path）。当它们在两个元音之间使用时，要浊化，如 cnafa（youth）、brōðor（brother）、losian（to lose）。

2. 如果同一个辅音重叠使用，如 ll、cc 等，其音长要加倍，如 sittan（to sit）、fyllan（to fill）。如果你不知道如何发这个双重字母联音，可以比较如下两对词的读法：ho**t t**ale 和 ha**tt**er; fu**ll l**ength 和 fu**ll**y。如果依然拿不准，可试读下面的两组词，注意连接两个词中间的双重辅音 /kk/ ：boo**k c**ase ；ta**k**e **c**are，再与 bucket /'bʌkɪt/ 和 taker /'teɪkə/ 中间的 /k/ 音比较一下，发音的奥秘就在其中。

3. 最后一点，古英语中字母 r 比较难读，这是一个舌尖颤音（trill），又称滚音，发音时，气流使大舌尖多次颤动，比如 hringan（to ring），其发音有点儿像汉语中“铃”字。

最后再提个醒：1. 日耳曼语言中的多音节字，如果没有前缀，重音一般落在第一个音节。这个特征，在介绍维尔纳定律的时候提到过。2. 古英语没有央元音 /ə/，这个音在元音弱读的时候才能派上用场，而古英语的元音即便出现在词尾，也不能弱读，因为古英语是屈折语，词尾的元音很重要，不仅要清楚地读出来，还要将其中不同的元音区分开。

好了，现在大家可以试着朗读下面的古英语句子了。

1. Hē wæs cyning ofer eall Anglalond.
   He was king of all England.
2. Wer sæt æt wine mid his wīfum twām.
   A man sat at wine with his wives two.
3. Þā cwæð hē, “Hwæt sceal ic singan?”
   Then said he, “What shall I sing?”
4. Hē næfre nǣnig lēoð geleornode.
   He never any poem learned.

5. Sēo cwēn geseah þone guman.

The queen saw the man.

文化经纬

传教士初现不列颠

提到英国基督教的早期历史，人们总会想到奥古斯丁（Augustine of Canterbury ?—604）横渡大西洋，登陆坎特伯雷，在这个蛮荒的岛国传递基督福音的故事，那是公元 597 年发生的事。在此之前，至少还有两位与此相关的重要人物值得我们关注。其一是在爱尔兰和苏格兰北部传教的帕特里克（Patrick 389?—461），另外一位则是罗马教皇格列高利一世（Gregory I 540—604）。

每年的 3 月 17 日是圣帕特里克节（St. Patrick's Day），这一天原本是爱尔兰的节日，以纪念爱尔兰的守护神（patron saint）帕特里克。这位早期传教士与苏格兰，乃至盎格鲁-撒克逊时期的英格兰最终皈依基督教也有密切的关联。他出生在苏格兰的一个完全罗马化的家庭，出生年份大约在 5 世纪中叶。根据他简短的自传记述，帕特里克 16 岁那年被一群匪徒劫持到爱尔兰，在那里被卖为奴，为他的主人放牛长达 6 年之久。据说某天夜半，他在睡梦中见到一位神秘人物，这个人告诉他帮其脱离苦难返回家乡的渡船已经准备好，醒来后他果然很快逃脱，辗转回到了苏格兰。此时他已深信耶稣基督。

他在自传中还描述了另外一个神迹：一日深夜，他梦见有人给他捎来了一封来自爱尔兰的书信，写信人邀请他立即返回并拯救爱尔兰人。帕特里克虽踌躇再三，最终还是以修士的身份回到了爱尔兰，并在这个岛上展开了卓有成效的传教活动。他奉耶稣基督之名在各地奔走呼号，使众多异教民众皈依了天主教。据说，他在创建爱尔兰教会的过程中最具盛名的有两件不可思议的事：其一，他成功地将爱尔兰北部地区的众多毒蛇瞬间赶进了大海，使当地的民众脱离了毒蛇的困扰，同时也使他们看到了神迹。其二，在异教徒对“三位一体”（Holy Trinity）大为困惑、争论不休之时，帕特里克拾起路边的一束三叶草（shamrock），指着梗上滋生出来的三片叶子对众人说，看，这就是圣父圣子圣灵（God the Father, God the Son, God the Holy Spirit）同在一处的道理。自此，帕特里克声名大振，最终成就了他在这一地区服侍基督的事业。

有关罗马教皇格列高利一世的传说也很多，其中最著名的是他首次接触英格兰人的一段故事。比德在他的《英吉利教会史》中记述，格列高利被迫当选教皇之前，就有意亲自前往不列颠传教，因为他很担心让拜占庭教会的爱尔兰传教士在此事上占了先机。然而，大概出于他当时的显赫地位和人们对他的真诚爱戴，格列高利始终得不到教廷的批准，难以成行。

一天清晨，格列高利来到罗马市场上闲逛，他看到一位商人正在高声叫着，要出售几个金发碧眼、皮肤白皙、长相极其标致的年轻男性奴隶，他便凑过去问那位商人，这几个孩子是从哪里买来的？商人告诉他，这几个年轻奴隶是来自英吉利岛的异教徒。他惋惜地说，实在可惜，黑暗的世界里竟会生长出如此鲜亮的男人。他又问那个国度叫什么名字，答曰，他们是盎格尔人（Angles，盎格鲁人），格列高利听罢，以他特有的双关语言答道，是啊，他们每个人都有一张天使般的面孔，完全可与天堂间的盎杰尔（Angels，天使）媲美。过了一会儿，格列高利又问，他们那个国度的国王叫什么？听说叫阿拉（Aella），商人答道。格列高利听后异常兴奋，高声说，阿拉路亚（Alleluia，赞美主）！赞美我主的宏音一定在他们的国度响起！据说，从那一刻开始，这位未来的罗马教皇便开始谋划起到英格兰传教这件大事了。

公元597年，奥古斯丁受格列高利之托，带领50名教士，扬帆启程，终于踏上了去英格兰传教的艰辛之路。

语言天地

古英语人名与头衔

英语史中关于人名的研究被称为“专名学”（Onomastics），是一类专门学问。的确，英语人名中常有一些十分有趣的文化信息，比如Johnson是John的后代，这是日耳曼姓氏的组合习惯，此类带有后缀-son的姓氏很多，如Jackson、Jefferson、Harrison、Madison等。在英国生活的凯尔特人是不列颠群岛的原住民，其后裔的名字也很有特点，像McDonald就是Donald的子孙，NBA火箭队姚明的搭档Tracy McGrady也是其中之一。他们名字中的Mc-有时也写成Mac-，源自盖尔语（Gaelic），意思与英语中的后缀-son相同。这一古老传统中衍生出来的名字还常缀以Fitz-或O'-，美国大作家F. Scott Fitzgerald，斯诺克巨星O'Sullivan，以及剧作家Eugene O'Neill就属此类。还有一些常见的英语姓氏与祖上所从事的行当、社会地位有关，比如Smith、Dolittle等。只要在学习英语的过程中稍加留意，我们自然会领略到英语人名中的此类奥妙。

当然，英语人名中还隐匿着很多不易觉察的内容，不学点历史是无法感觉到的。比如，古英语文献中经常出现的Eadward这个名字对大家来说并不陌生，因为我们已接触过那位在诺曼底长大，说一口流利法语的英王爱德华，当然也知道这个名字是Edward的古英语拼法。不过，有关这个古老名字，更值得我们注意的还有两点：其一，与其它盎格鲁–撒克逊人名一样，这个名字也由两个部分组成（dithematic structure），前一部分 Ead-，意指“无比神圣”（blessed），后面跟着的 -ward 源自古英语词 weard，意思是“守护者”（guardian），两个部分合在一起后，名字的含义是“至高无上的守护人”，你想想看，那个一心侍奉上帝的英格兰统治者爱德华国王是不是这样一位王者？

需要关注的另外一点是，古英语时期的人通常只有一个名字，比如撰写第一部英国历史的比德。那位漂洋过海来英国传教的奥古斯丁，进入英国之后也只剩下了一个名字。这种情况会使人们难以分辨两位重名者，比如，古典时期还曾经出现过一位奥古斯丁，是赫赫有名的拉丁教父，为了将两位同名的圣者区别开，古英语时期的人们只好在二位名字的后面加上个地名标签，于是，早期北非的奥古斯丁成了 Augustine of Nippo（354—430），而公元 597 年受教皇之托到英国坎特伯雷传教的奥古斯丁则被称为 Augustine of Canterbury。这种情况在古法语中也很常见。

当然，古英语时期还有一些其它方法用来区分那些同名的人们。比如，中古时期的英国王者总带着一个仅属于自己的绰号（nickname），这些绰号有褒有贬，但都有一定的区分功能，其中比较著名的 Æþelræd Unræd（Ethelred the Ill-advised）、Eadmund Irensid（Edmund the Ironside）、Æþelstan Healfcȳning（Ethelsten the Half-king）等便很说明问题。可别小看这些外号，除了用来区分其他同名者之外，它们还能帮助我们准确把握这些人物的性格和他们的历史功过。

顺便提一句，古英语时期的重要人物通常有个头衔，比如国王、伯爵、主教等。在现代英语中，这些头衔冠于人名的前面，像 President Trump、Professor Hughes 等。但是，古英语却不这样表达，头衔总是跟在人名的后面，比如 Hroðgar cȳning（King Hrothgar）、Augustine arcebisceop（Archbishop Augustine）、Þurkil eorl（Earl Thorkell）等。

第 8 讲　古英语的名词形态

这一讲开始讲述古英语字词的形态问题，语言学中的专门术语是形态学（morphology）。古英语由古日耳曼语演变而来，直到盎格鲁-撒克逊人将其语言带入今天的英格兰，这个语言一直是个比较典型的屈折语。从语言分类学的角度看，屈折语与黏着语、孤立语有着很大的不同，这种语言在传达话语的意思时，不十分依赖词语的先后顺序，在遣词造句过程中，也少有介词的参与。但是，词与词之间即便打乱了习惯的词序，人们也十分清楚它们之间的语法关系，也因此完全明白使用者要表达的准确意思。屈折语能够做到这一点，其秘密在于每一个词都带着区别于其它词的词尾。在语言学上，我们把这种基本固定下来的词尾变化统称为形态变化，形态学就是研究这种变化规律的专门学问。

形态学是语法学（grammar）中的分支，研究的是每个词的形态及其所属类别，比如，learning 和 learned 是从同一个词 learn 变化而来，由于它们的形态不一样，它们所属的语法类别依次是“现在分词”和“过去式”或“过去分词”。它们的类别不同，所表达的意思也不一样，前者大致是“正在学习”，后者则是“过去学过”等。这个例子告诉我们，词在形态上的区别主要表现在词尾，一个具体词尾会清楚地表明这个词的语法功能，以及它所传达的语义信息，这是屈折语词汇的根本特征。

某一个词的词形在历史中的演变，是历史形态学的研究范畴。讨论古英语的词汇形态之时，如果不刻意把它放在历史发展中去观察，所涉及的领域就是共时（synchronic）研究，否则便是历时（diachronic）研究了。共时的词汇形态研究也可称为词素学（morphemics）。顺便说一句，每个词中最小的区别性单位是词素（morpheme），比如，learning 这个词就有两个词素，learn 是动词本体，-ing 则是它的后缀，表明这个词是 learn 的现在分词。

我已说过，在一个典型的屈折型语言中，动词的词尾承载着众多的语法信息。比如，拉丁语的动词 amare（to love），如果写成 amo，无论它出现在句子中的哪个位置，无论它在形式上有还是没有主语伴随，我们都知道这个词的意思是 I love，是个语法意义上的完整句子。做出这一理解的根据是这个动词带着"直陈语气主动语态现在时态单数第一人称"的词尾 -o，这就是标准屈折语言动词词尾的语法功能。

当然，这里说的只是标示语法功能的词尾（inflection）。还有一种词尾与语法没有直接关系，语言学称其为"派生词尾"（derivation）。这是一种加到词根（root）上的词缀（affix），它的存在可以改变词的类别，也可能不改变，比如 kingdom 中的 -dom，加上后没有改变词的类别，依然是个名词，只是词义有所延展。再如，modernize 中的 -ize，slowly 中的 -ly，明显改变了原词的类别，前者由形容词变成了动词，后者则由形容词变成了副词。这种派生词尾所涉及的是构词法（word formation）和语法无关，因此与 inflection 完全不同，是另外一个概念。

回到古英语形态学的话题上来。一般认为，古英语接近古印欧语，更接近古日耳曼语。如果与"活"语言做比较，它当与日耳曼语族中斯堪的纳维亚北部的现代冰岛语（Icelandic）最为相似，其次便是当今的德语了，当然，我这里所说的相似与否只指古英语的词形状态。请各位先来观察我给大家准备的图表。在语言学中，人们通常称这类图表为“词形变化表”（paradigm），是某类词屈折变化的标准汇集。形态学意义上的词形变化主要指名词以及与名词相关词类的词形变化，比如形容词、代词、冠词等限定性词类（determiners），当然还指各类动词的词形变化，前者叫“变格”（eclension），后者则是“变位”（conjugation）。我们先来观察“古英语名词变格表”。

		STRONG DECLENSION					WEAK DECLENSION			MINOR DECLENSIONS	
		Stems in **-a-**			Stems in **-ō-**		Stems in **-n**			Stems in **-u-**	Root Conso-nant
		Masc.	Neuter		Feminine		M.	N.	F.	M.F.	M.F.
			(short)	(long)	(short)	(long)					
NOUNS	Sg. N.	**bāt**	**scip**	**horn**	**scinu**	**glōf**	**oxa**	**ēare**	**heorte**	**sunu**	**fōt**
	G.	**bātes**	**scipes**	**hornes**	**scine**	**glōfe**	**oxan**	**ēaran**	**heartan**	**suna**	**fōtes**
	D.	**bāte**	**scipe**	**horne**	**scine**	**glōfe**	**oxan**	**ēaran**	**heortan**	**suna**	**fēt**
	A.	**bāt**	**scip**	**horn**	**scine**	**glōfe**	**oxan**	**ēare**	**heortan**	**sunu**	**fōt**
	Pl. N.A.	**bātas**	**scipu**	**horn**	**scina,-e**	**glōfa,-e**	**oxan**	**ēaran**	**heortan**	**suna**	**fēt**
	G.	**bāta**	**scipa**	**horna**	**scina**	**glōfa**	**oxena**	**ēarena**	**heortena**	**suna**	**fōta**
	D.	**bātum**	**scipum**	**hornum**	**scinum**	**glofum**	**oxum**	**ēarum**	**heortum**	**sunum**	**fōtum**

（古英语名词变格表）

大家首先要注意变格表中与名词词尾变化相关的三个主要因素，即“性”（gender）、“数”（number）、“格”（case）。任何古英语名词都要根据其“性”进行归类，并根据同类名词的不同“数”和不同“格”，进行其词尾的相应变化。先看名词的“性”。这里的“性”是一个语法分类概念（grammatical gender），与生理学意义上的男女性别没有必然的逻辑联系。严格地说，古英语名词“性”的决定因素不是其语义（semantic meaning），而是这个词的原始词干发音，因此，有人将研究古英语名词“性”的学问称为“形态音位学”（morphonology）。由于后来的词干发生了变化，名词“性”的形成原因便模糊不清了。比如，古英语中各类金属物质的名字不属于阳性（masculine）或阴性（feminine），而统统是中性（neuter）名词，siolfor（silver）和 copor（copper）被归类于中性，究其原因完全是其原始词干的发音所致，只是历史留存下来的文献没有给我们提供切实的文字证据而已。

不过，即使可参考的文献几乎为零，历史语言学研究者依然可以从蛛丝马迹中梳理出某些原始词形归类的规律。通过对各类名词词尾的比对，我们今天还是能够辨别出一些单词的词性，比如以 -oþ、-dōm、-end、-els、-uc、-ling、-ere、-hād、-scipe 等为结尾的古英语名词大多属于阳性，以 -ung、-þu、-nes、-estre、-rǣden、-wist 为结尾的名词则以阴性居多，而以 -lāc、-et、-ærn、-cen 为结尾的古英语名词当为中性等。有关古英语名词词性的分辨，一组以 -a 结尾的阳性名词也很引人注目，像 selfǣta（cannibal）、cuma（guest）、āngenga（loner）等。本不属于古英语的一些后代拉丁语借词，尽管带有相同词尾，但由于其根不在古英语，它们并不具备这一历史词性特征，比如 Italia（Italy）和 discipula（female disciple）就不是阳性名词，而属阴性。

简单地说，古英语名词的“性”属于语法词汇归类范畴，这一点十分明显，古英语学习者应当牢记。我们来看几个有趣的例子：hlǣfdige（lady）是阴性名词，其性别指向清楚，谁都能理解，没有问题，而 wīf（wife）却是中性，wīfmann（woman）是阳性，因为这个词的后一词素 mann 是阳性，mægden（maiden）又是中性，其原因是词尾为带有显著中性特征的 -en 词尾，这一点我在前面已经提到过。可见，这里的“性”不过是根据某一类名词的共同历史语音特征，所做的字词分类称谓而已。这种分类很常见，但在不同语言中的方式不尽相同。比如，法语仅有阳性阴性两类名词，le livre（book）是阳性，la table（table）则是阴性，我们虽然不精通法语，但依据名词前面所用的冠词，便可轻易将它们区分开来。与此相似，德语的名词的性别也是通过冠词实现的，比如，der Tisch（table）是阳性，die Hand（hand）是阴性，das Mädehen（maiden）则是个中性名词。也就是说，法语和德语是以冠词形式决定名词语法性别的现代语言，与古英语有所不同。

关于古英语名词“数”（number）的讨论比较简单，其中只有单数（singular）与复数（plural）之分。早期古英语中还残存着从古日耳曼语继承下来的双数（dual）名词，但就整体而言，名词“数”的概念与现代英语中的概念已基本相同，只是多了一个称为“双数”的遗传尾巴。相形之下，现代英语看上去反而比古英语更为复杂，因为其名词居然冒出了四种完全不同的复数形式。当然，复杂的根源还要追索到古英语，我后面会着重谈到。

古英语名词的“性”“数”“格”三个重要概念之中，最复杂的当数“格”（case）。下面我就来谈谈这个问题。其实，与拉丁语相比，古英语的“格”已经经历了显著的简化，古典语言中的“夺格”（ablative）和“呼格”（vocative）已被清出门户，总共只剩下了五个，即“主格”（nominative）、“宾格”（accusative）、“属格”（genitive）、“与格”（dative）和“工具格”（instrumental），其中的“工具格”也经常被“与格”取代，成了另外一个早期语言留下来的遗传尾巴。与现代英语相比，除了“主格”之外的其它几个古英语名词格都不单纯表达词与词之间的逻辑关系。比如，主格名词在古英语句子中只做主语，是动作的施动者，而属格名词却不仅仅在句子中表示“归属”这个逻辑概念，有些及物动词后的宾语要使用属格名词，有些则要求与格名词做其宾语。这些特殊语法搭配也是英语的史前史遗留下来的不合乎现代语法逻辑的残存现象，与其语法名称并不十分匹配。标准语法书的通常说法是，名词的“主格”最为重要，是“第一格”，也是词典中呈现的标准词形，其它各格均从名词“主格”派生而成，因此被称为“派生格”（oblique cases）。

探讨古英语名词“性”“数”“格”的目的在于借此厘清名词与其它相关词类在这个语言中的搭配方法。当我们组织英语名词短语的时候，名词是主词，其它修饰语，比如形容词、冠词等，均为辅助词类。更重要的是，这些辅助词在古英语的名词短语中，要与主词的“性”“数”“格”保持高度一致，名词短语中词与词之间的“一致关系”，在古英语语法中叫作“词语和谐”（concord），也是屈折语的一个标志性特征。

另外，在古英语的词形变化中，名词通常会被细分为“a- 词干变格”（a-stem declension）、“ō- 词干变格”（ō-stem declension）、“n- 词干变格”（n-stem declension）、“辅音词根变格”（root consonant declension）等四个类别，前两个又常被冠以“强变格名词”（strong declension nouns），第三个被称为“弱变格名词”（weak declension nouns），而随后一个则是所谓的“次变格名词”（minor declension nouns）。这些名称都是什么意思？下面我做个简单的解释。

从现在的英语名词结构上看，每个词最多由两个部分组成（bipartite structure），比如 boys 这个词，一部分是 boy，是词根，另一部分是 -s，是词尾，或称“后缀”（suffix）。而在史前时期，古英语名词的结构更为复杂，每个名词可划分为三个组成部分，即“三分结构”（tripartite structure），包括 root+theme+inflection，前两个“词根”（root）和“词干”（theme）是形态部分，表达词义，与语法无关，这两部分加起来又称为“主干”（stem）。第三个部分是词尾（suffix），标示本词的语法功能。比如 *stainaz（stone）一词，其中 stain- 是词根，-a- 是词干，后面的 -z 则是词尾，表示阳性单数主格。请各位注意，凡是经过比较研究构拟出来的词汇，在历史语言学的标准表述中，字词前面加用星号（*）。

再看一个例词 *winiz（friend）。这个词的词根是 win-，词干是 -i-，后面的 -z 则是语法词尾，根据词尾可以看出，这个词也是阳性单数主格。请比较一下上面列举的两个史前英语名词，两个都是阳性名词，那么，我们该如何区分它们？根据历史语言学家的推论，两个名词中不同的词干分别告诉我们，第一个词属于“-a- stem”名词，当时古英语中的绝大多数名词都属于这一类，因此称其为“强名词”（strong declension nouns），而第二个词属于“-i- stem”名词，与“-u- stem”名词一样，要么属于“弱名词”，要么属于“非惯用名词”（minor declension nouns）。此类名词不多，由于数量稀少，稍加记忆即可掌握。可见，名词变化表中可能出现的某些称谓属于史前残存术语，与历史上的名词分类有关。即便在古英语时期，从当时所用的名词词形上看，术语所表述的词类区别已经消失了，学习古英语时或可忽略不计。值得我们注意的是，名词中“强名词”（以词干元音 -a- 和 -o- 为标志）与“弱名词”（以词干辅音 -n- 为标志）的区分，是日耳曼语言的一大特征，动词分类中也有类似现象，有强有弱，在讲动词时还会提到。

接下来的内容就比较简单了。变格表中列的是古英语各类名词的典型例子，最左侧竖行标出了数和格，横向第三栏是名词的性。所给的例词从左至右分别是 bāt（boat）、scip（ship）、horn（horn）、scinu（shin）、glōf（glove）、oxa（ox）、ēare（ear）、heorte（heart）、sunu（son）、fōt（foot）。有学习法语或拉丁语经验的朋友都应当知道，名词变格，动词变位是需要背诵的，背熟了才能运用自如，这是很多欧洲现代语言不如现代英语好上口的原因之一。我们经常看到，大学英语专业的一年级学生就开始哇啦哇啦用英语对话了，但法语专业的学生上口的速度则没有这么快，这当然与英语学习者上大学之前的学习经历有关，英语相对简单的变格变位系统也当是其中的重要原因。

关于古英语名词，至少还有两点值得特别关注：一个是名词复数形式，另一个则是名词变格时须调换根元音的情况，因为这两点都与现代英语的状态有着直接的牵连，了解这一情况，对我们理解现代英语很有帮助。先来看第一个。开始学习英语的时候，教科书一定会告诉大家，英语名词的复数有多种形态，确切地说，多达 4 种：boat（boats），复数形式加上了 -s 词尾，sheep（sheep），复数形式不加任何词尾，ox（oxen）的复数加的是 -en 词尾，而 foot（feet）的复数形式很特别，更换了词根的元音。为什么古英语名词的复数形态如此复杂？解答这个问题，还需要回到古英语名词变格表上来。

请注意最左侧的例词 bāt。这个词属于强名词、-a- 词干、阳性类。此类词占据古英语名词的绝大多数，有人说约在 75% 上下。仔细看这个名词复数的主格和宾格形式，bātas，词尾是 -as，这便是今天英语名词复数加 -s 的根源。再看例词 horn，这也是个强名词，-a- 词干，中性，请注意这个词复数的主格宾格形式，是 horn，没有任何词尾，大家一定猜得到，这就是今天英语中可数的几个复数名词不加 -s 的原因，比如 sheep、fish、dear，等等。另外，变格表中有一个例词 oxa，这是一个弱名词，-n 词干，阳性，注意表中不断出现的 -an 词尾，这个词的复数主格宾格形式均为 oxan，这便是今天的英语中几个复数加 -en 词尾的名词鼻祖，比如 oxen、brethren 等。

解释第四个名词复数形式也并不复杂。例词是 fōt /fo:t/，如果你还能想起来发生在 14 世纪 15 世纪前后的英语元音大音变，就一定会理解这个词的发音为什么后来读作 foot /fu:t/，后来经过元音“短化”

（shortening），变成了今天的 foot /fut/。当然，这里要关心的不是发音，而是这个名词的复数形式。请注意，它的主格宾格复数形式是 fēt /fe:t/，词的根元音从 -ō- 变成了 -ē-。这是怎么回事？如果大家了解一些英语史知识，就会知道，这个名词主格宾格的复数形式在史前时期是 fōtiz（tripartite structure），由于其词干是前元音 -i-，这个音前面的后元音 -ō- 受到了它的影响，其发音音位便向它靠拢，迁移到了前元音 -ē- 的位置，再加上史前词尾 -z 连同其词干逐渐被抛弃，这个词的复数就变成古英语时期 fēt 这个模样了。这种因 i 的发音致使相邻的后元音前移的现象，在语音学上被称作"元音前移"（i-mutation），语音学学者也称其为"元音移位"（umlaut）。在古英语名词中，出于同一原因形成的此类名词复数还有一些，比如，mūs /mu:s/（mouse）的复数是 mīs /mi:s/（mice），lūs /lu:s/（louse）的复数是 līs /li:s/（lice），等等。

我们所熟悉的英语词 book 在古英语中的拼法是 bōc /bo:k/，其复数也原本是 bēc /be:k/，由于两者的根元音都是长音，中世纪的书写者将其元音字母双写，以示其长，词形变成 booc 和 beec，而长元音大音变告诉我们，它们后来的发音分别是 /bu:k/ 和 /bi:k/，又由于大音变之后的部分长元音短化，其单数形式的发音便成了今天的 /buk/。根据英语长元音大音变的规律，我们期待这个词的复数形式当为 beek。为什么 beek 变成了今天的 books 呢？大家知道，语言中都有"趋同"（convergence）的倾向，以方便使用者记忆。既然 stone 的复数是 stones，为什么不把 book 的复数改成 books？发生在英语史中的这一趋同过程叫作"类推"（analogy），这就是 book 丢掉了历史复数形式 beek 的原因，也是以英语为母语的孩子们倾向说 one fish、two fishes 的根源。有关古英语名词的要点就这些，下次讲解与古英语名词有关的其它词类。

文化经纬

萨坦胡船葬之谜

1939年初夏，正当人们因战争阴霾而深感焦虑之际，在英国萨福克郡的德本河畔（River Deben, Suffolk）发生了一起令文化界兴奋不已的大事。普雷蒂太太（Edith Pretty 1883—1942）决定请当地的考古爱好者布朗先生（Basil Brown 1888—1977）协助，对其萨坦胡（Sutton Hoo）庄园中的十一座古墓冢进行全面的考古勘察。在此之前，人们传说曾在这一带发现过诸如碗、盘、首饰等古物，而这些古物又极有可能是从墓穴中被盗挖出来的物品。为了探个究竟，普雷蒂太太邀请专业考古人士挖开了编为一号的墓冢。在这个最大神秘古墓中的发现完全出人预料，其中掩藏着的是一只完整的古船印记，船舱位置藏有众多稀世珍宝。各种迹象表明，这是座古船墓葬的葬坑，曾于16世纪或17世纪初叶被盗墓贼光顾过，或许由于盗者判断上的失误，船中的部分宝物竟然侥幸地留存了下来。

是年8月，萨坦胡葬船中的物品被大英博物馆的专家们全部移走以做进一步考古研究。人们很快发现这些古物均属英国盎格鲁-撒克逊时代，因此对研究这个时期的历史及其文学艺术有着无法估量的价值。人们对萨坦胡葬船的研究寄予如此厚望不是没有根据的。首先，在这里挖掘出来的陪葬物品，无论在数量上，还是在品种上，都极引人瞩目。大英博物馆的自家刊物曾对此做过完整详尽的描述。有趣的是，在众多遗存之中，除了一些锈蚀的铁钉之外，竟没有发现什么与葬船有直接关联的木质残片。但是，在沙质墓穴表面，人们可以清楚地分辨出船身留下的显著痕迹。

由此，专家们准确地再造了这只葬船。这是一艘重叠搭建的橡木船，约有 98 英尺长，14 英尺宽，两侧各有 17 只木桨，尾部设有船舵。葬室大致位于葬船的中间部位，约 17.5 英尺长，上面曾有一个人字形舱顶，大概是被覆盖在上面的沙土所压塌。在挖掘此墓葬的时候，人们普遍认为会从中发现逝者的遗骨，但古墓挖开之后，其中并没有尸骸的痕迹，也未发现任何诸如戒指等贴身物品。当时的专家们经反复细致的考察，确定这是一座具有纪念意义的衣冠冢，而并非逝者的真正墓穴。

船葬中的物品自西向东摆放成一个 H 字形。有陶瓷、石刻，以及其它生活器皿，亦有金银珠宝、礼仪用具。由于舱顶的坍塌，其中一些物品已被压成碎片，根本无法辨识。但那些未被完全损毁或尚可复原成形的物件，对我们了解墓葬主人的身份依然有着极高的参考价值。例如，在葬船的两端人们找到了兵器，镶嵌着珍贵珠宝的饰物，以及一个装有金币的钱囊。在葬船东端的发现也引起了学者们的兴致。其中最引人注目的是一柄权杖、一块盾牌和一顶头盔。权杖是生铁铸成的，硕大而且沉重，顶端是一尊人头像，看上去面色庄严冷峻，且雕工细腻精美。在墓中发现的盾牌早已锈蚀成残破的碎片，但那具装嵌其上的精致兽头依然能显现出当年的风采。专家们依据其它 7 世纪考古发现中所得的同类物品，将这块盾牌恢复了原状。那顶头盔也是铁铸的，上面嵌满了银制或青铜制饰物，镶在顶部的青铜兽头，青面獠牙，威风凛凛。头盔两侧的青铜面上亦有武士图案。这些象征至高无上权力与财富的物品表明，逝者当是一位男性君主。更确切地说，他很有可能是一位东盎格利亚国王。

语言天地

古英语诗歌的语言特征

《贝奥武甫》（*Beowulf*）是迄今我们所知道的最古老的英国史诗，

也是最早用欧洲“本地语言”（vernacular）写成的中世纪长篇诗作。这篇共计3,182个诗行，35个诗节（fitt）的古英语作品，与欧洲古典史诗相比虽略显粗糙，但它对丹麦及耶特国（Geatland）荣辱兴衰的高度关注，对英雄业绩的倾心颂扬，对宫廷礼仪的细致描述，对盎格鲁-撒克逊社会习俗、民族观念的深沉思索，加上它那华丽超脱的诗体及洋洋洒洒的文风，无不给这部叙事诗（narrative poem）涂抹了一层恢弘浓厚的史诗色彩。如此质量的史诗不仅在中世纪英国，即便在中世纪欧洲也绝无仅有。更重要的是，《贝奥武甫》这部作品彰显了古英语诗歌的主要语言特征，特别是古英语叙事诗独特的口头传唱风采。这一时期，游走于宫廷部落之间的吟唱诗人被称作scop，这个字源自动词scieppan，本义为“词语的使用者”，欣赏诗歌的王侯权贵们对云游诗人的这一称谓也当是我们对本作品语言观察与评价的重要依据。

首先应该知道《贝奥武甫》继承了四拍头韵的日耳曼诗歌传统。由于古英语词汇的重音早已落在了字首第一个音节，诗歌采用“头韵”（alliteration）是必然的。诗人为了使诗行铿锵有力并富有节奏感，会很自然地将wyrm（dragon）和whō-bogen（treasure）连于一行，因为两词都以/w/音起始，头韵相继，之后还会将wealdan（to guard）引入以“行间停顿”（cæsura）相隔的诗行后半部分，因为这个词也以同一辅音开头，符合头韵体的要求。于是，wyrm whō-bogen wealdan ne mōste（2,827行，意思是the dragon could no longer guard the treasure）这行诗就成形了，短短五个词不仅读起来朗朗上口，同时还准确地描述出恶龙因贪婪而招来的厄运。

在遣词造句方面，《贝奥武甫》也充分展示了口头文学的特点。我们在诗中随处可以看到同义词或近义词，单是“国王”（cyning）一语，诗中就有不下30种不同的表达方式。据统计，全诗在短短的

3,000 余行中共用了 4,000 多个不同词语，这 4,000 余词中，竟有三分之一是复合词。仅在史诗的前 19 行中就有 11 个复合词汇，其中 2 个是族名地名，即 Gār-Dena（Spear-Danes）和 Scede-landum（Northern-Lands）。余下的 9 个复合词中有 6 个是对事物的直接描述，比如，geār-dagum（yore-days）、þēod-cyninga（people-kings）、ymb-sittendra（about-sitters）、fyren-ðearfe（wickedness-distress）、līf-frēa（life-lord）、worold-āre（world-honor）。另外 3 个从修辞角度上看与前面的两组有很大不同，因为它们表面描述一物，却暗指另外一物。比如，meodo-setla（mead-benches）在上下文中指的是剥夺了他人的"幸福"，weorð-myndum（honor-memorial）在这里是说获得了"声誉"，而 hron-rāde（whale-road）是指"大海"彼岸的人们。在古英语诗歌修辞中，前面这 3 个复合词是 13 世纪北欧诗人斯图鲁松（Snorri Sturluson 1178?—1241）在其《小爱达经》（*The Younger Edda* 或 *Prose Edda*）第二章《诗语法》（*Skaldskaparmal*）中描述的古冰岛诗歌修辞手法，他称其为"比喻复合词"（kenning）。

《贝奥武甫》中这样的比喻复合词很多，比如：bān-hūs（bone-house, body）、mere-hengest（sea-steed, ship）、hilde-leoma（battle-flame, sword）、woruld-candel（world-candle, sun）、gold-wine（gold-friend, king）等。这些丰富而又多变的词语无疑给云游诗人提供了无数次充分描绘场景和人物的机会，使这部史诗在口头传诵中更富有变化莫测、引人入胜的艺术魅力。顺便说一句，在古英语复合词中，两个词之间的连字符是后世文本编辑者添加上去的，原手稿中没有此类标示。

第 9 讲　古英语的形容词、代词形态

上一讲讨论了古英语形态学中的名词部分，这部分内容对我们来说显得有些陌生，原因在于现代英语的字词形态和古英语时期相比已有很大的不同。随着时间的流逝，人们对历史上发生过的一系列事件逐渐淡忘了，而这些历史细节对英语曾一度产生过重大的影响，有些甚至从根本上改变了英语的演变轨迹，比如发生在 1066 年的诺曼征服。不同的语言在不同的历史阶段侵入英语，它们特有的语法规律对英语的自身系统造成了很大的困扰，如同我们在玩游戏的时候，有人突然拿出了一套截然不同的游戏规则，而且强行推出，命令游戏参与者非用不可。在这种混乱的情况下，要想继续玩下去，最可行的方式是简化规则，尽量避免冲突，通过新旧规则的相互融合，使大家最大限度地适应游戏的新玩法。只有这样，参与其中的玩家才都能找到新的平衡，心满意足地继续玩耍。英语字词形态的持续简化，就是出于这个道理，英语也因此不得不更多地依赖词序和其它方便的语法规则，以保证使用者继续顺利地相互沟通。英语距离典型的屈折语渐行渐远，这是英语史留给我们的最显著的印象。

在讨论名词变格的时候，可以明显感觉到现代英语的词尾数量远远少于古英语。从形态上看，现代英语的名词只有两个格，即“通用格”（general case）和“属格”（generative case），通用格没有词尾，

即 0 词尾，所有格的词尾也只有两种形式，一是单数 -'s，如 John's mom，二是复数 -s'，如 those cats' owner。现代英语名词的数也很简单，只有单数复数两种，除了极少数历史遗留下来的个别名词之外，要将单数变为复数，在单数名词后面加上个 -s 词尾即可，比如 beetles，而且这是这个名词唯一的复数形态。至于古英语名词中的性，我们完全可以将其彻底忽略，因为它在现代英语中已基本销声匿迹。可见，现代英语名词在形式上已大致摆脱了屈折语的形态束缚。

古英语的年代距离今天虽说仅仅 1,500 多年，其形态却显得非常不一样。与更古老的屈折语相比，尽管古英语也在不断地简化其词尾变化系统，它依然是一个比较典型的屈折语。上次讨论这个话题的时候，我提到了“性数格一致”这个概念，也就是说，在一个以名词为主词的短语中，其它修饰词，包括形容词、代词、冠词等，都要与那个名词在性、数、格上保持完全一致，否则便会出现语法错误。这一规则的强制性存在使短语中任何词的语法功能都清晰可辨，任凭其位置前后移动，也不会影响整个短语的语义表达，这是屈折语的重要特征。当然，各个词类之间在具体用法上还是有差别的。先来看看古英语的形容词（adjective）。

ADJECTIVES		STRONG DECLENSION						WEAK DECLENSION			DEFINITE ARTICLE		
		Short stem			Long stem								
		M	N	F	M	N	F	M	N	F	M.	N.	F.
	Sg. N.	**til**	**til**	**tila**	**wīs**	**wīs**	**wīs**	**wīsa**	**wīse**	**wīse**	**sē**	**ðæt**	**sēo**
	G.	**tiles**	**tiles**	**tilre**	**wīses**	**wīses**	**wīsre**	**wīsan**	**wīsan**	**wīsan**	**ðæs**	**ðæs**	**ðǣre**
	D.	**tilum**	**tilum**	**tilre**	**wīsum**	**wīsum**	**wīsre**	**wīsan**	**wīsan**	**wīsan**	**ðǣm**	**ðǣm**	**ðǣre**
	A.	**tilne**	**til**	**tile**	**wīsne**	**wīs**	**wīse**	**wīsan**	**wīse**	**wīsan**	**ðone**	**ðæt**	**ðā**
	I.	**tile**	**tile**	**tilre**	**wīse**	**wīse**	**wīsre**	**wīsan**	**wīsan**	**wīsan**	**ðȳ**	**ðȳ**	**ðǣre**
	Pl. N.A.	**tile**	**tilu**	**tila,-e**	**wīse**	**wīs**	**wīsa,-e**	**wīsan**	**wīsan**	**wīsan**	**ðā**	**ðā**	**ðā**
	G.	**tilra**	**tilra**	**tilra**	**wīsra**	**wīsra**	**wīsra**	**wīsena**	**wīsena**	**wīsena**	**ðāra**	**ðāra**	**ðāra**
	D.I.	**tilum**	**tilum**	**tilum**	**wīsum**	**wīsum**	**wīsum**	**wīsum**	**wīsum**	**wīsum**	**ðǣm**	**ðǣm**	**ðǣm**

（古英语形容词变格表）

请仔细观察一下古英语变格表中形容词的变格情况。上面横向第一排告诉我们，古英语形容词也有强弱之分，左面是强形容词变格，右面则是弱形容词变格。请务必小心：古英语形容词的强弱区别，在语言的实际使用上，要比名词的强弱更为重要。我们脑子里已经有了修饰词与主词在名词短语中要相互一致的概念，既然古英语名词和形容词都有强弱之分，而且强弱词都有各不相同的两套词尾变化，这是不是说，如果名词是强名词，修饰它的形容词也要用强形容词，否则便是语法错误？不是。下面给大家解释一下强弱形容词各自的具体用法。形容词在修饰名词的时候，当有两种情况：其一，这个形容词在修饰某一名词的过程中独立出现，没有任何其它词语辅助它实施这项修饰行动，比如代词、冠词没有出现在形容词之前，伸手相助。咱们看个古英语例子：gōdes eorles（good man），形容词 gōdes 单独上阵，没有邀请其它词出来帮忙；þæs gōdan eorles（the good man），形容词 gōdan 之前有个定冠词，它不是单独完成修饰任务的，而是请来一个限定词协助完成了它的工作。前者不借助援手而独自施展拳脚，很强大，是强形容词，而后者在短语中有其它词出面帮忙，以完成修饰后面名词的任务，自身显得并不强大，因此它是弱形容词。显然，不管被修饰的名词在分类上是强是弱，修饰它的形容词根据本身的用法，将自己的强弱自行区分开了。换句话说，古英语名词根据其组词的特征区分出了强弱两类，而古英语形容词则是根据其不同的用法将强弱两类分了出来。这是古英语形容词的一大特点，只要记住这一点，就知道一个形容词该用哪套词尾变化了。

再看形容词变格表的横向第二排。这里显示了“短词干”（short stem）和“长词干”（long stem）两个术语，它们分别指形容词的根元音（root vowel）是短是长。左边例词 til（good）的根元音 i 是个短音，而右边的例词 wīs（learned）是个长元音，前者是短词干形容词，后者则是长词干形容词。究竟为什么前者短而后者长？这是史前历史遗留下来的痕迹，在古英语阶段，只看这个词的拼写形式，有时已经难以分辨孰长孰短了，人们只是因循传统使用习惯来判断其长短。总结一下：1. 古英语中的形容词有强弱之分，是强是弱取决于它们在修饰名词之时是否独立完成修饰任务；2. 强形容词和弱形容词，前者中的长词干形容词和短词干形容词，均有一套属于自己的性、数、格词尾；3. 在修饰名词的时候，无论形容词属于哪一类，其性、数、格要与被修饰的名词保持绝对一致。

在观察古英语形容词变格表的时候，还要注意另外两个小特征：其一，形容词的词尾变化形式，与名词的词尾变化形式并不完全一样，比较一下便能搞清楚。比如，形容词的阳性单数宾格，从上往下数第四个，其词尾是 -ne，而名词阳性单数宾格，从上往下数第四个，其词尾是空着的，即零词尾。其二，古英语形容词依然拥有 5 个格，除了主、属、与、宾四个格之外，还有第五个，即“工具格”（instrumental case）。其实，即使在古英语时期，这个工具格在形容词中也处于逐渐消失的过程之中，大家看复数部分的最底下，工具格并入了与格，已逐渐被与格吞噬掉了。这种消失是一个过程，形容词单数还保留着工具格的词尾，这也说明古英语自早期就已显示出了它独特的演变趋势。

古英语形容词大致介绍完了。后面是代词，主要是人称代词，这一部分的内容虽有些繁琐，但对理解当今的英语状态很有意义，值得关注。简单地说，古英语中的人称代词主要有两大特征：首先是第一人称和第二人称代词除了单复数之外，还有“双数”（dual）代词。这是代词中的第三个“数”（number）。在古希腊语、梵语、古斯拉夫语中也有，但是，绝大多数现代语言中，这个数已被复数代词所取代，而这种替代趋势在古希腊语中已经有所显露；另外一个特征是古英语第三人称代词依然沿用着古老的形式，其重要特征是以软腭清擦音 /h/ 开头，扫一眼代词变格表的第三人称部分就可以清晰看到。这一特殊形态及其接下来发生的变化我后面还会仔细介绍。

	PERSONAL									DEMONSTRATIVE			INTER-ROGATIVE	
			Sg.	Dual	Pl.		Third Person			M.	N.	F.	M.F.	N.
							Masc.	Neut.	Fem.					
PRONOUNS	First Person	N.	**ic**	**wīt**	**wē**	Sg. N.	**hē**	**hit**	**hēo**	**ðēs**	**ðis**	**ðēos**	**hwā**	**hwæt**
		G.	**mīn**	**uncer**	**ūre**	G.	**his**	**his**	**hiere**	**ðis(s)es**	**ðis(s)es**	**ðisse**	**hwæs**	**hwæs**
		D.	**mē**	**unc**	**ūs**	D.	**him**	**him**	**hiere**	**ðis(s)um**	**ðis(s)um**	**ðisse**	**hwǣm**	**hwǣm**
		A.	**mē**	**unc**	**ūs**	A.	**hine**	**hit**	**hīe**	**ðisne**	**ðis**	**ðās**	**hwone**	**hwæt**
						I.	—	—		**ðȳs**	**ðȳs**	**ðisse**	**hwȳ**	**hwȳ**
	Second Person	N.	**ðū**	**ġit**	**ġē**									
		G.	**ðīn**	**incer**	**ēower**	Pl. N.A.	**hīe**	**hīe**	**hīe**	**ðās**	**ðās**	**ðās**		
		D.	**ðē**	**inc**	**ēow**	G.	**hiera**	**hiera**	**hiera**	**ðissa**	**ðissa**	**ðissa**		
		A.	**ðē**	**inc**	**ēow**	D.A.	**him**	**him**	**him**	**ðis(s)um**	**ðis(s)um**	**ðis(s)um**		

（古英语代词变格表）

先看第一人称代词。和现代英语一样，第一人称代词有单数复数之分，只是多了一个双数，比如 wīt（我们二人），大家如果有兴趣，抽时间仔细看看，背下来更好。另外，第一人称单数代词主格 ic 后面的 /tʃ/ 音很快被放弃了，前面的短元音 /i/ 因此拉长，变成了长音 /iː/，后经长元音大音变，成了今天的单数第一人称 I，发音为 /ai/。所有格 mīn 被后来现代英语中的 my 取而代之，而这个原始词形在早期现代英语年代，被借用为名词性物主代词 mine 了。第一人称复数形式没有什么可讲的，长元音大音变使前两个词变成了现在的发音，后两个 ūs 没有经历大音变，因为在音变之前，它们的元音已被缩短（shortening），在现代英语中依然保持着短元音的音值。

古英语第二人称代词看上去稍有些复杂，因为这个代词经历的变化更多一些。我们依然忽略其双数形式，直接看单数和复数。左侧的

þū，þīn，þē，þē 是早期现代英语中 thou，thine，thee，thee 的原始形态，其中的 thine 被 thy 替代，自己被用为名词性物主代词了。这是发生在早期现代英语阶段的事，莎士比亚（William Shakespeare 1564—1616）在撰写他的《哈姆雷特》《罗密欧与朱丽叶》的时候就时常使用这个代词形式，圣经钦定本（Authorized Version）出版于詹姆斯一世（James I 1603—1625）时期，这个版本的圣经也使用这个代词形式。

我们要特别关注第二人称复数代词，其原因不仅仅在于这几个古老的复数代词 gē、ēower、ēow、ēow 给了我们今天的第二人称复数 your 和 you，它们在早期现代英语中还派上了带有浓厚社会语言学色彩的语义“变换”（switching）用场。学过法语的人会知道第二人称单数代词 tu 和复数代词 vous 的同样用法，以及转换间两者的细微差别。当你和一位好朋友聊天的时候，会用 tu（you）来称呼他，这样会显得亲切自然。如果碰到了你一向敬仰的先生，你会改用 vous（you）与其交谈，以示对他的尊重。在早期现代英语中，从古英语 gē、ēower、ēow、ēow 变化过来的 you 和 your 正好与法语的 vous 相对应，人们用这组源自复数的代词来表达对交谈对方的仰慕。

下面谈谈古英语中的第三人称代词。这是一组很特别的古英语词，其特别之处在于使用者要花费精力来细心地分辨它们。大家可以从第三人称阳性单数主格 hē 开始朗读，一直读到第三人称阴性复数与格 him，你一定会感觉到这些代词听起来是多么相似。我们用汉语说个 tɑ 字，如果没有语境，听者很难辨清我们是在说“他”还是在说“她”还是在说“它”（牠）还是在说“祂”，由此引发的混乱还算简单，同音字（homophone）的单数性质是清楚的。由此可以想象，操用古英语的人们该耗费怎样的精力来区分一个第三人称代词的真正指向。是男的，是女的，还是不男不女的一个物件？是一位是两位，还是很多位？是一个是两个，还是多个？显然，这堆词中隐藏着潜在的沟通混乱，至少古英语的第三人称代词不好用，因为这组词时常会影响顺畅的交流。怎么办？

我们知道，古英语是从古日耳曼语演化而来的，当时还有很多语言与其同源，其中包括北欧的古诺斯语（Old Norse）。这个中世纪语言曾被居住在斯堪的纳维亚半岛的各个日耳曼部族共同使用，我们今天还能读到大量的古诺斯语文学作品，比如称为"萨迦"（saga）的古冰岛长篇叙事作品，其中有些篇章在风格上很像我们的《水浒传》。公元8世纪9世纪前后，居住在英格兰的盎格鲁-撒克逊人与北欧人有着频繁的往来，无论是通过贸易还是通过征战，古英语和古诺斯语都在不断接触，相互影响。在这种情况下，两个语言之间相互借鉴当是很正常的事，古英语借用古诺斯语中的复数第三人称代词系统，就是在这一历史时期逐渐发生的。古诺斯语复数第三人称代词包括 þeir（they 主格），þeirra（their 属格），þa（them 宾格）和 þeim（them 与格）。除了宾格 þa 在后来的语言演变过程中被与格 þeim 所替代之外，其它几个都相继正式进入了中古英语，到了乔叟（Geoffrey Chaucer 1340？—1400）写作其《坎特伯雷故事集》（*The Canterbury Tales*）的年代，这一借贷过程已告结束，从这个时期起，英语第三人称的混乱状态也就消失了。

至此，有关古英语人称代词的讨论还存在一点欠缺，即第三人称阴性单数主格 she 的由来。从变格表中，我们看到古英语的这个词是 hēo，显然与现代英语中的 she 在形态上相去甚远。为什么单单第三人称阴性单数主格代词发生了如此巨大的变化？人称代词 she 又是从哪里来的？我们知道，任何语言的细微变化大致是两种情况引发的必然结果：一是主动需要，二是被动影响。从古英语变格表上看，第三人称阳性单数主格的 hē 和阴性单数主格的 hēo 在发音上极其相似，即便单纯为了避免意思混淆，也应该改变其中的一个，以充分显示两者之间的性别差异。用今天的眼光看，以借贷方法改善代词状态的出发点，与从古诺斯语借用第三人称复数代词系统完全一致。至于 she 这个词的来路，英语史学家历来说法不一，这里介绍给大家一个多数学者认可的观点。

依据现有的可用文献来梳理，这个词最早当出现在《彼得伯勒编年史》（*Peterborough Chronicle*）1140 年的词条之中，拼法为 scǣ，此时，前面两个辅音字母的发音已合并，腭化后发 /ʃ/ 音。另外，古英语的演化过程告诉我们，公元 8 世纪前后，在英格兰中部麦西亚（Mercia）的方言之中，存在着“升双元音”（rising diphthong）的现象，即双元音中的滑向音为重读音，比如，[ieː] 的重读部分在第二个音素，是升双元音，而 [iːe] 的重音在第一个音素，是降双元音（falling diphthong）。根据这一发音特点，标准古英语中的定冠词阴性单数主格 sēo，在这一方言中倾向将降双元音变为升双元音，发音为 /sieː/，由于重音的改变，前两个音素会发生“同化”（assimilation），发音变成 /sjeː/，进而成为 /ʃeː/，再经中古英语后期发生的长元音大音变，成了我们今天的 she，发音为 /ʃiː/。整体上看，这一演变过程脉络是清晰的，符合音变逻辑，因此比较可信。

这一讲到此结束，下一讲给大家介绍古英语动词。

文化经纬

古英语在不列颠的蔓延

英语成为不列颠诸岛的通用语言，即使在古英语时期，也是一个慢条斯理的渐进过程。自公元 8 世纪末叶北欧人第二轮现身不列颠，直至公元 11 世纪前后，南部的古英语与北部的古诺斯语始终处于并非一方称大的共存状态。无论早已在英格兰站稳脚跟的盎格鲁-撒克逊人如何描绘原本同宗的北欧进入者，他们使用的言语除了存在少许方言差异（dialectal difference）之外，与古英语几乎没有语言意义上的显著区别（language difference），他们在与本地人沟通之时也好像格外顺畅自然。

当然，无论是在丹麦法区落户的“丹麦人”（Danes），还是后来从北方涌入肆意劫掠的“维京人”（Vikings），他们所说的言语毕竟因长期隔绝与古英语有所不同，因此，古诺斯语和古英语相互接触的频繁度势必与前者对后者的影响程度有着必然的联系。拿苏格兰西北部，奥克尼（Orkney）和设得兰（Shetland）群岛来说，这些地区长期是挪威领地，诺斯语始终是当地人的主要语言，直至 19 世纪末叶，当地的英语也依然夹杂着浓重的诺斯口音。在这种特殊环境中，即便不是凯尔特人的居住区域，古英语的进入也当是很靠后的事情。

苏格兰西南部和与其接壤的英格兰西北部湖区（Lake District），在古英语时期便有来自挪威的零散移民。这一地区风景秀丽但人烟稀少，挪威人到来之前大多是荒芜旷野，挪威人充当的是开荒屯垦、兴建居住点的辛苦角色，今天仍在使用的诺斯语地名后缀 -thwaite，如 Stonethwaite（stone clearing）、Rosthwaite（horse clearing），给人们留下的便是当年北欧垦荒者在旷野之中跑马圈地的辛劳印象。另外，这个地区的南部曾是凯尔特人的地界，加上这一带远离相对发达的盎格鲁-撒克逊文化中心，古英语的影响极小，除了说古诺斯语的北欧人之外，当地土著的母语一定是威尔士语。即便在当地找到一个半个能说几句英语的日耳曼人，其英语也必然带着诺斯语或威尔士语的浓重腔调。

湖区东南方的大片土地是当年的丹麦法区，是来自北欧的日耳曼族群与盎格鲁-撒克逊人频繁接触交往的杂居之地。从这一带沿用至今的古老地名中，我们可以看到北欧人从爱尔兰带到此地的爱尔兰语痕迹，比如 Frankby、Greasby 之类，同时也可以辨析出古英语对当地诺斯语的影响，比如 Thingwall（thing-field）、Thursaston（Thorsteinn's town）等。可见，这一地区的人们在使用着本族群语言，同时又对来自南面的英语抱有很高的热情。由此可以判断，随着以约克（York）为核心的北英格兰文化日益壮大，当地人逐渐放弃了自己的母语，转而捡起古英语当作彼此沟通的主要语言媒介。

当然，今天能够看到的历史地名无法证明当地人所使用的日常语言必是英语，以南部威塞克斯语写成的历史文献也难以说明北英格兰的言语状态，但是，来自英格兰南部的强势文化正在决定着北方文化的走向是可以肯定的，随着操英语的南方人逐渐向北部迁移，古英语对古诺斯语的影响会逐步加深，古英语取代古诺斯语当是显著的发展趋势。

语言天地

古英语诗歌朗读

下面是古英语史诗《贝奥武甫》的前 11 行，转抄自 Wrenn 标准读本（critical edition）。关于这部史诗的手稿面貌，在这里提醒大家注意以下几点：首先，手稿中的各诗节以首行换行加以区分，但各诗行间没有显著的区分标志，也没有系统的标点符号；其次，首个诗节的第一行各词均用大写字母书写，后面各诗节的首词各字母使用大写，此外各诗行的字词用小写字母书写；再次，各个字词的长短音符号为后世编辑者添加。另外，原手稿中有争议的字词拼写，用方括号标出。

我们已经比较详细地讨论过古英语的发音规则，根据规则各位即可朗读下面的诗行。请大家一定留意：1. 古英语的字母与发音大致是一一对应的关系，因此每个字母都应该读出来。2. 日耳曼语言的词重音通常在每个单词的首音节，有前缀除外。动词前面如有前缀 ge-，其重音应放在前缀后面的音节，比如 gefrunon，重音当在 -fru- 上。3. 由于中古英语后期发生的长元音大音变，古英语的元音与现代英语的读法不同。4. 每个诗行中间的“停顿”（cæsura）与各行的韵脚有关，朗读时不必刻意停顿。

古英语原文：

Hwæt wē Gār-Dena   in geār-dagum
þēod-cyninga   þrym gefrūnon,
hū ðā æþelingas   ellen fremedon.
Oft Scyld Scēfing   sceaþena þrēatum,
monegum mægþum   meodo-setla oftēah;
egsode Eorl[*e*],   syððan ærest wearð
fēasceaft funden;   hē þæs frōfre gebād:
wēox under wolcnum,   weorð-myndum þāh,
oðþæt him ǣghwylc   þāra ymb-sittendra
ofer hron-rāde   hȳran scolde,
gomban gyldan: Þæt wæs gōd cyning!

现代英语译文：

Listen, we have heard   of the glory of the Spear-Danes
in the old days,   the kings of tribes,
how noble princes   showed great courage.
Often Scyld Scefing   seized mead-benches
from enemy troops,   from many a clan;

he terrified warriors,   even though first he was found
a waif, helpless.   For that came a remedy,
he grew under heaven,   prospered in honors
until every last one   of the bordering nations
beyond the whale-road   had no heed him,
pay him tribute.   He was a good king.

第 10 讲　古英语的动词形态

古英语语法还没讨论完，这一讲我继续讲古英语中的动词形态。提起语法，我总会想到一位中国的早期汉语语法学者，这个人的名字叫马建忠（1845—1900）。他出生于一个天主教家庭，自幼接受中西学并重的系统教育，很快便成长为“善古文辞，尤精欧文、英、法现行文字以至希腊、拉丁古文，无不兼通”的出色学者。他有四个哥哥一个姐姐，自己在六个兄弟姊妹中的排行最小，其中他和四哥最为出色，后者叫马相伯，就是这个四哥后来创建了震旦大学，马建忠也是复旦大学的创办者。

马建忠的早年留洋经历和深厚的西学功底，很快便使他在外交领域崭露头角，其兴办洋务的热情与能力也深得清朝政府的由衷赏识。据说，光绪八年（1882 年），朝鲜国国王高宗（Joseon Gojong 1852—1919）派特使觐见清帝禀报向西方打开国门的意愿，并恳请清廷准许他袭用大清龙旗为朝鲜国徽帜，在其官员出使外邦之时正式启用。清廷经斟酌后回应称，大清的藩属不得在正式场合悬挂五爪龙旗帜，如果确有必要，可考虑选择四爪龙图案。当时，马建忠受李鸿章委派正在朝鲜协助处理与日缔约之事，他便通过外交渠道向朝鲜朝廷建议选用中国太极图，周边各角配以四卦，并用白色衬底。正在为此事烦恼的高宗听后大喜，很快便采纳了他的“太极旗”（Taegeukgi）建议。

当然，马建忠在汉语语法学领域的奠基努力才是本讲要谈论的话题。他以拉丁语语法体系为参考蓝本，以西方语言学学理为主要研究基调，以古汉语训诂学中的虚字概念为重要参考，撰写了10卷旷世之作《马氏文通》，这部用“词”字一以贯之的大作首度架构起较为完整的汉语语法，从而打下了现代汉语语言研究的第一块基石。《文通》对后世学人产生了深刻的影响，他所建立起来的汉语语法体系是章士钊、陈厚泽、杨树达、黎锦熙等近代语法学家的重要学术依据，即便是今天仍被用作汉语专业标准读本的吕叔湘和王力的语法学专著，也很难与马氏汉语语法体系完全划清界限。

这位学者对中国语法学的贡献是巨大的。我每当讲到古英语语法，尤其是讲解古英语语法复杂部分的时候，总想向我的学生们展示马建忠在《文通》序言中的一段论述。当谈及中国人在学习汉语典籍而难以理出头绪的时候，他说：“孩童入学，终日伊吾，结绳而后，积四千余载之智慧财力，无不一一消磨于所以载道、所以明理之文。”这是阻碍中国人迅速获取读书能力的巨大障碍，因此他要倾力归纳出汉语的语法规律，以使“童蒙入塾能循是而学文焉”，如有语法在手，“其成就之速必无逊于西人”，这是他救国图强的理想。事实就是这样，一部清晰简明的语法的确能为语言学习者提供事半功倍的机会，学自己的母语如此，学习外国语言更是这样。但愿我们关于古英语语法的讨论会给各位一些启示，帮助大家理解古英语的语言机理，同时也使大家更了解现代英语的来龙去脉，使自己知其然，又知其所以然。

言归正传，接着讨论古英语形态。前面几讲不断重复着语言的变化，强调语言社群（language community）使用着的任何活语言

（living language）注定不会一成不变，其变化原因一定包括这个语言固有的内在特质，这个语言和其它语言的接触（language contact），习得者在学习这个语言的过程中不准确的模仿（imperfect learning）等。在讨论古英语名词、形容词等词尾变化的时候，我不断地提醒大家，要关注英语在这一时期已明显呈现出词尾数量不断减少的趋势，因为英语早已踏上了从屈折语演变成非屈折语的不归之路。描述古英语屈折变化的演变过程，“衰败”（decay）、“退化”（deterioration）等字眼并不十分贴切，因为这种不合适的描述或许把我们拉入关于“语言进化”的争论之中。当然，仅就古英语的屈折变化而言，其形态的完整性显然是在经历着渐进的“衰退”过程。

大家或许要问，古英语屈折词尾为什么出现迅速递减的现象？导致这种现象的因素很多，其中既有古英语的内在原因，也有语言之外的所谓外部原因。比如，自古日耳曼语从古印欧语分离出来的那一刻，就已埋下了持续异化，最终使自己有别于其它印欧语言的种子。大家知道，古印欧语的词重音（word stress）是根据其内在的发音规则前后移动着的，是“自由重音”（movable stress），而古日耳曼语却早早将词重音固定到了每个词的首音节，变成了“固定重音”（fixed stress）。这一变化在古英语中已成为语音结构的基本特征，也正是出于这一原因，古英语的词尾音节得不到使用者的足够重视，逐渐被弱读，以至慢慢失去了它们的语法区分功能。

设想一下，假如本来标志着不同语法功能的词尾 -en、-on、-an 都被弱化（weakening）成了 /ən/，这种情况一定会造成听者对说者语义的理解障碍。此类因弱化词尾音节而形成的听觉问题（auditory problem）在今天的英语中依然存在，比如 -ible 和 -able（visible, washable），两个不同的词尾之所以能够保留下来，因为它们不会影响使用者的交流。而上面所举的例子就不一样了，那些都是动词词尾，每一个都曾准确地标定了那个动词的语法位置，你们看，-en（drīfen）是现在时复数虚拟语气词尾，-on（drīfon）是过去时复数直陈语气词尾，而 -an（drīfan）则是动词的不定式词尾，后面还要回到这一话题上来。可见，词尾元音相互对立的消失给语言交流造成了不小的麻烦，因此，已经弱化的词尾逐渐失去了存在的必要，而词语的顺序不得不成为保障正常言语沟通的重要方法。

当然，听觉问题不是词尾数量锐减的唯一诱因。这一点不难理解。日耳曼语族中有很多语言，其中一些现代语言，比如德语，依然使用着屈折语的词尾变化系统，而这些语言的词重音也和英语一样在单词的第一个音节。看来古英语逐步放弃词尾变化，还有其它隐情。是某种其它因素促使古英语发生了如此重大的变化吗？很有可能。比如，一些历史语言学学者认为，维京人在古英格兰的立足是形成古英语发生重大变化的主要原因。各位一定还记得丹麦法区这个历史地名，阿尔弗雷德大王突发政治奇想，让侵入英格兰而且已被他击败的北欧人在他的国土上居住下来，致使英国形成了古英语和古诺斯语并存的双语局面。其结果是，两种语言长时期相互碰撞、影响、融合，新的语言形式从“皮钦语”（pidgin）到“克里奥尔语”（creole）相继产生。

所谓皮钦语就是我们中国人所说的“洋泾浜”，因旧时上海洋泾浜附近的商贩使用“海派”英语和英法租界的外国商贾频繁交流而得名。由于特殊的社会环境使得操不同母语的两个群体相遇并朝夕相处，他们不得不寻找某种言语形式来相互沟通。于是，处于上风的语言（superstrate language）与处于下风的语言（substrate language）相互融合，形成对两组人群的母语来说均不规范的混合交际语（lingua franca），这种言语形式就是我们所说的皮钦语。西非黑人被西班牙倒爷沿着“大西洋三角商路”（Atlantic triangle）贩入南美种植园的初期，奴隶与奴隶主赖以交流的工具就是这种语言。

当然，这是形成新的克里奥尔语言的第一阶段。之后，操用皮钦语的人们结婚生子，新的一代人自出生开始便使用其父母用以交流的皮钦语，被当作母语习得并使用的皮钦语因此逐渐形成了自身相对独立的言语体系，包括语音、语法、词汇等，这就是克里奥尔语。根据某些历史语言学学者的观点，当今的美国黑人英语本质上就是一种克里奥尔语。典型的克里奥尔语有很多，据说全世界共有二百余种，比如，巴布亚新几内亚的国语“托克皮辛”（Tok Pisin）就是基于英语的此类语言。有关此类语言的形成与使用，我后面还会另辟篇目详细介绍。

回到原来的话题。古英语放弃屈折语词尾的另外一个原因，便是因古英语与古诺斯语相互融合而产生的，带有克里奥尔语性质的英语变体的出现。在标准英语形成之前，两种语言的两套语法规则是语言融合的主要干扰，而摆脱干扰的唯一途径是简化乃至消除阻碍合二为一的语法细节，这一社会交流的“刚性”需求势必加速英语词尾系统的退化进程。我们从现存的文献中可以看到，在古英语后期，英格兰中东部丹麦法区英语的演变速度明显快于其它地区。接着，这一语言演变路径迅速伸向英格兰南部，随之而来的便是英语与典型屈折语言渐行渐远的总趋势了。

英语演变的这一趋势自英语出现之时既已开始，而这个总趋势经过中古英语阶段促成了现代英语，乃至今天标准英语的形成。因此，有关古英语形态的讨论始终应该围绕这一历史进程展开，古英语的名词、形容词是这样，古英语的动词形态也同样诠释着这一进程。下面我们就来看古英语动词形态的细节，尤其是与我们所熟悉的当今英语形态相关联的细节。

				STRONG VERBS	WEAK I		WEAK II	PRET. PRES-ENT	"TO BE"	
					(short)	(long)				
VERBS	Present Tense	Indicative	Sg. 1	**drīfe**	**fremme**	**hǣle**	**hopie**	**wāt**	**ēom**	**bēo**
			2	**drīf(e)st**	**fremest**	**hǣl(e)st**	**hopast**	**wāst**	**eart**	**bist**
			3	**drīf(e)ð**	**fremeð**	**hǣl(e)ð**	**hopað**	**wāt**	**is**	**bið**
			Pl.	**drīfað**	**fremmað**	**hǣlað**	**hopiað**	**witon**	**sindon**	**bēoð**
		Subj.	Sg.	**drīfe**	**fremme**	**hǣle**	**hopie**	**wite**	**sīe**	**bēo**
			Pl.	**drīfen**	**fremmen**	**hǣlen**	**hopien**	**witen**	**sīen**	**bēon**
		Imp.	Sg.	**drīf**	**freme**	**hǣl**	**hopa**	**wite**	**wes**	**bēo**
			Pl.	**drīfað**	**fremmað**	**hǣlað**	**hopiað**	**witað**	**wesað**	**beoð**
		Infinitive		**drīfan**	**fremman**	**hǣlan**	**hopian**	**witan**	**wesan**	**bēon**
		Gerund		**tō drīfenne**	**tō fremmenne**	**tō hǣlenne**	**tō hopienne**	**tō witenne**		**tō bēonne**
		Participle		**drīfende**	**fremmende**	**hǣlende**	**hopiende**	**witende**	**wesende**	**bēonde**
VERBS	Past Tense	Indicative	Sg. 1	**drāf**	**fremede**	**hǣlde**	**hopode**	**wiste**	**wǣs**	
			2	**drife**	**fremedest**	**hǣldest**	**hopodeset**		**wǣre**	
			3	**drāf**	**fremede**	**hǣlde**	**hopode**	**wiste**	**wæs**	
			Pl.	**drifon**	**fremedon**	**hǣldon**	**hopodon**	**wiston**	**wǣron**	
		Subj.	Sg.	**drife**	**fremede**	**hǣlde**	**hopode**	**wiste**	**wǣre**	
			Pl.	**drifen**	**fremeden**	**hǣlden**	**hopoden**	**wisten**	**wǣren**	
		Participle		**drifen**	**fremed**	**hǣled**	**hopod**	**witen**		

CLASSES OF STRONG VERBS

VERBS		Infinitive	Present 2d Sing.	Present 3d Sing.	Past 1 Sing.	Past Plural	Past Participle
	1	**drīfan**	**drīfst**	**drīfð**	**drāf**	**drifon**	**drifen**
	2	**crēopan**	**crīepst**	**crīepð**	**crēap**	**crupon**	**cropen**
	3	**singan**	**singst**	**singð**	**sang**	**sungon**	**sungen**
	3	**helpan**	**hilpst**	**hilpð**	**healp**	**hulpon**	**holpen**
	3	**hweorfan**	**hwierfst**	**hwierfð**	**hwearf**	**hwurfon**	**hworfen**
	4	**stelan**	**stilst**	**stilð**	**stæl**	**stǣlon**	**stolen**
	5	**sprecan**	**spricst**	**spricð**	**spræc**	**sprǣcon**	**sprecen**
	6	**bacan**	**bæcst**	**bæcð**	**bōc**	**bōcon**	**bacen**
	7	**lācan**	**lǣcst**	**lǣcð**	**lēc**	**lēcon**	**lācen**
	7	**flōwan**	**flēwst**	**flēwð**	**flēow**	**flēowon**	**flōwen**

（古英语动词变位表）

请仔细看古英语动词变位表。图表显示了各类动词的形态变化，主要是词尾变化，当然也包括一些非词尾变化。前面反复提到过，日耳曼语言有一个突出的特征，即主要实词都有强弱之分。我们已经讨论了强名词词尾变化和弱名词词尾变化，也观察了强形容词和弱形容词的两套词尾系统及其特殊的用法。下面要关注的是古英语对强动词和弱动词的区分。大家知道，现代英语中有两种动词，一种是“规则动词”（regular verb），其主要特征是在动词后面加 -ed 词尾以组成过去时形式及其过去分词；还有另外一种，我们称其为“不规则动词”（irregular verb），当这部分动词组成其过去时形式和过去分词之时，动词后面不出现 -ed 词尾，而是通过变更其“根元音”（root vowel）来呈现这两种形态，比如 write、wrote、written，或者干脆变更其词形，比如 go、went、gone。在现代英语中，前者是常态，绝大部分动词都属于这一类，因此语法学家将其冠以“规则”二字，而后者则是特殊情况，此类动词并不多，都收录在一个列表之中，以方便学习者随时查找记忆。由于这类动词不属于常态，因此语言学家管这些动词叫作不规则动词。

以上是我们所熟悉的英语动词分类，规则与不规则是主要分界点。这里尤其值得大家注意的是，我们脑子中的规则与不规则概念，与古英语动词的分类情况正好相反。请看变格表上面第一排列出的术语：前三个分别是“强动词”（Strong Verbs），“弱动词 1”（Weak I），“弱动词 2”（Weak II）。强动词放在首位，接下来的才是弱动词。强动词无比强大，绝大多数动词都属于此类，因此将其放在老大的位置。相比之下，弱动词为数不多，力量薄弱，因此尾随强动词之后。这泾渭分明的一强一弱也在告诉我们强者是规则，因为多数动词属于此类，而弱者一定属于不规则类，这也是其数量决定的。乍看上去，古英语动词中的规则与不规则概念与现代英语的提法似乎完全一样，其实不然。在听我讲述后面内容的时候，大家要特别关注规则动词与不规则动词的基本概念。

古英语语法说，动词只有两个时态：其一是现在时（present tense），另一个当然是过去时（past tense）。关于古英语动词时态的显示方法，强弱是有区别的。占绝大多数的强动词以改变动词根元音的方式组成其过去时态，与现代英语极少数不规则动词的特征相对应，而古英语中占少数的弱动词变成过去时态的时候，不改变其根元音，而是在词尾处加上一个被称作“齿音”（dental）的尾音，如同我们今天熟悉的 -ed 词尾。当初属于大多数的“规则”动词（强动词）在现代英语中蜕变成了不折不扣的不规则动词，而古英语中为数甚少的“不规则”动词（弱动词）却在现代英语中堂而皇之地登堂入室自称老大，一举变成了几乎独霸天下的规则动词。这是古英语与现代英语动词之间最大的差别。

既然弱动词数量稀少，其形态变化又相对简单，我就先从古英语弱动词的特点说起。请从左向右看动词变格表，三栏中的例词有两个属于“弱动词 1”，分别以长短细分，这里指的是根元音的长与短，两个例词的不定式在动词现在时从上往下数第四栏，标着 Infinitive，两个第一组例词分别是 fremman（to advance）和 hǣlan（to heal）。请注意：第二个动词的根元音是长音 /æː/，而前面第一个动词的根元音是短音 /e/。第二组例词是 hopian（to hope）。两组弱动词的区别在于：第二组动词变位时很多形式的词尾和它们的不定式一样，多了一个 i 音，如 hopiað、hopie、hopien、hopian 等。另外，古英语动词除了仅有两个时态之外，语气有三个，即“直陈语气”（indicative）、“虚拟语气”（subjunctive）和“祈使语气”（imperative）；有两个数，即“单数”（singular）和“复数”（plural）；单数中有三个人称，即“第一人称”（first person）、“第二人称”（second person）和“第三人称”（third person）。注意：以上所说的现在时动词，因其不同语气，不同数，不同人称，其词尾也不同。

弱动词的现在时形式中还有两点值得关注：一个是“动名词”（gerund），比如 tō fremmenne，其词尾是 -enne。这一形式前面的“小品词”（particle）tō 是现代英语动词不定式前面 to 的原型，比如 to work；第二个是“现在分词”（present participle），比如 fremmende，其词尾是 -ende，这是现代英语动词现在分词词尾 -ing 的原始形态，比如 working。关于弱动词的过去时形式我们只需注意一点，即每个形式的词尾都有一个 /d/ 音或者 /t/ 音，即前面提到过的“齿音”（dental），这是现代英语动词过去时词尾 -ed 的最初样子。各类弱动词的词尾不尽相同，但规律明显，变化也不多，细数下来，也不过 14 个左右，虽比现代英语动词词尾多出不少，但每个拉丁语动词的词尾多达 100 余个，古英语的弱动词屈折变化已是非常简单了。这也说明古英语正在逐步非屈折化。

实实在在地说，古英语动词中的强动词虽说是“规则”的，但是，由于其分类精细，变位多样，乍看起来确实有些杂乱。由于古英语中绝大部分动词属于强动词，有关这些动词的基本概念我们不能不知。下面就其要点做个扼要介绍。请大家再把目光移到变位表上来：强动词与弱动词一样，有两个时态、三个语气、两个数，单数中有三个人称，此外，还有不定式、动名词、现在分词、过去分词，而现在时态部分的强动词词尾变化与弱动词基本一致，这些都不用说了，认真看看变位表，便可了解个大概。我前面曾提到，强动词的过去时形式与弱动词大有不同，其结构不是在词根上加一个齿音词尾，而是通过更改动词的根元音，以显示其过去时间的概念。这一点极为重要，也正是由于这一点的复杂，我们才需对古英语强动词详加讨论。

首先，请注意变位表中的“强动词分类”（Classes of Strong

Verbs）。简单地说，古英语强动词以变更根元音的方式组成其过去时态，因此也称强动词词形变化为"元音词形变化"（vocalic conjugation）；与其相对，弱动词词形变化是"辅音词形变化"（consonantal conjugation）。以根元音的变化特征为依据，古英语强动词一般被划分为七大组（seven classes of strong verbs），每一组动词的根元音变化都有规律可循，其规律可以从动词的四个主要词形中看出，这四个主要形式在古英语词法上称作"四大主要词形"（four principal parts），包括动词的不定式形式（infinitive），过去时单数第一人称形式（past tense first person singular），过去时复数形式（past tense plural）和过去分词形式（past participle）。在七组强动词中，每一组的根元音都通过这四个主要动词形式展示其独有的序列，比如，第一组例词 drīfan（to drive）的四个主要形式的拼法是 drīfan、drāf、drifon、drifen，其根元音序列为 ī ā i i，这个动词的四个主要形式显示出的四个根元音是其根元音的"递变序列"（gradation series）。再看第二组，例词是 crēopan（to creep）。这个强动词四个主要形式的拼写分别为 crēopan、crēap、crupon、cropen，其根元音递变序列则是 ēo、ēa、u、o。第三组举了三个例词，分别是 singan（to sing）、helpan（to help）、hweorfan（to turn）。这三个例词放在一起，主要是因为它们在历史上同属一组，词根变化规律大体一致。我们只看第一个。这个强动词的四个主要形式分别拼写为 singan、sang、sungon、sungen，其根元音递变序列为 i a u u。

后面四组强动词的根元音变化同理，不在这里一一赘述了。再观察一下上面所举的词例。首先，我们一再强调强动词四个形式的重要性，原因是：只要知道了这个动词的根元音递变序列，列表中其它形式的拼写都可以从序列中推导出来。以第一组动词的 ī ā i i 为例。请看变位表第一行的强动词表。长音 ī 是这个动词的四个重要形式之一，从这个动词的不定式形式往上看，所有的动词现在时形式都包含这个长音 ī；序列中的第二个长音 ā 是过去时第一人称单数 drāf 给出的，由此可知道这个动词的过去时单数第三人称的根元音也是 ā；序列中的第三个音是短音 i，这个音是从过去时复数 drifon 得到的，因此可以知道，这个动词过去时的其它形式均有这个短音 i；序列中的第四个音也是短音 i，读者自然明白这是过去分词的根元音。以上便是第一组强动词的根元音变化规律，古英语中很多动词属于第一组，它们的根元音变化完全一样。

其次，再提醒大家注意：强动词分类表中还给出了“现在时第二人称单数”和“现在时第三人称单数”。一般而言，古英语语法书中不把这两种形式看得很重要，因为这两种形式的根元音可以轻而易举地被推导出来。大家或许还记得前面提到过“元音前移”（i-mutation 或称 umlaut）这个概念，意思是说，原始英语中曾经有一个发 i 音的词尾，这个前元音会将前面临近的元音向 i 的方向拉，导致那个元音音位前移。第二组强动词的不定式根元音是 ēo，这个双元音是本组强动词根元音的原型，由于 /i/ 音的作用，后两种动词形式的根元音音位前移，因此变成了 īe。再如，第四组强动词例词 stelan（to steal）的根元音是短音 e，由于 /i/ 音的作用，后两个动词形式的根元音音位向前移动，由 e 变成了 i；再举一例，第六组强动词例词 bacan（to bake）的根元音是短音 a，历史上曾经有过的词尾元音 i 使其前移，因此后面两种形式变成了 æ，分别拼写为 bæcst 和 bæcð。这是有规律可循的，当然不必称这两个动词形式为“主要词形”（principal parts）与四大主要词形并列。

再次，还应该注意：现代英语的不规则动词表只展示每个动词的三种形式，即不定式、过去时和过去分词。尽管古英语强动词有四个主要形式，如果仔细观察其不定式、过去时单数和过去分词，一定可以看出古英语强动词与现代英语不规则动词之间的联系，比如 drīfan、drāf、drifen 和 drive、drove、driven，再如 singan、sang、sungen 和 sing、sang、sung。当然，有些古英语的强动词历经长期演变后，逐步变成了现代英语中的规则动词，比如 helpan、healp、hulpon，holpen 变成了今天的 help、helped、helped；bacan 的情形与此相同，古英语 bacan、bōc、bōcon、bacen 变成了现代英语的规则动词 bake、baked、baked。此类演变的道理很简单，既然可以说 work、worked、worked，为什么不能说 bake、baked、backed？这一趋同过程在历史语言学上叫作“类推”（analogy），这一点前文提到过，很多古英语强动词都是这样变成现代英语规则动词的，从古英语中的“规则”动词最终演变成了现代英语中的规则动词。

另外，这一讲只概述了古英语强动词过去时的根元音变化规则，将语气、数、人称导入之后，这些强动词还需要进行简单的词尾变化，这些都在变位表中有明确的展示，大家看一看即可明白，此处不再赘述。

聊完了古英语强弱动词的词形变化之后，各位读者或许会问，现代英语的动词有很多时态，有的语法书上说英语时态多达 16 种，而古英语只有现在时和过去时两个，古英语的动词如何使用如此少的时态类型来表达复杂的时间概念？这是一个比较复杂的话题，接下来我挑重点解释一下。一般而言，“时”（tense）这个语法概念表达的是某事的发生与话语的发生两者之间的时间关系，发生在话语时间之前是过去，当下发生是现在，因此，表示动作的动词有过去时和现在时之分。至于动作发生的情形，比如完成、持续、将发生等，语法中称其为“态”（aspect），也有人称其为“体”，讲的是动作的状态，与时间没有必然联系。动作的状态在现代英语中通常用助动词等辅助表达，比如 I am reading、I shall read、I have read，表示动作的进行、将发生、已完成等状态。而在古英语中，这些动作的状态通常用副词来辅助表达。从这个意义上说，现代英语也基本是现在与过去的时间两分法，在现在和过去的两大“时”的框架下，加上进行、完成、将来各“态”或“体”，也就是说，现在 + 完成即现在完成时，过去 + 完成是过去完成时，而过去 + 进行则是过去进行时。若再更复杂一些，过去 + 完成 + 进行，就是过去完成进行时了，比如 I had been waiting for you for years。

到现在为止，古英语动词形态变化的重要部分大致讲完了，只留下两类动词还没论及，就是列于动词变位表后面的两类，一类叫作“过去现在式动词”（preterit-present verbs），另外一类是动词 bēon（to be）。这两类动词中，一个是史前遗留下来的特殊动词形式，因此它的名字也很特殊，此类动词在古英语中为数不多，另一个是古英语中使用最为频繁的动词 bēon，在特定语言中，凡是使用最频繁的词（高频词），一定是最有历史的最古老的，因此这些词看起来也有着更为复杂的变化。我们下面就简单地观察一下这两类非主要动词在古英语中的表现。

任何事物，一旦经过足够的历史洗礼，就有可能形成意想不到的形态。我们已了解到，古英语动词既有强动词，又有弱动词：前者是当时的主要动词形式，占绝大多数；后者则属于非主要动词类别，虽然后来逐步取代了强动词，演变成为英语语言中的主要动词形式，但在古英语阶段，其数量完全无法与强动词相比拟。其实，古英语动词的强与弱在当时已处于相互转换的过程之中，两者之间的界限已开始模糊，这个时期的“过去现在式动词”就是很好的佐证。有研究表明，此类动词早在史前古日耳曼时期就已存在。阿尔弗雷德称王之时，古英语已发展成为英格兰的标准书面语言，虽说“过去现在式动词”在古英语中为数不多，但在各类手抄书籍中随处可见，其使用频率还是很高的。

言归正传。先来观察“过去现在式动词”的基本特征。如果从动词变格表的最右侧向左看，便会找到顶部标有 PRET. PRESENT（Preterite-Present Verbs）的一个狭窄竖栏，例词的不定式是 wītan（to know），其位置在竖栏的中间部位。这一栏的现在时部分给出了动词的各个语态词形，以及动名词、现在分词等。其中现在时直陈语气单数三个人称的动词形态最值得关注，因为这三个词形与表中其它动词中相对应的形态有着明显的不同。如果横向比较一下，就会发觉表上所列举的几个单数形式，看上去确实特殊，因为其词根元音字母发生了变化，动词不定式的根元音 ī 在这几个词形中变成了长音 ā。注意：这是强动词从现在时转向过去时形式时的标志性特征，也就是说，wītan 这个动词的现在时形态，向我们透露了强动词改变根元音以组成过去时的历史痕迹。如果再拿这个动词的现在时形态，与动词表最左侧强动词 drīfan 两个时态的形态变化做比较，你就一定能够迅速意识到，wītan 这个动词在历史上曾经是个强动词，而且是强动词七大组中的第一组动词。

然而，不知出于什么原因，这个历史上的强动词仅在其现在时形态中残留了它的史前痕迹，而在它的过去时位置，我们可以发现一整套弱动词过去时词形，其突出标志便是每个词形后面的齿音 /t/，即过去时直陈语气单数 wiste 和复数 wiston，过去时虚拟语气单数 wiste 和复数 wisten。古英语“过去现在式动词”就是这样，在其现在时形态中保留了史前强动词的突出特征，而在过去时词形中彻底地将自己转化成了标准的弱动词。这种强与弱的奇特结合为古英语添加了一类新型动词，即“过去现在式动词”。

这种动词的形态及其演变过程大致是清楚的，我们之所以花些时间来观察它们，除了试图从中看清一些动词变迁的历史密码之外，还因为这些动词向当今的英语学习者传递了另外一种与现代英语相关的语言信息。这些动词很重要，其重要性在于这组特殊词汇是现代英语中绝大多数“情态助动词”（modal auxiliary verbs）的鼻祖。请看下面的几个例词：magan，其现在时单数第一人称的形态是 mæg，复数是 magon，过去时是 mihte，由于软腭浊塞音 /g/ 与浊齿音 /d/ 在一起不易发出，原来的 g 变成了 h，后跟清齿音，书写为 t。这是一个典型的古英语过去现在式动词，它是现代英语情态助动词 may 的前身。再看一个，sculan，它的现在时单数第一人称形态是 sceal，复数是 sculon，过去时是 sceolde。注意这个词的两个地方，其一是现在时的根元音变化，其二是这个动词过去时词形后面的齿音 /d/。显然这又是一个完美的古英语过去现在式动词。当然，它与现代英语情态助动词 should 有直接的历史关联。最后一个，durran，这个词的现在时单数第一人称形态是 dearr，复数是 durron，过去时是 dorste。为了便于发音，在齿音前加了清擦音 /s/，齿音因此随之成了清音 /t/，其古英语过去现在式动词的特征也极其明显。至此，大家当能够猜到，这个动词是现代英语情态助动词 dare 的祖先。以上几个过去现在式动词与现代英语情态助动词之间的关系当一目了然。

当然，古英语过去现在式动词与现代英语情态助动词之间有着本质的区别。前者无论在形态上还是在词法上都是完整的动词，而后者则在用法上有别于一般动词。比如，情态助动词有其特殊的否定形式（He **should not** take it.），可以通过词序颠倒构成疑问句（**Should he** take it?），在非重读情况下，可以使用轻读形式（**He'd** take it.），没有现在时单数第三人称的屈折变化（**He should** take it.）等。以上这些助动词特征，古英语过去现在式动词是绝对没有的。两者之间虽有紧密的传承关系，但在词法上是截然不同的两个类型，这一点要牢牢记住。

接下来，再来简单地观察一下古英语中的动词 bēon（to be）。这个动词与现代英语中的 to be 一样，使用频率超高，或许正是因为它是个高频词，bēon 似乎带着抵御变化的天生气质。毫无疑问，这个动词在可数的几个古英语同类动词中，杂乱程度高居榜首，即使在英语形态日趋简单化的 16 世纪，它依然故我，将北部方言中的 art（are）重新导入，致使这个动词的直陈语气现在时保持了早期三种词形（am, art, is）的复杂状态，它自行其是的形态，使历史语言学者们不得不将其归入了可数的几个“无规则”动词（anomolous verb）之列。这是除了强动词、弱动词和过去现在式动词之外的第四类古英语动词。

先看古英语时期 bēon 的情况。可以简单地将 bēon 这个动词衍生出来的不同词形分为三个组来观察：前两组是 bēon 的现在时形态，后一组则是其过去时形态。与现代英语关系最紧密的是 bēon 的两组直陈语气现在时形式，第一组的单数三个人称形式分别为 ēom（am）、eart（are）、is，复数是 sindon，显然，这一组的复数形式后来被淘汰了。从 bēon 演化出来的第二组单数三个人称形式是 bēo、bist、biþ，复数是 bēoþ，可以立刻得出结论，这组词形除了 bēo 逐渐单元音化，变成了现代英语中的动词不定式 be 之外，其它词形都没有逃脱被淘汰的命运。从现存文献所提供的语料来看，在古英语时期，这两组动词形式有语义上的细微区别。简单地说，前者表达一般状态，比如，Se wang is wlitig（The plain is beautiful）；后者所表达的状态大多与将来有关，比如，Þe wilna ne bið gād（You will not be in want of pleasures）。

动词 bēon 的确是个杂乱的混合体，其第三组形式以词首的 w- 为标志，是前两组词的过去时形态。其直陈语气现在时分别是单数三个人称的 wæs、wǣre、wæs，复数形态是 wǣron。这里，当注意三点：其一，这里的复数形式虽说作为 bēon 的过去时变体使用，从根源上看，这个词来自史前动词 wesan，在古英语时期已不复存在，只是其变体保留了下来，并归入 bēon 的名下；其二，这个动词的过去时单数第一人称和单数第三人称词形一样；其三，单数第二人称和复数形式中根元音之后的辅音字母从 -s 变成了 -r-。为什么这里的辅音字母发生了变化？其实个中道理并不复杂。大家或许还记得，前文在谈论古日耳曼语的时候，曾经提到过“第一次古日耳曼语辅音音变”，其中包括两个定律，即格林定律（Grimm’s Law）和维尔纳定律（Verner’s Law），后者是前者的补充，为前者解释了表面上违背其定律的现象。从中得知，古印欧语的清塞音 /p/、/t/、/k/ 在古日耳曼语中，不变成清擦音 /f/、/θ/、/h/，而浊化成 /b/、/d/、/g/，要取决于两个条件，其一是那个清塞音处于两个元音之间，其二是那个清塞音前面的音节是轻读音节，即词重音不在其上。符合这两个条件的古印欧语清塞音在古日耳曼语中浊化。维尔纳提出的这一规律也正好解释了 wæs 中的 /s/ 变成 wǣre 中的 /r/ 的原因所在，只是原始语境早已失传了。也就是说，在古日耳曼语形成之时，字母 s 有时夹在两个元音之间，而字母 s 前面的音节又不是重读音节，由于这一特殊环境，s 变成了 r。至此，有关 bēon 过去时形态的其它细节就比较清楚了，后来，wæs 变成了今天的 was，wǣre 则变成了今天的 were。现代英语动词 to be 的过去时就是这样演变而来的，其复杂程度依然不减当年。以上便是过去现在式动词和动词 bēon 的基本情况。

文化经纬

中世纪欧洲的手写书

据文献记载，中国早在公元 2 世纪就掌握了造纸技术，为纸本书的制作打下了基础，但中国的造纸方法历经千余年，直到公元13世纪前后，才经过波斯人和阿拉伯人之手辗转传到了欧洲的西班牙、西西里等地区，古腾堡（Johannes Gutenberg 1398—1468）在德国的美因茨（Mainz）将其铅体活字印刷用于纸张上，制作出第一本欧洲纸版书籍之时，已是1457年了。在此之前，欧洲人包括英国人制作手写书（manuscript）所用的材料一直停留在羊皮纸的原始阶段。

史书上说，公元2世纪的埃及人拒绝向小亚细亚继续提供书写用的莎草纸（papyrus），致使当时安纳托利亚西北部的帕加马（Pergama）不得不用牛羊皮替代纸莎草来制作他们的手写书，这就是“羊皮纸”（parchment）的由来。这种羊皮纸的制作工艺异常复杂，取下来的牛皮羊皮要经过浸泡脱毛、刀刮除脂、硝粉磨平等多道工序之后才能使用。另外，制作一部书要屠宰很多头牲畜，因此成本极其高昂，如果再用较为精致的“犊皮纸”（vellum）做书，其费用更是令人瞠目。仅材料这一项，中世纪的羊皮纸手写书除了贵族和教会之外，常人是无论如何也支付不起的。

西罗马帝国灭亡之后的几百年中，欧洲的文化中心从城市逐步转移到了基督教会修道院，修道院制作出的羊皮纸手写书也很快成为这一时期的重要文化符号。这些书的誊写工作通常在修道院的“抄书室”（scriptorium）中进行，制书者大多是经过多年艰苦训练的专职抄写员（scribe）。这些人无论春夏秋冬都要静坐在书桌旁，用鹅毛笔在羊皮纸上一字一句地抄写，待这项工作完成后，还要经过勘误、插图、装帧、缝制等工序才能最终成书，即使不十分追求质量的粗糙版本，其制作过程的繁杂程度也会令人惊诧不已。盎格鲁–撒克逊时期的手写书籍就是这样一本一本艰难问世的。

盎格鲁–撒克逊时期的手写书或手抄本留至今日的并不多，现藏于大英图书馆包括《贝奥武甫》（*Beowulf*）在内的古英语文集，是现存古英语诗歌四大文集之一，也是富有英国独特风格的欧洲中世纪手抄本典型代表。这部珍贵手稿原是 17 世纪古物收藏家科顿（Robert Cotton 1571—1631）的私人藏品，曾长期存放在科顿藏书阁（Cottonian Library）内标有 A 字母的书架之上，是这个架子上摆放着的第 15 本书，加上书架之上曾立有罗马皇帝维特里乌斯（Vitellius）的半身塑像，这部古书因此被后人冠上了 MS Cotton Vitellius A. xv 的大名。这部手写文集中除了长达 3,182 行的《贝奥武甫》之外，还收有古英语叙事诗《犹滴传》（*Judith*）的两个片段，以及其它三篇古英语散文作品。从抄写风格上看，这部手写文集当由两位抄写员于公元 1000 年前后完成，其中的《贝奥武甫》是抄本年代前 200 余年，即公元 8 世纪前后口头流传于民间的英雄史诗，是古英语文学中的旷世奇葩，同时也是当时欧洲同类作品的巅峰之作。据推测，这部史诗当有多个抄本，不过，这些抄本早在科顿藏书阁 1731 年大火（Cotton Fire）之前既已神秘地不知去向了。

语言天地

古英语句子试读

没有受过系统训练，读起古英语来一定有困难。不过，了解了古英语变格变位之后，我们可以尝试着仔细观察一下古英语句子的语法形态，毕竟古英语中还有一些至今依然没有消失的词汇，辨析句子结构之时这些词会随时给我们提个醒。各位可以对照古英语变格变位表，参考句子下面的现代英语译文，试着分析下面的简单古英语句子。请注意以下几点：一、注意名词短语的搭配，着重观察主词与修饰词之间的性、数、格关系；二、注意形容词的具体用法，尤其是强形容词和弱形容词在用法上的区别；三、找出句子中的动词，注意其时态，并注意强动词和弱动词在变位上的区别。

1. Se fisc swam under þæt scip and ofer þone scielifisc.

   The fish swam under the ship and over the shellfish.

2. Hēo siteþ on þǣre bence.

   She sits on the bench.

3. Ic bræc þone stān. Se stān is micel.

   I smashed the stone. The stone is huge.

4. He slōg þone mann þȳ stāne.

   He slew the man (with) the stone.

5. His wīfes nama wæs Elizabeþ.

   His wife's name was Elizabeth.

6. Se deaþ is þisses līfes ende, ac sēo sāwol is undēadlic.

   The death is the life's end, but the soul is deathless.

7. Hīe hine ne dorston þā þing ascian.

   They him not dared the thing ask (about).

8. On angynne gesceop God heofonan and eorðan.

   In (the) beginning created God heavens and earth.

9. God cwæð ða: Gewurðe leoht, and lēoht wearð geworht.

   God said then: (Let there) be light, and light was made.

10. God geseah ða ðæt hit gōd wæs, and he tōdǣlde ðæt lēoht fram ðǣm ðēostrum.

    God saw then that it good was, and he divided the light from the darkness.

第三部分

中古英语史

第 11 讲　爱德华的身前身后事

我前面提到，英语语言超乎寻常的演变是其复杂的历史造成的，因此，在讲述中古英语之前，我们或许应该对一场极其重要的战争做个扼要的回顾。战争爆发于 1066 年，学者们称这个引发英格兰社会大动荡的历史事件为“诺曼征服”（Norman Conquest）。在中世纪欧洲发生征战不是什么新鲜事，格斗厮杀可谓绵延不断，不过，像这样骤然扭转乾坤的大规模战事却并不多见。史学界对这段往事的来龙去脉众说不一，九百多年过去了，围绕这一话题的争议依然存在，正如大家常常听到的，任何历史叙述都不过是对过往烟云的某一特定诠释，因此，我也只能依据所看过的文献对诺曼征服做个自认符合逻辑的粗略描述。

诺曼征服并非一起突发事件，而是一连串英格兰的内外政治纷争所逐步酿成的必然结果，这一判断当是多数历史学家的基本共识。早在 18 世纪初，一位叫伯纳德（Bernard de Montfaucon 1655—1741）的法国修道士在地处英吉利海峡南岸的贝叶大教堂中殿，偶然注意到了一幅大概出自 11 世纪工匠之手的羊毛彩绣挂毯（Tapisserie de Bayeux）。挂毯的面料早已褪色泛黄，其右端也有显著的大面积残损，不过，这个长 231 英尺，宽 19.5 英尺的巨幅挂毯虽说满面沧桑，但今天看上去它仍是一件精致的中世纪艺术珍品。当然，其价值远远超出了艺术范畴，因为上面不仅绣有 70 余帧与诺曼征服初期黑斯廷斯战役（Battle of Hastings）相关的历史场景，而且还有约 2,000 余字的拉丁语说明点缀其间。也正是这幅图文并茂的历史画卷，佐证了一段有关黑斯廷斯战役的文字记载。这段文字出自记录公元 5 世纪以降重大历史事件的古英语文献，后人称其为《盎格鲁-撒克逊编年史》（*The Anglo-Saxon Chronicle*）。由于两者所讲述的故事彼此呼应，相互补充，黑斯廷斯战役的整个进程及其前因后果当是清晰且可信的。

我们仅依据以上两个历史文献便可梳理出黑斯廷斯战役的梗概：1066 年 9 月 28 日，诺曼底的威廉（William）公爵终于盼来了强劲的南风，于是，他率领着早已枕戈待旦的庞大舰队，借助风势浩浩荡荡地渡过英吉利海峡，并在毫无抵抗的情况下于英格兰南海岸的佩文西（Pevensey）顺利登陆。威廉下船后旋即指挥众兵勇砍伐当地的林木，在黑斯廷斯及其周边迅速搭建起了五座坚固的堡垒，并以此为基地开始仔细地排兵布阵，准备与已在英格兰背信称王的哈罗德（Harold）伯爵进行一场持久的殊死争斗。英王哈罗德本以为威廉不可能近期渡海进犯英国，因此，他将驻守在南部的精锐部队临时调往北方，以应对挪威国王对英国王权的军事挑衅。不想哈罗德刚刚平息了北面的战乱，便获悉威廉已在南海岸登陆叫阵。情急之下，他只好匆忙整合暂未散去的兵马，疾速挥师南下，向严阵以待的诺曼底大军狂奔而来。

此时的威廉公爵深知，英军的劳顿给他带来了千载难逢的机会，于是，他不给昼夜兼程向他猛扑过来的哈罗德丝毫喘息时间，于 10 月 14 日在黑斯廷斯附近的森拉克山脚下布下方阵，向匆忙赶到的英国疲惫之师发起了攻击。率先向英军进攻的是诺曼步兵和弓箭手，紧接其后的是诺曼重装精锐骑兵几个波次的猛烈冲击。战斗之初，威廉的凌厉攻势未能撼动英军稳固的防御阵形，诺曼人的威猛骑兵居然无法冲破英国步兵层层叠起的盾墙。无奈之下，威廉很快便亮出了他的杀手锏，急令冲在阵前的骑兵佯装溃退，转头逃下山来。待英国步兵放弃了占据有利地势的盾墙，蜂拥追来之时，诺曼骑兵突然反身一个回马枪，直接冲入手执大斧圆盾的英国步兵群。他们一路踢踏砍剁，致使英国兵将阵脚大乱溃不成军，在诺曼人的长矛利剑之下死伤无数，英王哈罗德的左眼在混乱中被飞箭击中，落马身亡，他的三个同胞兄弟也在诺曼骑士的铁蹄下相继丢掉了性命。至此，诺曼底的威廉公爵战胜了他的死敌英王哈罗德，并在当年的圣诞节登上了英格兰的王位，堂而皇之地接受了“征服者”（William the Conqueror）的称号。

提到征服者威廉与短命鬼英王哈罗德之间的仇怨，我们还要从英格兰戈德温（Godwin）家族的发迹说起。1016 年的深秋，英王艾德蒙（Edmund）在失败中悻悻离世，由于膝下没有子嗣，只好将王位留给了丹麦人克努特（Cnut），自此，英格兰再度沦为外国人的天下。此后的 19 年间，强人克努特不得不左冲右突，竭尽全力稳住英格兰的政治局面。首先，他毫不留情地展开政治清洗，迅速摆脱了对其统治随时构成威胁的威塞克斯王族后裔，先王埃塞尔雷德（Ethelred）与其原配王后留下的唯一王子依迪威（Eadwig）正是在这一时期被克努特诱捕处死的。埃塞尔雷德与其后继王后诺曼公爵理查二世（Richard II）的胞妹爱玛（Emma）生有二子，一个叫艾尔弗雷德（Alfred），另外一个则是后来重返英国王位的忏悔者爱德华（Edward the Confessor）。这两位王子为了躲避杀身之祸，及时逃进了母舅的诺曼底公爵官邸。近 20 年后，艾尔弗雷德自觉风声已过，便冒险潜回英格兰探望生母，谁知他刚一露头便遭到羁押，这位王子终于经受不住虐待，很快一命呜呼了。

当然，克努特的铁腕是与其栽培党羽稳固政权的策略配套推进的。他深知隔海相望的诺曼底公爵理查二世不但以雄才伟略著称，同时也是个不好招惹的凶狠角色，如果与其因此交恶，这个人很有可能伸手协助其外甥强行夺回已失去的英格兰王位，如此一来，恶战势必爆发，对克努特来说，这当然是难以承受的重大政治风险。为了规避这一可能，他毅然决定休掉结发妻子，转而迎娶已故英王埃塞尔雷德的遗孀爱玛为后。克努特的这一安排无非是想通过政治联姻稳住阵脚，以达到长治久安的目的。他向爱玛提出的政治条件十分明确：为了成就这次婚姻以保住自己的平安，爱玛必须向克努特郑重承诺，放弃在其娘家藏身的两位王子的法定继承权，日后支持她与克努特所生的后代继承父业，再登英格兰的国王宝座。

克努特为达到这一目的刻意做了精细布局，以为丹麦统治确立某种政治平衡。来自北方苏格兰高地的压力历来是英格兰王室的心头之患，为了平定不断发生的北方战乱，克努特将诺森布里亚（Northumbria）托付给了与其王室毫无血缘关联的丹麦著名将领西沃德（Siward），这位新伯爵的意外登场在很大程度上排除了克努特北方边陲的后顾之忧。英国中部的麦西亚（Mercia）因其至关重要的地理位置，早在埃塞尔雷德王统治时期便一直把控在王室心腹的手中，于是，克努特因循传统，将这片地域的治理权留给了英格兰前朝地方大吏的后人、顺服于丹麦统治的利奥弗里克（Leofric）伯爵。显然，大清洗之后的克努特选择了一套带有浓厚务实色彩的用人策略，而在这一时期得到重用的新贵中，最令世人瞩目的当数后来在英格兰政治中心权倾一时的戈德温家族。

克努特初登英格兰王位之时，恪守着历代君主依赖王室谱系的信条，将大把的贵族头衔分封给家族框架内的政治追随者。不过，随着斯堪的纳维亚的危机转移到了英格兰，克努特突然意识到，这一传统不会给自己带来任何帮助，而无时无刻不在威胁着他的政治挑战恰恰源自那些具有高贵血统的贵族后人，于是，空前的血腥清洗开始了。据记载，在克努特统治英格兰的前十年，身体中流淌着英格兰王室血脉的地方官吏，大多因失宠而丢掉了祖辈传递下来的封地和财产，其中一半以上还因莫须有的罪名不明不白地死在了克努特搭建的断头台之上，其中就包括利奥弗里克的哥哥诺斯曼（Northmann）。很快，这位丹麦王者一改对官员显赫家世的偏好，开始在王室谱系之外寻找起值得栽培的当地新贵，戈德温正是在这一背景下迅速发达起来的英格兰三大政治巨头之一。

这位原本名不见经传的戈德温伯爵和他的儿子们，在丹麦王权的庇护下很快成为不可一世的朝中巨人，在丹麦统治终结之后，也是他们给英格兰招来了一系列难以想象的麻烦。简单地说，凭借家族的实力，戈德温在很长一段时间里足以左右国是，甚至直接与王室抗衡。关于这一点，我给大家列举两个突出的事例，其中一个是介入王室内部事务，另一个则是公开与王室叫板。克努特统治英国 19 年后，于 1035 年 11 月病逝。根据他与王后爱玛在大婚之前的约定，两个人的亲生儿子丹麦王哈瑟克努特（Harthacnut）理应继承其父身后的英国王位。不过，事情并不像想象的那么简单。克努特与原配王后埃尔夫基傅（Aelfgifu）曾生有一子，与戈德温的次子同名，也叫哈罗德（Harold）。这位王子对父王的政治安排虽心知肚明，但并不服气，暗地里觊觎着英格兰的国王宝座。他趁其弟哈瑟克努特身在丹麦，疲于应对来自挪威的侵扰一时难以脱身之际，暗中要挟麦西亚伯爵，企图以摄政王的名义包揽英格兰政事，以求最终攫取王位。戈德温伯爵对他的图谋心中有数，如果听之任之不出面干预，哈罗德终将违背已故父王先命，窃得本不属于他的大位。在这一关键时刻，戈德温力排众议，凭借着自己不容挑战的实力，挫败了这一图谋，从而解救了因此身受流放之苦的王后爱玛，同时也于几年之后辅佐着丹麦王哈瑟克努特登上了英格兰的王位。

另外一件事发生在丹麦统治终结，英王爱德华重归故里，恢复了威塞克斯王权之后。说起来，在诺曼底流亡 25 年之久的爱德华之所以能以王者身份荣归祖国，在很大程度上当拜戈德温所赐。当年，其兄艾尔弗雷德冒险潜回故里探望母后，正赶上哈罗德与其同母异父的胞弟哈瑟克努特争夺王位的关键时刻。戈德温伯爵旋即将其扣押并很快把他送上了黄泉之路，那是遵照未亡人的懿旨，为王储哈瑟克努特清除隐患的忠君之举。如今哈瑟克努特业已离世，丹麦人的统治走到了尽头，此时此刻又是这位伯爵大人挺身而出，将爱德华迎回了已被外族霸占多年的故土。照理说，高居王位之上的爱德华与前朝老臣功劳盖世的戈德温之间并无明显隔阂，关系应当十分融洽，事实上，戈德温家族也的确在爱德华登基之后得到了令世人羡慕的地位与财富。老伯爵生有五子一女，其中的三个儿子都得到了伯爵封号雄霸一方，女儿也被爱德华迎入后宫，戈德温家族与爱德华王室骤然建立起了亲族联盟，正所谓一人之下万人之上，地位显赫得无与伦比。然而，这一切并未打消戈德温的无边欲望，也正是戈德温家族的贪婪与傲慢引出了后来发生的两起惊天公案。

爱德华在戈德温伯爵的一手扶植下于 1043 年复活节顺利登基，重新把英格兰的王冠稳稳地戴到了英格兰人的头上。后来的人们说，这位英王有两大特征，其一是满嘴法国腔，英语不利落，其二是一心向往天国，虽营造教堂是把好手，治国意识实在不强，因此得了个绰号“忏悔者爱德华”。仔细想一想，前一种说法不假，这与他二十几年的流亡生涯有关，但说他治国意识淡薄，当是后来的事，这位王者初登大位之时，还是很有霸主气派的。就在他受冕称王的当年秋季，爱德华便强行将其生母爱玛王后的全部土地财产悉数查没，纳入自己的名下，并将其软禁在了温切斯特城内。当然，爱德华对其母后如此冷漠甚至无情是有充分理据的。这位具有高贵日耳曼血统的英格兰王后，在其夫君埃塞尔雷德尸骨未寒之际便下嫁给了窃得英国王权的丹麦人克努特。之后，她又无情地对与亡夫所生的王子痛下狠手，剥夺了他们的王位继承权，将整个英格兰拱手送给了她与克努特所生的哈瑟克努特。更匪夷所思的是，在丹麦统治终结，威塞克斯血脉有机会重归王室的关键时刻，爱玛非但不安排其亲生儿子踏上故土，反而暗地支持挪威王马格努斯（Magnus）入侵英格兰，以夺取英王宝座。当时的种种迹象表明，已稳坐王位之上的爱德华对其母后采取的遏制措施是必要的，但是，他的举动却触怒了站在一旁不露声色的后宫旧党戈德温伯爵，并在两者之间从此埋下了难以化解的敌对种子。当然，戈德温家族与爱德华王最终翻脸摊牌的原因并不是这些前朝的遗留琐事，否则，戈德温一家不会连续受封领赏，一举变成了不可一世的伯爵权势集团，戈德温也不会将女儿许配给爱德华，使其家族与王室联姻。真正促使戈德温家族与英国王室当面叫板的是一起突发事变，史称“英格兰之乱”。

这起意外发生在1051年的深秋。这天，英王爱德华的好友，在黑斯廷斯战役中立下汗马功劳的尤斯塔斯伯爵（Eustace, Count of Boulogne）结束了对英国王室的造访，准备打道回府。归途中，伯爵一行途经东南海岸的多佛尔城（Dover），因天色渐晚，扈从领命敲开一家客栈，准备休息一夜，待次日清晨再登船渡过海峡。谁知这一停却无端引出了一起血案。那敲门的卫士因旅途劳累，加上狗仗人势，对开门的客栈老板恶语相向，并抬手打伤了过来劝解的两位伙计。那老板哪里受过此等侮辱，气头之上顺手抄起一柄利斧，照着动粗的家伙劈头剁了下去，那倒霉蛋顿时倒地血流如注。这一斧引起了一场殊死格斗，结果双方各有死伤，据说当场毙命的便有四十余众。尤斯塔斯伯爵当晚便折回了英王的住处，并将这起血拼没头没脑地转述给了他的好友爱德华国王。爱德华听罢震怒，第二天一早便将戈德温伯爵召到驻地，当面斥其治理无方，酿成了如此严重的命案，随命他严厉清洗肇事的小镇，为其朋友出口恶气。多佛尔城在戈德温的领地之内，出了这么大的事情，又杀了国王的尊贵客人，戈德温伯爵当然脱不了干系。但是，权倾一时的老伯爵埋怨国王偏听偏信，对如此严厉的王命当然不屑，于是，他当面直言无法接受国王的成命，并要求爱德华将尤斯塔斯伯爵及其肇事者交出来，由他出面全权处置。

显然，矛盾是不可调和的。爱德华决定于9月8日在格洛斯特（Gloucester）府邸召集贤人会（Witan），商讨如何处理戈德温伯爵公然违抗王命之事。不想早已按捺不住心头怒气的戈德温伯爵已将长子斯维恩（Swein）和次子哈罗德所属领地的大批军队，连同自己领地的众多贴身扈从，迅速集结在距国王官邸15英里处的开阔地，大有立即对国王实施兵谏，且有此次争斗志在必得之势，内战一触即发。面对这一严重局面，爱德华自然不甘示弱，于是，他连夜向麦西亚的利奥弗里克伯爵和诺森布里亚的西沃德伯爵派出信使，命二人调集所属军队迅即南下护驾。由于援救爱德华的军队及时赶到格洛斯特，双方达成了和解协议，由国王出面要求冲突双方各向对方提交人质，待国王月底返回伦敦后再召开贤人会做出最后裁决。

危机因伯爵与国王的相互妥协而暂时平息下来，但彼此间的敌意已经酿成，到了难以化解的地步。爱德华回到伦敦后便开始谋划在月底的会议上如何与其对手摊牌。他迅速征集了大批效忠王室的雇佣兵，安排他们集结在伦敦周围，单等其发号施令已彻底根除身边的政治隐患。戈德温一家也已意识到了接踵而来的更为严重的血腥对峙，自知最好的摊牌机会已经坐失，面临敌众我寡的态势，硬顶不是办法，为了保全性命，走为上策。于是，戈德温伯爵带着夫人及其三个儿子迅速逃往欧陆躲了起来，他的另外两个儿子，包括次子哈罗德在内，流亡到了爱尔兰。其女，爱德华的王后，知道自身难保，也主动服从夫君的处置，走进了一家女修道院，静等事态的变化。一场疾风骤雨因戈德温一家的突然出走，就这样匆匆地过去了，一场错综复杂的动乱大戏也由此徐徐地拉开了大幕。

后面的故事正是前面提到过的第二起发生在英格兰的惊天公案。就在戈德温伯爵带着全家老少仓皇出走的日子里，爱德华自知他与伯爵一家的恩怨并未就此了结，所以，他在安排具备诺曼背景的亲信迅速占据王国显著位置的同时，也在为英格兰王位的最终归属而忧虑不已。爱德华虽迎娶了戈德温之女为后，但努力数年仍无子嗣，为了早做安排，他很快将母舅的儿子，诺曼底的威廉公爵请到了伦敦，并将其身后事托付给了曾与他朝夕相处比他年少 24 岁的这位心高气傲威风八面的小表弟。说起来，爱德华这件事做得实在及时，因为戈德温一家，除了长子暴死于非命之外，没到一年均恢复了爵位，重新走进了英国统治的核心。后来发生的便是老伯爵的逐年老去直至最终离世，以及戈德温的次子哈罗德秉承父辈遗风，故我依然地平步青云。威廉公爵如若不能强行夺取英格兰王位，这尊宝座的主人必将是戈德温家族的后代。

及至 1063 年前后，英王爱德华自觉衰老，对朝廷政事已力不从心，眼看着哈罗德大权独揽，除了缺少王族的血脉底气，距离英格兰王位也不过一步之遥，说他“手拿把攥”加冕称王当不过分。对此爱德华也实在无计可施，只能静看事态的进一步发展。若用后世给他起的绰号“忏悔者爱德华”来形容他此时的心态应该十分贴切。值得注意的是，有关接下来的一段故事，我们所能看到的历史文献突然集体沉默，几乎没存留下任何有价值的细节，这当然是至今没有权威解释的旷世谜团。好在我们还有前边提到过的那幅贝叶羊毛彩绣巨毯，上面所描绘的一幅幅场景或可给我们提供一些线索，以弥补这段历史空白。

（贝叶挂毯局部）

从挂毯的左端一帧帧向后细读，大概可以看到哈罗德伯爵突然出现在法国，以及因此引出的一段离奇故事。靠最左端的图仿佛在描述英国老王爱德华与哈罗德私下密谈的情形，再往后看便是哈罗德及其扈从乘船横渡英吉利海峡，抵达居伊伯爵（Guy, Count of Lusignan）的领地，随即被一群兵士扣押的过程，接着，威廉公爵从居伊手中得到了这位来自英格兰的不速之客，将其带回诺曼底，并邀请他一起戎装出征，讨伐诺曼底以西的布列塔尼（Brittany）。自此，哈罗德似乎得到了威廉公爵的信任，甚至赏识，前者随后手扶圣物向后者赌咒发誓，因此获准登船返回了英格兰并向英王爱德华报告了他在海峡对岸的离奇经历。至于哈罗德伯爵是否带有使命辗转造访诺曼底，他对威廉公爵做了什么庄严承诺，他又向英王禀报了哪些内容，我们不得而知，只有凭借猜测把这些历史碎片尽力串联起来，以解释接踵而来的一系列重大历史变故。这里所指的是发生在两年之后英格兰和诺曼底之间的黑斯廷斯之战。

诺曼底公爵的怒气显然与英人哈罗德伯爵此前的不义举动有着密切的联系。那么，哈罗德与已故英王爱德华之间发生了什么，致使他不惜一切地与威廉翻脸并拼死一战呢？据《盎格鲁-撒克逊编年史》记载，爱德华为其亲自授意营建的威斯敏斯特教堂（Westminster Abbey）举行落成典礼之后，便因病突然离开了人世，确切时间是1066年1月5日，即教堂落成典礼的8天之后，也正是在事后的第二天，几乎在老王下葬的同时，哈罗德便受冕称王，匆匆占据了英王的宝座。据说哈罗德称王是英国贤人会的决定，这一结果也大致在人们的意料之中，不过，如此仓促的登基大典难免招来后人的无限遐想。哈罗德为了脱离险境在威廉面前或许信誓旦旦地承诺，准备迎接他在爱德华王百年之后入主英国，在他全身返回英国后，哈罗德或许禀告年迈体衰的爱德华已圆满完成了他赋予的使命，对威廉入主英国之事做了周密的安排。在两个人均已放心，不再做任何戒备的情况下，他才借近水楼台之机在老王突然离世的时候，将生米煮成熟饭，匆匆强行登基，因此，爱德华才没有任何动静地安然撒手，因此，威廉公爵才满怀怒火，跨海与背信弃义的哈罗德决一死战，最终夺回了他认为本应属于自己的英王宝座，因此，在大战前夕才有哈雷彗星于一周内反复拖着神秘的尾巴划过英格兰的夜空，预示着重大灾难的降临。这样的解释是符合逻辑的。

诺曼人征服了英格兰，威廉公爵终于入驻英格兰王宫，这一历史事件给英语带来的影响是巨大的。虽说威廉公爵在后来的岁月中非到万不得已不会去英格兰，甚至有很多年连短暂访问都没有，但英格兰社会中的重要位置，尤其在英格兰教会之中，都由威廉公爵亲自安插的诺曼人一手把持，他们不仅将诺曼底的封建制度完整地导入英格兰，这些人也将自己使用的诺曼法语带进了英语语言。在法语迅速成为社会上下主要沟通媒介的同时，大量法语词汇也自然而然地走进了英格兰下层社会使用的英语之中，致使英语这一古老日耳曼语言平添了一层诺曼法语的浓重色彩。如果说英王爱德华因无子嗣无意间将法国封建文化引入了英格兰社会，他所熟悉的诺曼法语，在发音、拼写、词汇等各个层面，开始改变着英语的演变路径，致使英语经过整个中古时期逐步变成了现在的这般模样。

文化经纬

《末日审判书》与中古英语中的人名结构

征服者威廉于1066年入主英格兰，之后做出了很多努力以摆脱因他而起的政治动荡。这位外来的王者从弹压各地民众暴乱开始，继而强行剥夺当地贵族的特权，并在宗教司法等领域的重要位置上安插了大量效忠自己的亲信党羽，最终使危局逐渐反转了过来。当然，从历史的角度看，威廉真正给英格兰政治体制留下永久印记的当是他在公元1085年到1086年这段时间，在英国大咨议会（Great Court）的支持下，亲自推动的全国人口分布、土地占有、税金缴纳情况的大普查，由于这次普查前所未有的严厉与彻底，普查结果尚未问世便被冠上了《末日审判书》（*Domesday Book*）的威名。在威廉因意外死亡之后的第二年这次普查结果正式面世，它足以与1215年的《大宪章》（*Magna Carta*）相媲美的巨大影响力使其至今仍被英国人奉为神圣的立国之本。

这部文献是英国法学思想发展史上的重要里程碑，此外，大家也当从语言的角度考虑《末日审判书》独特的历史贡献。我们从中可以看到诺曼法语对英语字词拼写系统的影响，同时也会意识到“卡洛林小草书体”（Carolingian minuscule script）在迫使“不列颠拉丁手写体”（insular hand）的书写风格逐渐退出历史舞台。那些诺曼抄写者一方面在法语和英语之间极力寻找着两种文字传统的融合之法，另一方面也在有意无意中更改着他们本不以为意的英国字体书写风格。《末日审判书》在很大程度上记录了这一过程。

这部官方颁布的治国文献对英语史学界，还保有着另外一重可与现存中世纪其它英语文史大作相媲美的文化意义，因为它在很大程度上展示了诺曼征服时期英国的人名和地名（onomastics）的整体状况。当然，今天大概没有人提起“剑桥”（OE：Grantanbrycge）便联想到曾经坐落在卡姆河（Cam River）之上的那座古桥，莎士比亚这个名字大概也不会使人追忆莎翁的先祖究竟是在沙场上还是在戏台上挥舞过他的那柄丈八长矛。尽管人名和地名依然是英语语言研究的重要内容，随着时间的推移那些因词源而存在的原始语义正在一步步与字面脱离，逐渐消逝在历史的长河之中。

从《末日审判书》所提供的信息看，英国的很多地名可追溯到古凯尔特文化时期，甚至更早。诺曼征服之时，大部分地名已趋固定，而英国人名却在诺曼人入主英格兰之后，直至土地普查完成公之于众之时，发生了显著的结构性变化。在这段时间里，古老的单名（idionym）传统迅速向名姓二元结构转化，及至《末日审判书》大小两个版本问世时，教名（baptismal name）后面加上姓氏（family name）的取名方法已趋向普及，那一时期的二元姓名结构（two-fold structure）在形式上与现代英语中的全名（full name）已没有多少差异。

显然，人名结构的变化源自诺曼征服这一历史事件。来自欧洲大陆的诺曼人迅速剥夺了英格兰本土的土地持有者，这些诺曼人连同与他们一同涌入英格兰的欧洲修道士、王室贵族，以及大量的欧陆各国商贾，用了不到一代人的工夫便彻底改变了英格兰城乡的文化环境。

古英语时期的英国本土教名带有浓厚的盎格鲁-撒克逊文化的味道，如 Ælfgifu、Gōdwine、Lēofþryð、Wulfstān 等。英格兰一经接触到大陆文化，其变化速度之快是超乎想象的。征服后的英格兰很快接受了来自欧陆的新式教名，开始用 Alan、Christine、Geoffrey、John 等名字彼此相称。史书说，这个过程是从城镇开始的。诺曼征服后不到 50 年，英格兰东南小镇巴特尔（Battle）中超出 40% 的人口便接受了欧陆风格的教名，另据 12 世纪 60 年代的一项统计，坎特伯雷一地的 70% 人口即已被欧陆的新名系统彻底征服。

语言天地

早期中古英语

公元 9 世纪末，英王阿尔弗雷德授意撰写本国编年史，以记录发生在英格兰的各类重大历史事件。王室的倡导与积极推动激发了人们对英格兰历史的热情，于是，各地修道院开始传抄续写这部著作，很多详略不一的版本在这一背景下应运而生，时至今日，依然有七个手抄珍本保存在英国的各大图书馆之中。在这些被后人统称为《盎格鲁-撒克逊编年史》的抄本中，曾经有一部存于坐落在沃特林大道（Watling Street）东北侧丹麦法区的彼得伯勒修道院（Peterborough Abbey），可惜 1116 年的一场大火早已无情地将其化成了灰烬。后来，这个修道院又辗转借得一本，很快将全文誊写下来，并于 1121 年再度因袭传统，请专人在修道院中续录历史，直至 1154 年止，这就是以“E 手写本”（Manuscript E）闻名于世的英国《彼得伯勒编年史》（*Peterborough Chronicle*）抄本。

彼得伯勒抄本是前后延展最为久远的《盎格鲁-撒克逊编年史》，年代跨越六百余年。对英语史研习者来说，这个抄本的价值主要集中在火灾后的续写部分所传递的语言变化信息。我们知道，发生在 1066 年的诺曼征服引起了英语和法语之间实质性的冲撞、借鉴、融合，从此英语被法语引上了一条全新的演变之路，带有日耳曼语族鲜明特征的古代英语开始向越来越接近罗曼语族的中古英语变化。当然，语言转变是一个漫长过程，书写于诺曼征服近百年之后的编年史文字恰恰展示了处于这一变化过程中的早期中古英语的鲜明特点。我们来看一看写于 1140 年的几行编年史记述：

(Original)

.mc.xi. On þis gær wolde þe king Stephne tæcen Rodbert eorl of gloucestre þe kings sune Henries. ache ne myhte for he wart it war. þer efter in þe lengten þestrede þe sunne & te dæi. abuton nontid dæies. þa men eten. ð me lihtede candles to æten bi... wæron men suythe of wundred...

(Transliteration)

1140. In this year wished the king Stephen capture Robert earl of Gloucester the king's son Henry's. but he not was-able for he became it aware. there after in the lent darkened the sun & the day. about noontide day's. when men eat. that one lighted candles to eat by... were men very amazed...

这段文字写于 1140 年，距诺曼人征服英格兰的时间仅过了 70 余年，离中古英语鼎盛时期大诗人乔叟的出生日还有整整 200 年，可见，这是一段典型的早期中古英语，其早期特征也十分突出。首先，由于诺曼法语的影响，英语的句子结构已发生了显著的变化，其主要原因是原本属于古英语的多变词尾在数量上开始锐减或弱化，句子语义的传递越来越依赖于词语的顺序（word order）以及介词短语的应用。因此，这段文字看上去与我们熟悉的语法结构比较接近，除了因个别词义不明而导致的阅读困难之外，这个段落并不难读懂。其次，古英语常用的代词形式依然存在，但词形已明显发生了变化，比如，阳性单数第三人称主格代词依然是 he，但中性单数宾格代词已从 hit 变成了 it。从词语的拼写上看，虽然古英语字母 þ 和 æ 还时常出现，一些词的词形依然保留着古英语的拼写痕迹，比如 gær、þis 等，但是，我们已能看到此时英语字词的拼法已与现代英语靠近，比如 cyning 已改为 king。

第 12 讲　中古英语的词汇特征

从英语演变的角度观察，中古英语这个专用术语不可能提供十分明确的起始和终止年份，其存在的时段大致在古代英语和现代英语之间，是从前者走向后者的过渡。正是由于它在两者之间的特殊位置，英语史学界才将其冠以“中”字，这是 middle 一词在这里的确切含义。人们习惯于将中古英语界定在公元 1066 年至 1600 年之间，再读两遍就能发现这两个年份很好记，前者是诺曼人征服英格兰的开局之年，后者大致是英国文艺复兴开始的时间，这些史实在现存文献中均有详尽的记述。显然，这个阶段的英语一定会呈现法语对它的深刻影响，也因后来发生在英国文艺复兴前后的长元音大音变而明显有别于我们所熟悉的现代英语。

回顾英语的变迁过程，我们必然会反复想到一些历史人物以及与他们相关的某些历史事件，因为这些人物与事件在很大程度上更改了英语的演进走向。比如，来自罗马教廷的修道士奥古斯丁受教宗格雷格利一世之托，将基督福音顺利带入英格兰，致使与基督教文化相关的大量拉丁语词汇又一次涌入古英语；再比如，英王阿尔弗雷德一锤定音，在英格兰东北部为北欧入侵者开辟由他们独立管辖的丹麦法区，致使古英语主动与古诺斯语长期并肩共存，从而赋予英语又一次大量吸收北欧语汇的难得机遇。从这个意义上说，自从征服者威廉入主英格兰之日起，对英语语言影响最大的当数源自英吉利海峡南岸的封建文化，以及承载这一欧陆文化的诺曼法语了。

大家都曾在教科书中看到过“封建制”这个历史术语，中国远古的夏商周时期也的确存在过此类社会制度，及至秦代，当始皇帝统一了中国，建立起他的集权政治体制之时，封建制度即已不复存在了。从欧洲文化史的角度说，这一概念主要是指中世纪领主将土地分封给附庸，借以实现政治经济控管的分散社会结构。“封建”的英语对应词是 feudal，源自拉丁语 feudum，古英语和古法语的表述分别是 feoh 和 fehu，大致指“彩邑”（fee）、“封地”（fief）之类。这个具有明确定义的专用词在英语中出现得比较晚，有人说 17 世纪中叶的文献中才有这个提法，有关细节尽管众说不一，但史学家一般认为，从经济学角度明确提出这个概念的当是英国大学问家亚当·斯密（Adam Smith 1723—1790），他在其《国富论》（*Wealth of Nations*）中首次对“封建制度”这一概念做了明确的表述，而这部伟大著作的出版时间是 1776 年，那年亚当·斯密 53 岁。

在日耳曼民族大迁徙的年月，来自北欧的法兰克人（Franks）进入高卢（Gaul）地区。为了部族的生存与长治久安，法兰克人率先施行采邑制，国王逐步变成了具有象征意义的“共主”（overlord），他通过向贵族及教会进行采邑分封，确立以各层封建主为主导的，等级分明的政治体制，及至公元 9 世纪前后，高卢地区已形成了自王族到贵族的稳固的五级世袭勋衔体系（peerage），其中包括公爵（duke）、侯爵（marquis）、伯爵（earl）、子爵（viscount）和男爵（baron），接受勋衔的女性也各有相应的世袭封号。来自丹麦的诺曼人正是以这一封建体制在法国西北部建立起了强大的公国（dukedom）。这些强悍的北方人（Normans）东打西杀，最终跨过英吉利海峡，夺得了英格兰的王位，同时也把他们赖以安身立命的封建制带进了英伦诸岛。

英格兰五级贵族分封制度发展得比较缓慢，直至13世纪才趋于成熟。开始的时候，英格兰的贵族世袭制度中只有从北欧学来的伯爵一级，这也是后来五级贵族称号中唯一的英语词。由于王权不够强大，英格兰曾被划为几个巨大的伯爵管辖区（earldoms），实力雄厚的伯爵们便是以这种方式掌控着大部分土地和矿产资源。据史书记载，这些区域的贵族们富能敌国，时常与国王明争暗斗，分庭抗礼，致使境内频频乱象环生，危机四伏，发生在公元11世纪中叶的诺曼入侵就是突出的例子。

法语这个从古拉丁语繁衍出来的罗曼语言，随着征服者的侵入，强势走进了英国人的生活，这的确是英国的本土政治孕育出来的必然结果。当年英王埃塞尔雷德迎娶诺曼公爵之妹爱玛（Emma）为后之时，便埋下了日后英格兰承受诺曼人统治的种子。公元1016年，埃塞尔雷德被丹麦人赶下王位，客死在一海之隔的诺曼底公国。其后，尽管他的后人返回故土，重新登上了英国国王的宝座，英格兰却始终未能走出诺曼人彪悍的阴影。1042年，客居诺曼底长达二十五年之久的忏悔者爱德华接受了邀请，重返英格兰王位。登基后，面对内外重重困扰，他无力操劳宫廷政事，最终以侍奉上帝的名义浑然打发时光。他虽迎娶了英格兰最具实力的贵族戈德温伯爵的女儿伊迪斯（Edith）为妻，并将大部分国事托付给了戈德温家族的重要成员，他依然未能躲过彼此间愈演愈烈的权力之争，还是与戈德温结下了不解的仇怨。这段时间里，英王爱德华做了两桩蠢事。其一，他的表弟，诺曼底公爵威廉造访英格兰王室，在推杯换盏之间，将身后王位继承之事托付给了这位和他一起长大的至亲发小儿。其二，他时常派遣戈德温的儿子，哈罗德伯爵出使欧洲，处理国是。一次，哈罗德落到了威廉的手里，或许因难言之隐竟当面承认了威廉拥有继承英格兰王位的合法权利。这亦真亦假的应许，瞬间变成了威廉公爵强夺英王宝座的口实。

于是，当后无子嗣的忏悔者爱德华于1066年突然撒手人寰，威廉公爵便向被英格兰贵族推举称王的哈罗德伯爵发出了致命的挑战。他在诺曼底（Normandy）、布列塔尼（Britany）、皮卡第（Picardie）等地封建主的支持下，组建起强大的舰队横渡英吉利海峡，于10月14日在黑斯廷斯与因抵御北方政敌疲惫不堪的哈罗德伯爵展开决战，结果哈罗德战死，威廉顺利攫取英格兰王位。那年的圣诞节，威廉在其表弟爱德华亲手营建的伦敦威斯敏斯特大教堂自行加冕称王，开始了诺曼王朝（1066—1154）对英国近百年的统治。当然，这是政治。随着政治统治的更替，统治者的母语变成了凌驾于英语之上的"强势语言"，这是诺曼法语深刻影响英语这一弱势语言演变走向的社会基础。

随着英格兰政局的突变，诺曼法语一举成为全岛通用的官方语言，其文化地位仅次于盛行于中世纪欧洲的拉丁语。放眼望去，英格兰王国的宫廷、教堂，甚至法庭，无不被操用法语的贵族所充斥，英语逐步滑落成为底层人们赖以生存的交流媒介。下层欲向上攀升，必先模仿上层的样子，学用法语，于是，英语在不经意间发生着重大的变化，其变化原因显而易见。粗略地说，促成古英语演化成中古英语的，有下面两个最显著的因素：首先，在英国本土，一个巨大的双语人群很快形成，这些人为生计所迫，不得不长期同时使用英语和法语，此种情况在下层民众之中更甚。由于他们在不同场合必须不断在两种语言之间频繁切换（code switching），两者在语音、语法、词汇等层面的相互借贷是必然的，而弱势语言向强势语言的借贷现象尤其普遍。久而久之，语言无疑会发生显著的变化。其次，法语成为英格兰的官方语言长达两三百年，没受过教育的下层劳动者会不自觉地仿照其主人的说话方式，学着使用法语词汇及简单的短语，于是，皮钦法语（Pigin French）必然出现，随之而来的便是快速的克里奥尔化（creolization），这种现象势必导致土著英语的结构受到影响，并发生蜕变。这是古英语之所以成为中古英语的关键原因。

变化是必然的，而且这个时期英语变化的趋势是逐步向法语靠拢。先来看看英语词汇的走向。《剑桥英语语言史》（*The Cambridge History of the English Language*）中说，根据德国历史语言学学者舍勒（Scheler）于1977年所做的粗略统计，古英语的词汇总量大约在23,000到24,000之间，而其中从其它语言借来的词汇（loan words）大致占总词汇量的3%左右，这个比例远远低于现代英语外来语汇的70%总量。也就是说，以古英语阶段的词汇判断，英语还保留着典型的日耳曼语言的原始品相，而中古英语却迅速走上了日益“退化”的不归之路。

先从语汇的组成上看:《彼得堡编年史》虽说始于英王阿尔弗雷德时期，但其纪年条目却跨入了中古英语阶段，延至诺曼征服之后。因此，这部编年史当见证了这一时期英语词汇的变化过程。从编年史的后期纪年条目中可以看到如下两种现象：其一，古英语中的一些词汇在这一阶段已被编年史续写者放弃，比如，古英语的pines和nāmen已被cruelties和took所替代；其二，古英语中的一些词汇依然保留在中古英语之中，但其语义早已悄然发生了变化，比如，古英语的wundor仍在沿用，但是这个词的意思却变成了atrocity，其原义已被来自法语的marvel（merveille）所替代。再比如，古英语flæsc的语义也已脱离了一般而言的meat之意，除原义外它还用来指肉体、肉欲等。任何语言都不喜欢绝对的同义词（synonym），古英语词汇在语义上发生演化，其原因是外来词汇的进入，在原语义方面占据了它们的位置。

我给各位举个例子。古英语 scyrte 这个词，源自古诺斯语，意思是我们常用的汗衫（shirt），今天还在使用。到了古英语后期，这个古诺斯语名词又一次被借入英语，那个时候的拼法是 skyrta。前后两个词在古诺斯语中其实是同一回事，都指衣服（garment），但是，由于借入英语的时间相差了几百年，两个词在指向上必须有所区别，才能在同一个语言中并存。于是，当这个外来词第二次进入英语的时候，它所指的是另外一种服装，不再是汗衫而变成了裙子（skirt）。可见，语言中绝对意义的同义词实际上是不存在的，它们之间一定有细微的差异，必须仔细加以甄别，谨慎使用。

到了 13 世纪，中古英语中来自法语的词汇至少有 10,000 多个。最早进入英语的法语词汇大多来自北部的诺曼底。后来，巴黎开始崛起，法国北部的影响日显衰退，文化重心东移。于是，从巴黎方言中借入中古英语的法语词汇逐渐多了起来。请看这几对词：calange、prisun、warrant 来自诺曼法语，进入英语的时间大概在 13 世纪前后，而 challenge、prison、guarantee 来自巴黎方言，进入英语的时间较晚，大概在一百年之后，即 14 世纪 15 世纪之间，我们可以从中看出，要么早期法语词的拼法被后来的拼法所替代，要么词义上发生了变化，来自巴黎方言的词汇同样取而代之。

谈起借自法语的词汇，不得不提英国印刷商、翻译家卡克斯顿。他在伦敦创建英国第一间印刷作坊之初，曾被英语中大量的法语借用词所困扰。一次，他拿到一本法语版的古罗马诗人维吉尔（Virgil 70 BCE—19 BCE）的史诗《埃涅阿斯纪》(*Aeneid*)，试图将其译成英语，以丰富其印刷书单。当他翻译了几页之后，突然发现自己在译文中使用了很多法语词汇而不自知，这使他感到无比焦躁。这样的文字普通人怎么能读得懂？于是，他拿起自己的译文与古英语相比较，结果更使他不知所措，因为古英语读起来更像荷兰语，对普通人来说大概也同样读不明白。卡克斯顿意识到，即使他用自己的家乡话伦敦方言来翻译维吉尔，读者也会面临同样的阅读困难，因为那个时候的方言各不相同，差距早已大到几乎互不相通的程度。

关于此类沟通困难，卡克斯顿在一篇文章中复述了朋友讲给他听的一段亲身经历：他和几位友人准备结伴乘船去丹麦的西兰岛，临上船时大风骤起，只好临时改变计划，在当地耽搁一日，来日登程。傍晚，他走到街上，觉得肚子饿了，便敲门进了一处人家。迎接他的是位和蔼的老妇，于是，他向女主人说明来意，希望从她那里讨买几个 eggs 充饥。老妇听罢，客气地回答说："先生，很抱歉，我听不懂法语。"卡克斯顿的朋友颇感困惑，说道："我也不懂法语，我只想买几个 eggs。"两个人都满脸愕然，不知如何把这事说清楚。这时，另外一位朋友进来解释说，先生是想买几个 eyren。妇人恍然大悟，她一面道歉，一面拿出煮好的鸡蛋交给了造访的客人。卡克斯顿自德国学到印刷术之后，于 1476 年底应英王爱德华四世之诏返回英伦，在威斯敏斯特建立了自己的印刷作坊。由此推论，这段往事当发生在 1480 年前后，那个时候的英语就是这种状况，加上已借入英语的大量法语词汇，英国社会中的语言问题可想而知。

当然，该进来的还是进来了，中古英语借用法语词汇的势头是不以人的意志而转移的。再回到法语词汇这个话题上来。在法语词汇批量进入中古英语的阶段，突出特征是借入词语的特殊类别。诺曼人起初以征服者的姿态走进英国社会，那些操用法语的诺曼人在英国所占据的地盘也多为上层建筑，比如王室宫廷、律法机构、基督教会，等等。出于此种状况，这些领域的法语词汇当然也捷足先登，率先涌进英语。比如，今天常见的很多与政体相关的词汇都是这个时期进入英语的，像 authority、council、government、parliament、realm、sovereign、tax、treaty 等。与中世纪的英格兰相比，法兰克人在律法领域的表现要先进很多，大量法律概念都是在中世纪时期法兰克人的圈子里滋生出来，随后被带进了英格兰，比如，attorney、crime、convict、evidence、fraud、indictment、judge、punishment、trespass、verdict 等。

至于基督教传统，我们知道，奥古斯丁奉教宗之命，于公元 597 年亲率四十位传教士进入英国传教。他在英格兰的东南角受到了肯特（Kent）国王埃塞尔伯特（Ethelbert）的迎接，并对背靠橡树端坐在高椅之上的国王首次宣讲福音。奥古斯丁顺利地得到了国王的首肯，在坎特伯雷建起大教堂，开始了他极富传奇色彩的传教生涯。奥古斯丁为什么能够如此顺利地进入这个“蛮族”王国？原来，早在这些基督使徒登陆英国之前，肯特国王埃塞尔伯特便迎娶了法国国王查理巴特（Charibert）的女儿伯哈塔（Berhta），这位法国公主本是虔诚的天主教徒，可见，奥古斯丁的成功与这位王后的努力是分不开的。中古英语时期的法国早已是基督教盛行的国度，有关基督教教义的法语词汇进入英语也就不难理解了。我们可以看一些例词，比如，abbey、baptism、cardinal、cathedral、clergy、heresy、homily、miracle、religion、savior、sermon、theology、trinity、virtue 等，今天的英语使用者依然离不开那个阶段进入英语的这些法语词汇。

诺曼人为了争夺英国王位，不惜渡海一战，可见诺曼军队在当时欧洲大陆的彪悍程度。有关 11 世纪前后诺曼人与盎格鲁–撒克逊人军事实力对比的资料并不多见，但依据仅有文献便足以证明，诺曼人无论从军事组织上还是兵器装备上都远胜于其海峡彼岸的对手，否则，乘着大船跨海作战的诺曼军队不可能在黑斯廷斯一举击垮试图奋起抵抗的盎格鲁–撒克逊人，并在短短的几年之内有效地征服了整个英格兰。仅从黑斯廷斯战役的结果看，中古英语大量引入法语的军事语汇是必然的。的确，自那时流传至今的很多关键性的军事术语都来自法语，比如，ambush、army、battle、besiege、combat、garrison、lieutenant、navy、retreat、siege、soldier、spy 等。

另外，再给大家介绍另外一组在中古英语阶段借自法语的词汇。喜欢阅读文学作品的朋友经常会感受到这样一种现象，当作者刻意烘托某一社会场景的时候，他会非常仔细地选择与这一场景相匹配的词语，以褒奖或贬斥其氛围。一个语言中的词汇在风格上多少是有高低贵贱之分的，这也是我们在写作之时，倾向使用学气十足的大词长词的理由，因为这类词汇可以表现文体的庄重，或显示作者对语言的把握程度。当初，诺曼人统治着英国，尽享统治者的高贵与威严，美好的东西、时尚的东西、供人享乐的东西，当然要用法语来表述，而与下层生活相连的事物与概念，或许可以留给社会底层人们使用的英语来描写了。在圈棚里豢养着的畜类为 ox、sheep、calf、deer、pig，这些都是地道的英语词汇，但是，一旦将这些畜类变成餐桌上的美味佳肴，它们就是 beef、mutton、veal、venison、pork，当然，这些词无一例外都来自法语。我们在现代英语中似乎也能感受到当初等级森严的社会影子，自己开车，是个 driver，用英语自称。达官贵人请专人为他们开车，仆以主贵，开车人的身份随着主人的地位提高了许多，他们的职务是 chauffeurs。请人给自己随便做顿晚餐，那人叫作 cook，英语词。五星级酒店聘用的高级厨师，称呼就不一样了，他们的专业职称是 chef，当然要用法语。细想起来，这个传统的确很有意思。

不是这样吗？再来比较下面的这些词汇：begin–commence, child–infant, freedom–liberty, help–aid, hide–conceal, love–charity, wedding–marriage。左边是英语，右边则是法语，你在选用这些词的时候，感觉完全一样吗？顺便告诉大家一个相关的术语，culinary lexical pairs。19 世纪英国有一位历史小说家，即大名鼎鼎的司各特爵士（Walter Scott 1771—1832）。他写过一部很精彩的小说，书名是《艾凡赫》（*Ivanhoe*），其中有对诺曼贵族和撒克逊平民不同社会阶层的生动描写，包括与劳作和饮食相关的细节，这位作家正是使用了这类culinary lexical pairs来烘托特殊气氛的，在这方面人们普遍认为他是个高手，方便时，可以把小说找来读一读。

就词汇而言，法语极大地丰富了英语，而这个过程是从中古英语时期开始的，带着浓厚法语味道的英语是中古英语最突出的特色。中古英语时期最有名的诗人是乔叟（Geoffrey Chaucer 1340—1400），他的《坎特伯雷故事集》为他赢得了“英诗之父”的美誉。乔叟的确是中古英语文学的杰出代表，他优雅平和的诗行到处充斥着法语词汇独有的韵律，即便他的名字也清楚地揭示了法语文化对这位伟大诗人的深刻影响：其名是典型的法语，他的姓氏或源于祖上的职业，也来自法语，原始拼写是chaustier，意思是“鞋匠”。当然，法语对中古英语的影响有很多方面，包括发音、语法。下一讲再接着往下聊。

文化经纬

约翰王与英法之争

身逢乱世，倘若理政无术，治国者的人生之路势必麻烦连连，这是每位王者的内心深处常有的担忧。当然，麻烦种类不同，酿成麻烦的原因也一定五花八门。拿英国金雀花王朝（Plantagenets）的约翰王（King John 1167—1216）来说，他的不顺心皆与或应归属于他的封地有关，我们从其父王亨利二世（Henry II 1133—1189）给他起的戏谑绰号“无地王”（Lackland）中，或许能够领略到亨利对约翰性格的某种不名忧虑。

约翰是英王亨利二世和王后埃利诺（Eleanor of Aquitaine）所生的最小的儿子，由于自幼深受亨利的溺爱娇纵，他从小便养成了乖戾多变的性格。大概也是出于这个原因，当亨利二世欲将部分领地分封给小儿子的时候，他的提议遭到了其他几位王子和朝野上下不惜代价的抵制，其中包括约翰的生母埃利诺王后。后来，约翰虽然得到了丰厚的领地，他却屡屡背叛自己的同胞弟兄，甚至背叛百般庇护自己的父亲。若不是他们的宽容，他数次变得几乎一无所有，“无地王”这个绰号也因此硬生生地顶在了约翰的头上。而真正使约翰成为名副其实无地之王的是法王腓利二世（Philip II 1165—1223）。与此相关的历史事件发生在1202年前后，此时的约翰已在英王宝座之上端坐了近三个年头。

公元1199年5月，初登英王宝座的约翰以血缘过近为由，废掉了发妻伊莎贝拉（Isabella of Gloucester），图谋迎娶安古莱姆（Angoulême）家族女继承人伊莎贝拉（Isabella de Angoulême）为后，以表明他在普瓦图（Poitou）地区的安古莱姆和吕西尼昂（Lusignan）两大家族纷争中的立场。他的这一举动激怒了吕西尼昂家族，因为伊莎贝拉与这个家族的九世孙于格（Hugh IX de Lusignan）早有婚约。英王约翰为此被告到了上一层领主法王腓利二世的法庭。心高气傲的性格致使约翰王拒绝接受法庭的传讯，于是，法王没收了约翰在法国包括诺曼底在内的多片领地，约翰在欧洲大陆终于成了彻头彻尾的无地之王。

英王约翰与法王的争斗源自其性格导致的错误判断，但他并不以为意，蓄意通过英国本土教会横征暴敛，以积蓄力量寻机夺回欧陆的失地。公元1206年，坎特伯雷大主教，长期摄政的瓦尔特（Hubert Walter）病逝，为了保证自己的心腹来填补这一重要职位，他很快向教廷推荐了两位自己信赖的人选，不想双双被教皇英诺森三世（Pope

Innocent III）一口回绝。为了表达对教皇的不满，约翰王拒绝接受教廷的提名，不允许新指定的大主教兰顿（Stephen Langton）入境接任。其敌对行动很快招来了教廷的强烈反弹，英格兰教会的宗教活动被罗马叫停，本来就仇视英格兰的法王也按照教皇的旨意，准备与约翰宣战，英法战争一触即发。此时的约翰王自知抗争无望，便向教廷表示臣服，认可了兰顿的接任，并答应向教皇缴纳1,000马克的高额岁贡，这位无地之王就这样又得到了另外一个绰号，“软剑”（Softsword）。颜面殆尽的英国贵族将矛头指向了倒霉蛋约翰王，很快便以武力迫使他签署了约束其权利的《大宪章》（*Magna Carta*），这是公元1215年发生的事。

以英国历史的视角看，虽说约翰王签署的《大宪章》把四百年后的查理一世（Charles I 1625—1640）送上了断头台，北美的1776《独立宣言》也是在这面旗帜下成为可能，这位另类王者的作为并未给后人留下多少美好的印象。不过，对英国而言，约翰挑起来的英法纷争，尤其是欧陆领地的丧失，未尝不是一件好事。自诺曼征服开始，英格兰的历代国王从未把治国理政的心思完整地放在这个偏远且不够发达的岛国之上。仅拿几位较有建树的王者举例，征服者威廉将他亲手抢夺过来的英格兰托付给坎特伯雷大主教摄政，自己则无事不登三宝殿，常年留在诺曼底独享清福；亨利二世在位34载，其中只有14个春秋留住在这个岛国；理查一世当了10年英王，而他在英国仅仅逗留了不过10个月；即便是骄横乖戾的约翰王，若不因其大意失算被剥夺了欧陆的领地，他大概也如同前辈一样，身居欧洲大陆，隔海遥望他所统治着的英伦诸岛，继续盘算下一步的掠夺计划。因此，约翰王的过失倒使英国免除了对诺曼底等大陆领地的依赖，将统治者及其附庸权贵的注意力逐渐转移到了这个岛国，真正开启了英国文化振兴之路，从而也使英语语言得到了再度复兴的机会。

语言天地

帕斯顿太太的一封信

大英博物馆至今仍收藏着一组写于15世纪的私人信函，共计1,000余封，书信的主人是英格兰东北部诺福克郡帕斯顿一家。15世纪初叶，这个家族的男人们便在律法领域施展拳脚，积累了巨大的财富，及至17世纪帕斯顿一家便成了英格兰东部无人不晓的名门望族。下面是女主人帕斯顿太太（Margaret Paston）请家庭秘书格雷沙姆先生（James Gresham）代笔，写给其丈夫的信函片段，寄出日期是1448年5月19日。她在这封信中向于伦敦处理法律事务的丈夫约翰·帕斯顿（John Paston 1421—1449）诉说了当天发生在身边的一桩惊人故事，其描述细腻流畅，但没有15世纪贵族文书的那种书卷之气，是典型的帕斯顿家族书信行文风格。

各位阅读时请注意以下几点：一、帕斯顿书信写于中古英语晚期，英语长元音大音变尚未发生，或正处在音变的过程之中，因此，文本中单词的读法当更接近古英语的读音习惯。二、这封书信片段的原件有虫蛀小洞，缺漏的词语不是因语言粗俗而被刻意删除。三、这一阶段的英语虽在词汇、语义、句法等方面与现代英语不尽相同，但整体上不会给阅读造成障碍。后附词汇对照表以帮助理解。四、这一时期的英语已开始使用have、be、shall、will等助动词来表达完成（perfect）、将来（future）等动词形态，以及义务（obligation）、意志（volition）等动词语气，值得关注。五、名词短语中性、数、格一致的语法搭配已不明显，有些结构是因写者误用所致。

Ryght worshipfull husbond, I **recomaund** me to you, and prey yow to **wete** that on Friday last passed before noon, the parson of Oxened **beying** at messe in oure parossh chirche, evyn **atte levacion** of the **sakerying**, Jamys Gloys hadde ben in the toune and come homeward by Wymondams gate. And Wymondam stod in his gate, and John Norwode his man stod by hym, and Thomas Hawys his othir man stod in the strete by the **canell** side. And Jamys Gloys come wyth his hatte on his hede betwen bothe his men, as he was wont of custome to do. And whanne Gloys was ayenst Wymondham, he seid thus: 'Covere thy heed!' And Gloys seid ageyn, 'So I shall for the.' And whanne Gloys was forther passed by the space of iii or iiii strede, Wymondham drew owt his dagger and seid, 'Shalt thow so, knave?' And therwith Gloys turned hym, and drewe owt his dagger and defendet hym, **fleying** into my moderis place; and Wymondham and his man Hawys kest stonys and dreve Gloys into my moderis place, and Hawys folwyd into my moderis place and kest a ston as **meche** as a forthying lof into the halle after Gloys, and than ran owt of the place ageyn. And Gloys folwyd owt and stod wythowt the gate, and thanne Wymondham called Gloys thef and seid he shuld dye, and Gloys seid he lyed and called hym **charl**, and bad hym come hym self or ell the best man he hadde, and Gloys wold answere hym on for on. And thanne Haweys ran into Wymondhams place and feched a spere and a swerd, and toke his maister his swerd. And wyth the noise of this asaut and **affray** my modir and I come owt of the chirche from the sakerying, and I bad Gloys go into my moderis place ageyn, and so he dede. And thanne Wymondham called my moder and me **strong** hores, and seid the Pastons and alle her kyn were [hole in paper]... seid he lyed, knave and charl as he was. And he had meche **large** langage, as ye shall knowe herafter by mowthe.

词汇表:

中古英语	现代英语	中古英语	现代英语
recomannd	commend	wete	know
levacion	raising	sakerying	congregation
canell	gutter	fleying	fleeing
meche	large	charl	insult word
on for on	one against one	affray	uproar
strong	dirty	large	abusive

第 13 讲　因地而异的多变语言

一部近 1,800 年的英语语言史，核心其实就是一个“变”字，历史语言学将其统称为“语言变化”（language change），这个概念我们已经非常清楚了。任何活的语言都无时不在发生着演变，只是多数情况下其变化细小到我们根本无法察觉，可谓微不足道，这是语言变化的基本特征。我前面提到过，引起语言变化的，除了内部因素之外，还有两个外部因素，其一是某语言社群（speech community）与其它社群之间的重大地理区隔（geographical division），其二是某语言与其它语言之间的频繁接触（language contact）。

使用同一语言的人群因生存本能而向四方迁徙，致使他们彼此间被难以逾越的地理障碍所阻隔，比如崇山峻岭、大江大海，这些障碍会使人们不便沟通，久而久之，各族群的语言会向不同方向延展，逐渐形成各自的方言（dialect），比如英国英语和美国英语。方言之间的差别如果继续扩大，不同方言社群之间便会产生日益严重的沟通困难，方言就有可能演变成语言（language），比如英语和德语。当然，英国英语和美国英语这两种方言至今并未变成两种不同的语言，这是人类社会进步所赐，假设大西洋把两边人们的交往完全阻断，而且一隔便是三千年，这两种方言演变成两种语言是难免的。

语言之间的接触也会给彼此以不同程度的影响，强势语言对弱势语言的影响称“强势影响”（superstrate influence），如果情况相反，我们将其叫作“弱势影响”（substrate influence）。时间一长，外来影响会使语言逐渐与其原有形态渐行渐远，最终蜕变为另外一种语言。因接触而产生的语言变化在历史上屡见不鲜，比如，南非共和国有一种“南非语”（Afrikaans），这种语言是素有“彩虹之国”之称的南非 11 种官方语言之一，形成于 17 世纪的大移民时期，荷兰语接受了其它移民族群所使用的马来语、葡萄牙语，以及当地祖鲁语（isiZulu）的影响，最终成为这种独具特色的南非语言。

回过头来看中古英语。在诺曼征服前后，人们所用的英语逐渐显现出了与古英语的诸多不同，后来两者之间的差别越发扩大，最终变成了乔叟时期的样子。这个变化过程持续了数百年，始作俑者便是当初强行进入英国的诺曼人。从语言结构上说，古英语演化为中古英语，是从综合型语言（synthetic language）向分析型语言（analytic language）的渐变。前者以字词词尾的变化来显示各个语言成分之间的语法关系，后者则依赖字词的顺序以及诸如介词（preposition）之类的独立词素（morpheme）来完成不同语言成分之间语法关系的表达。简单地说，古英语到中古英语的转移过程大致告诉了我们彼此关联的三个语法现象：其一，屈折词尾的退化与渐次消失；其二，介词的出现与广泛使用；其三，词序的逐步固化。

在以上三种语法变化的相互作用下，英语于 11 世纪之后逐渐从典型的综合型屈折语言向分析型孤立语言转变。当然，这是过于简单的趋势判断。更确切地说，古英语与今天的芬兰语相比，它的“综合性”并不突出。而中古英语，即便是晚期中古英语，如果与我们的汉语相比，其“分析性”也相差不止一星半点儿。但是，古英语和现代英语放在一处，这种从综合型语言向分析型语言的运动趋势，尤其是上述三种语法变化，当显而易见。我们下面就聚焦在古英语和中古英语之间，分别看一看这三种突出的语法变化。

翻开任何一本介绍英语语言历史的书籍，我们都会体验到作者对英语字词词尾变化逐步减弱的高度关注。的确，到了中古英语时期，词尾从逐步弱化到在很大程度上被丢弃，的确是不争的历史事实。我们要格外注意，这一过程不是从中古英语时期开始的，其起始点当在英语的史前期，也就是公元1世纪前后，因为决定英语逐步放弃词尾变化的主要因素早已出现在众多日耳曼语言之中。也就是说，英语自“出生之日”开始，即已命中注定要向这个方向运动。决定因素就是前面提到过的日耳曼语言字词重读音节的前移。现存文献充分表明，早期的古日耳曼语与其它印欧语一样，字词重音是根据词尾需要前后移动的，及至古日耳曼语的中期，其重读音节已明显向前移至字词的第一个音节（有前缀情况除外），并逐渐固定下来。这是日耳曼语言的字词词尾逐步丧失其语法区分功能的终极原因。

至于造成日耳曼语言字词重音前移的诱发因素，至今仍是学界不断争论莫衷一是的焦点。前些年，有学者提出了一种比较可信的观点：据说，日耳曼语言的这一特征与语言接触有直接因果关系。我们知道，不同语言的相互接触会引发双语共用（bilingualism）和相互借词（borrowing）现象，因此造成语言结构上的演变，即两个不同语言的相互作用导致的语言类型变化（type change）。在古印欧语盛行之时，欧洲北部即已从中孕育着至少两种重要的子语言，一是古日耳曼语，另一个则是古凯尔特语（Old Celtic）。而时常被学者们所忽略的还有另外一个历史细节，即“古欧洲语”（Old European）的存在。

今人称之为古欧洲语的，或许是与古印欧语并行存在的姊妹语言，这一语言曾流行于北欧部分地区，其年代恰恰与古日耳曼语形成的时间相互重合。古欧洲语后来因不明原因消失了，身后只留下了一些让世人浮想联翩的蛛丝马迹，比如今天仍留存于西班牙北部和法国西南部的印欧语言区域，却又完全不属于这个体系的巴斯克语（Basque）。神秘的古欧洲语当在 10,000 年前的最后一个冰川期之后逐步消失于北欧地区，但它给孕育中的古日耳曼语留下了不可磨灭的印记，其中之一便是这个语言的字词重音前置。于是，古日耳曼语的重音系统随之发生了变化，逐步与古印欧语剥离开来。我们即使不去过度追究重音前移的造成原因，首音节重读势必削弱词尾的语音分量，其原有的语法区别能力便随之趋于弱化，加上词尾早已退化的诺斯语后来对古英语的侵蚀，中古英语词尾的大量减少当是很自然之事。

与词尾音节弱化交相呼应的是中古英语时期不断涌现出来的一组独立介词。最早使用介词概念的是一位叫德鲁里（John Drury）的英国牧师，他于 1434 年在其拉丁语法中用中古英语介绍说，介词是置于名词之前与其组成短语的词类，因此有人也将 preposition 译为“前置词”。笼统地说，现代英语中的大部分介词源自古英语时期的副词，而副词逐渐变成介词的过程，在古英语的词序中已能清楚地分辨出来。比如，古英语句子 Hē cwæþ þæm mannum tō 和 Hē cwæþ tō þæm mannum 都符合威塞克斯标准文学语言的语法要求，而这两个句子均可译为现代英语 He spoke to the men。大家注意两个句子中的 tō，从古英语词序的角度分析，前者貌似今天的副词，而后者则像现代意义的介词。不过，由于古英语 þæm mannum 的屈折形态已完全说明了它们的语法意义，tō 不过是个起着修饰作用的辅助词，似乎可有可无。而在后来的英语中，tō 竟然变成了具有重要语法功能，不可或缺的独立介词。细想个中道理，其实很简单，名词后面的词尾没有了，两个词在句子中的语法功能自己已无法表达，只好由从副词转化而来的独立介词代劳。这种古老的副词用法在中古英语中，甚至在当今现代英语中，还会经常碰到，比如，做状语用的习语 to and fro 便是此类来自古英语的历史留存（fossil idiomatic expression）。再看一个例子：He saw his mother years ago 中的 ago 一词，看上去它处于副词的位置，但从英语介词的演变角度观察，它也当是个一时没有彻底独立起来的介词，与前面的名词 years 组成短语，修饰句子中的动词。由于 ago 的位置仍在其宾语的后面，有人也将其称作“后置词”（postposition）。我将其列在这里是想进一步说明英语介词的演化过程。

屈折词尾的缺失导致独立介词的出现，而前两种情况使得中古英语不得不借助词序的固定来保障这一语言的信息传递功能。一般情况下，中古英语句子中的语言成分再也不能像典型屈折语言中的那样随意摆放了，这是中古英语时期诗人乔叟在《坎特伯雷故事集》中所使用的语言和古英语史诗《贝奥武甫》的语言之间最为显著的语法差别。

与古英语相比，中古英语的特征是明显的。前者更接近屈折型语言，而后者则日益与屈折型语言相剥离，开始变成同时具有几种类型特征的混合语言，这是自中古英语开始形成时便存在着的一大特点。而每当谈及中古英语我们都不会忘记，几百年中中古英语那种方言林立的语言无序状态。古英语时期，文化中心从英格兰北方的诺森布里亚（Northumbria）向南转移，通过中部的麦西亚（Mercia），最终走入南部的威塞克斯（Wessex）。由此，威塞克斯方言便成了标准的古英语文学语言，英王阿尔弗雷德便是用这一方言身体力行，牵头翻译了诸多古典作品，古英语的主要文献也基本是这个地区的留存。观察这段英语史，大致可以厘清古英语语言标准的走向及其文化发展的脉络。

到了中古英语阶段，情况似乎突然变得复杂起来。这个时代实在特殊，它上接以威塞克斯方言为唯一书写标准的古英语时期，下连以伦敦、牛津、剑桥三角地带的东南部方言为书写标准的现代英语阶段，而在这一中间时段，英格兰各地都在恪守当地方言使用原则，各自将自己的方言当作本地的书写标准，因此有人说，要了解中古英语，必先从了解其方言状态入手。这一讲的主要话题正是中古英语方言。

方言研究是专门学问。我先为大家梳理有关方言的基本概念。研究方言的系统学问“方言学”（dialectology）是语言学的分支，与方言相对应的是所谓“标准语”（standard language）。从大概念上说，方言可细分为“社会方言”（social dialect），比如英国著名的公学方言，“时段方言”（temporal dialect），比如 19 世纪英语方言，和“地理方言”（geographical dialect），比如中古英语南部方言。方言特征通常以方言地图（dialect atlas）来描述，各方言区域（dialect area）由“同言线”（isogloss）来上下左右标明。接下来我给各位介绍中古英语阶段的地理方言，同时包括年代时段和地理位置两个重要因素。

英语方言学始建于 19 世纪中叶，而中古英语方言研究的突出成就，当数爱丁堡大学发表于 1935 年的中古英语方言地图，由穆尔（Moore）、米敕（Meech）、怀特霍尔（Whitehall）等学者联袂完成。中世纪相关资料的局限使这几位学者的研究成果令人瞩目。中古英语时期人们逐步将英语作为主要书写语言，留存至今的文献浩如烟海，而这些文献又是界定那一时期方言的唯一可靠依据。就整体而言，现存的文献很难认定其确切的抄写区域与时间，因为印刷术出现之前手写书抄写者的背景极其复杂。由于没有通用的拼写标准，抄写人时常根据自己的方言发音和自己的拼写习惯，来随意处理手写书中文字的拼写。有些手写书抄者的母语并不是英语，比如修道院中从事手写书制作的专业抄写师中很多来自法国，他们很自然地将法语拼写习惯带入英语，再加上英格兰东南部方言已开始以“标准语”的姿态对书写施加影响，无论手写书原稿产生于何地，抄写于哪一年，当它再次被手工复制的时候，其拼写一定会掺杂很多各地方言甚至不同语言的因素，这些无疑给中古英语方言研究者带来了难以想象的困扰。因此，在谈论某一手写书的产出地或抄写时间的时候，只能做一个大概的判断。

当然，通过拼写来判断某一方言的发音，通过书写状态来辨别某一方言的地区特征，依然是中古英语方言研究的主要方法。下面来观察一些根据以上方法所辨别出来的中古英语方言的主要特征。如果以一个“十”为地理坐标，十字竖线的顶端是英格兰北方方言（Northern）的位置，十字竖线的下端是南方方言（Southern）的位置，十字的交叉部位是英格兰中部方言（Midlands）区域，自上往下，左上角是西北方言（Northwestern Midland），左下角为西南方言（Southwestern Midland），右上角是东北方言（Northeastern Midland）区，下面的右下角则是东南方言（Southeastern Midland）区，也就是后来著名的伦敦、牛津、剑桥三角地带，这个地区的方言最终成为现代“标准英语”（Standard English）区域。

古英语元音［ɑ:］在中古英语中的发音和拼写变化

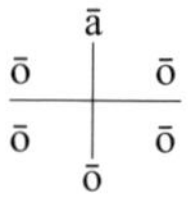

OE	ME	ModE
gāst	gost	ghost
hāl	hole	whole
rād	rode	road

古英语鼻音前［ɑ:］在中古英语中的发音和拼写变化

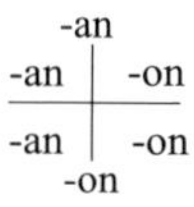

OE	ME	ModE
hām	hom	home
stān	ston	stone
pāncian	thonc	thank

古英语词首 s- 在中古英语中的拼写和发音变化

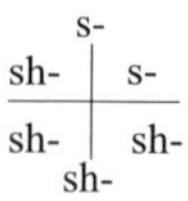

OE	ME	ModE
sal	shal	shall

<table>
<tr><th></th><th></th><th>OE</th><th>ME</th><th>ModE</th></tr>
<tr><td>古英语词首 f- 在中古英语中的拼写和发音变化</td><td>f-
f- | f-
f- | f-；v-
v-</td><td>for
from</td><td>vor
vrom</td><td>for
from</td></tr>
<tr><th></th><th></th><th>OE</th><th>ME</th><th>ModE</th></tr>
<tr><td>古英语 hw- 在中古英语中的拼写和发音变化</td><td>hw-；quh-
wh- | wh-
wh- | wh-
wh-</td><td>hwæt
hwīl
quhil
hwenne
quhen</td><td>what
whil

when</td><td>what
while

when</td></tr>
<tr><th></th><th></th><th>OE</th><th>ME</th><th>ModE</th></tr>
<tr><td>古英语动词现在分词词尾在中古英语中的变化</td><td>-and
-and | -and
-end | -end
-ind；-inge</td><td>slǣpan</td><td>slepinge
slepinde
slepand</td><td>sleeping</td></tr>
<tr><th></th><th></th><th>OE</th><th>ME</th><th>ModE</th></tr>
<tr><td>古英语动词现在时复数词尾在中古英语中的变化</td><td>-is
-eth | -es
-eth | -en
-eth</td><td>slǣpan</td><td>slepis
slepes
slepeth
slepen</td><td>sleep</td></tr>
<tr><th></th><th></th><th>OE</th><th>ME</th><th>ModE</th></tr>
<tr><td>古英语动词现在时单数第三人称词尾在中古英语中的变化</td><td>-is
-es | -es
-eth | -eth
-eth</td><td>slǣpan</td><td>slepis
slepes
slepeth</td><td>sleeps</td></tr>
</table>

下面先从中古英语语法角度略述英格兰各个方言的主要特点：

1. 现代英语动词现在分词词尾 -ing 在北方方言的拼法通常是 -and(e)；东北、东南方言的拼法为 -end(e)；西北、西南方

言习惯将其拼为 -ind(e)；在中古英语中晚期，东南方言和南方方言中已出现了 -ing 形式。

2. 在阅读圣经钦定本的时候，经常看到动词词尾 -th，这是中古英语通常使用的动词现在时单数第三人称的词尾形式，在中古英语时期，这一词尾在中南部各方言中盛行，也是南方方言的惯用形式。不过，这个时期的北方方言和靠北的一些中部地区，已开始使用 -s 词尾。

3. 主语是 we 或 they 的动词现在时复数词尾，在各个方言中变化较多。北方方言及东北方言的词尾通常是 -es；西北方言所用词尾通常为 -en；南部和西南方言的惯用词尾则是 -eth。

再来看看几个其它词类和发音在不同方言中的表现：

1. 在北方方言和西北方言中，可以经常看到复数第三人称代词 they、their、them，已与现代英语大致相同。但是，直至中古英语末期，南方方言和靠南的中部方言，还在坚持使用来自古英语后期的复数第三人称代词 his、here、hem 等形式。

2. 助动词现在时 shall 和过去时 should 已在中古英语各个方言中广泛使用，但在北方方言和位于英格兰东南角的肯特地区，其拼法依然保持着古老的样子，即 sal、suld 等，首字母 s 后面没有字母 h。

3. 从发音上看，北方方言与南部各方言有显著差别。比如，在北方方言中，古英语的 /ɑː/ 音仍在很多词语中反复出现，像 stāne（stone）、hām（home）、hāl（hole）等，但在南部各方言中 /ɑː/ 已变成 /ɔː/，词的拼写方式则是 stone, home, hole 等。在北部的苏格兰英语（Scots）中，元音长音往往在其后面加上字母 i，以示其长。苏格兰诗人彭斯（Robert Burns 1759—1796）就常在其诗歌中使用北方方言古老的拼字方法，比如 guid（good）、haim（home）、stain（stone）等。

4. 另外，一些古英语的清摩擦音在南部方言中开始浊化，比如 f 变成 v，像北方方言中的 for 在南部各方言中经常被拼写为 vor，再如 from 在南部被拼为 vrom 等。一些古英语的破擦音被腭化，如 /k/ 变成 /tʃ/，像北部的 kirk 变成了南方方言的 church 等。这种情况在现代英语地名中还时有表现，比如美国中西部的小城 Kirksville。

当然，以上所说的南北概念其实并不绝对，并没有一个清晰的分界线，尤其是根据中古英语文献划分出来的方言区域，更是如此。不过，我们还是经常使用这些比较显著的文字特征来分辨中古英语方言。下面是一段用中古英语方言写成的段落，请大家根据目前已掌握的信息来分辨一下。

(Original)
Engynys alsua for to cast
Þai ordanyt & maid redy fast
And set ilk man syne till his ward.
And Schyr Walter þe gud steward
With armyt men suld rid about
And se quhar þat þar was mast dout
And succour þar with his menȝe.
(Transliteration)
Machines also for to throw

They set up & made ready fast
And set each man next to his post.
And Sir Walter the good stewart
With armed men had to ride about
And see where that there was most doubt
And bring help there with his company.

文化经纬

法语对中古英语语音的影响

操法语的诺曼人对英格兰的征服势必给被征服者的语言留下难以磨灭的印痕，英语中那些保有浓厚法语腔调的字词便是很好的例证。源自法语的外借词来路各不相同，进入英语的时间也有很大差异，它们在很大程度上丰富了英语语言，当然也给词源学爱好者不小的探究空间。

诺曼人进入英国之初，一批词语便随着征服者的步伐融进了英语语言，它们大多保留着其原始发音特征，与当时法国本土所使用的字词相差无几。随着时间的推移，英吉利海峡两岸虽说纷争不断，但英法两国在各个文化层面都保持着拉扯不开的紧密联系，因此，法语词汇继续涌入英语，其中包括很多早已进入英语的借词。不过，出于两种语言各自在不断发生音变的缘故，这些第二次进入者经常呈现出截然不同的面貌。比如，英语中的 chef（首领）源自古法语 chef，在早期的中古英语中，这个词保留了古法语的发音特征，读作 /tʃef/。之后，古法语的短元音 /e/ 在中古英语时期长音化，变为长元音 /eː/，这个长元音在中古英语时期的拼写经常是 ie，再经几百年后的英语长元音大音变，便演化成了流传至今的 chief /tʃiːf/。当然，此词在第二次进入英语之时，古法语 ch- 的发音已有变化，读作 /ʃ/，经过音变的发音及其语义（chef de cuisine，厨师长）被英语沿用至今，这是现代英语中 chef（厨师）一词的由来。

不同时期从法语借入的词汇发音自然不同，这种现象与两个语言随后的音变有关，我们从一词多音便可推导出它们进入英语的大致年代。当然，同源词的不同发音不一定都与时间有关，两个同源借词的来源地也当是造成不同发音的重要因素。就整体而言，法国的文化与政治中心在中古英语时期自北向中逐渐迁移，随着巴黎在法国中部的崛起，北方诺曼文化日趋走上了下坡路。因此，自诺曼征服之后的几百年中，从中部法语方言中借入英语的词汇日趋增多，到了中世纪后期，绝大部分法语词皆显示出中部方言的发音特征。比如，早期中古英语中的 preie（prey）、veil 等词都显示着法语北方方言的特征，其根元音与诺曼法语 preie 和 veile 一样，均是 /ei/，而在同一时期的巴黎方言中，这两个单词的拼法已与现代法语 proie 和 voile 相同，虽元音尚未变为 /wɑ/，但与北方方言相比，的确有显著的差别。随着时间的流逝，自法语中部方言借入英语的字词逐渐增多，比如 gardin（garden）、cacchen（catch）等单词，已分别读作 /'gɑːdən/ 和 /'kɑːtʃən/，两个字的首音节是典型的巴黎方言读法，因为同期诺曼方言中两个字的拼法依然是古法语的 jardin 和 chasser，其读音当然是 /dʒɑːh'din/ 和 /ʃɑː'seh/。

上文在列举后面两个词语的时候，刻意将中古英语的借入词重音标在了首音节，这是日耳曼语言的典型特征。当然，在中古英语阶段，即便在乔叟时期，自法语借入的词汇并没有像理想状态的英语单词那样严格遵守日耳曼语言重音（stressing）规律。双音节借词，尤其是多音节（polysyllabic）借词，在重音的摆放上似乎比较灵活，在乔叟的诗行之中，法语借入词的重心仍根据音韵的需要前后移动着。

这种情况在现代英语中也时有显现，比如，melody 的形容词形式是 melodious，重音在第二个音节，advertise 的名词形式 advertisement，其重音要么在第二个音节，要么在第三个音节。这种遗留至今的不规则现象或与历史中的词语借贷过程有关。

语言天地

法语味道的英语“砍头游戏”

《高文爵士与绿衣骑士》（*Sir Gawain and the Green Knight*）是富有浓厚法国传奇（romance）色彩的中古英语长篇叙事诗。这部幸免于 1731 年科顿藏书楼大火的佚名文学作品，来自 14 世纪晚期英格兰的西北部地区，是法国卓越诗人克雷蒂安（Chrétien de Troyes，活跃于 1160—1181）“不列颠主题”（Matter of Britain）中的“骑士精神”（chivalric code）在英国诗歌中的典型体现。从这个意义上说，这部作品不仅再现了古英语韵文的口头文学古风，同时也见证了英法文化传统在诺曼征服之后相互交融的生动情景。

这部结构严谨的诗作共计 2,530 行，全诗按情节分为四个部分，以行数不一的头韵诗行组成 101 个无尾韵诗节（stanza），各诗节尾部缀以五行压尾韵的诗句，包括一个与前行接韵的超短句（bob）和两对自行押韵的叠句（wheel），四行的韵脚为 abab。从词源上看，除了 55 个专有名词之外，全诗约 2,650 个单词中有 1,000 余个明显源自古英语，有 250 个是来自北方古诺斯语的借词，这是后人称其为“古英语复兴作品”的主要根据。当然，值得我们关注的是诗中那约 750 个借自法语的词汇，其数量足以给我们留下诺曼人影响英语语言的深刻印象。

下面是《高文爵士与绿衣骑士》中有关“砍头游戏”的一个有趣

片段。阅读这个诗节时要注意文本中ʒ在词语中的两种复杂功能：中世纪拉丁草体字母z和古英语字母yogh。

(Original ll. 417—443)

The Grene Knyʒt vpon grounde **grayþely** hym **dresses**,	quickly; dismount
A littel **lut** wyth þe hede; þe **lere** he **discouereʒ**.	bend; flesh; expose
His longe, louelych **lokkeʒ** he layd ouer his croun,	locks
Let þe naked nec **to þe note** schewe.	for business
Gauan gripped to his ax and **gederes** hit on **hyʒt**;	guide; high
Þe **kay** fot on þe **folde** he before sette,	left; floor
Let hit doun lyʒtly **lyʒt** on þe naked,	land
Þat þe scharp of þe **schalk schyndered** þe bones,	man; split
And **schrank** þurʒ þe **schyire grece**, and scade hit in **twynne**,	sink; fair; flesh; two
Þat þe **bit** of þe **broun** stel **bot** on þe grounde.	blade; shiny; bite
Þe fayre hede fro þe **halce hit** to þe erþe,	neck; fall
Þat **fele** hit **foyned** with **her** fete þere hit forth roled.	many; spurn; their
Þe blod **brayd** fro þe body, þat **blykked** on þe grene,	spurt; glisten
And nawþer **faltered** ne fel þe **freke** neuer þe helder.	stagger; man
Bot, **styþly** he start forth vpon styf **schonkes**,	steadily; legs
And ruyschly he **raʒt** out **þereas renkkeʒ** stoden,	reach; where; men
Laʒt to his lufly hed and lyft hit vp **sone**,	seize; quickly
And syþen **boʒeʒ** to his **blonk**; þe brydel he **cachcheʒ**,	turn; horse; handle
Steppeʒ into **stel-bawe** and strydeʒ alofte,	steel-stirrup
And his hede by þe **here** in his honed **haldeʒ**;	hair; hold
And as **sadly** þe **segge** hym in his sadel sette,	calmly; man

And non **vnhap** had hym **ayled**, **þaȝ** hedleȝ nowe in **stedde**.	mishap; trouble / place
He **brayed** his **bluk** aboute,	twist; trunk
Þat vgly bodi þat **bledde**;	bleed
Moni on of hym had **doute**	fear
Bi þat his **resounȝ** were **redde**.	reasons; in use

(ModE translation ll. 417—443)

The Green Knight to the ground quickly gets down,
Leaning low with his head; he lets the flesh show.
His long, handsome locks he laid over his crown,
To let the neck's nape appear nude for the purpose.
Gawain gripped his axe and guides it on high;
His left foot on the floor he set firmly in front,
Let the axe alight swiftly on the skin of the neck,
So that the sharp blade split the bones of the man,
And sank through the fair flesh, and severed it in two,
Since the sharp, shiny steel stuck in the ground.
The fair head fell to the floor of the hall,
Where frantic folk rolled it forth with their feet.
The blood spurted from the body, a bright red on the green,
But the freak neither faltered nor fell none the more.
Then steadily he started forth upon stiff shanks,
And rapidly he reached out where ranting men stood,
Took hold of his handsome head and held it up quickly,
And then hurries to his horse to handle the bridle,

Steps into the steel-stirrup and straddles on top,
Holding his head in his hand by the hair.
Now the severed body sat so staunchly in the saddle,
As if no misfortune had afflicted him, though headless now,
                but not dead.
            He twisted his torso around,
            That ugly body that bled;
            Many there in fear were found
            By the time his statements were said.

(Translated by William Vantuono)

第 14 讲　中古英语语法的变迁（一）

这一讲的话题是中古英语语法。大家都知道，变化是任何具有生命力的自然语言与生俱来的本质特征，无论这个语言处于自身历史上的哪一个阶段，情况都大致如此。既然英语不断地变化着，其变化的起因、过程与结果自然会或繁或简地被收录在由后人总结出来的英语语法条文之中。如果将中古英语时期的开端定位在诺曼征服这一历史事件之上，及至英国首家活版印刷作坊在伦敦威斯敏斯特出现，时间长河又向前流淌了至少 400 个年头。在如此漫长的历史时段中，中古英语语法与古英语时期相比，显露出一些细节上的不同当是意料之中的事，实在不足为奇。我现在另辟一讲来专门讨论这个话题，当然不完全是为了帮助大家厘清中古英语在这一时段中的共时状态，我更想通过对中古英语具体语法变化的叙述来再次说明，这些演变为我们提供了哪些与语言本质相关的重要启示。

奥古斯丁（Augustine of Hippo 354—430）在他的《忏悔录》（*Confessiones*）第 11 卷中曾经说过，有些概念若不细想，我们似乎了然于胸，一旦刨根问底，却又使我们一脸茫然。这的确是日常生活中常有的情形。比如，作为英语学习者，我们对“语法”（grammar）这个术语一定不觉陌生。从小学至中学再到大学，每个人都该有一本英语语法书时常伴随左右，即便你未必仔细思考过“语法”二字的确切含义，只要顺手拿起那本被你翻得边角卷曲甚至缺皮少页的语法读本，你一定会找到那个似乎并不复杂的定义，这个定义所描述的无非是几个语素（morpheme）如何组成单词（word），几个单词如何组成短语（phrase），几个短语如何组成句子（sentence），几个句子最终如何集为篇章（text）等内容。这是以小组大，如果反转过来，便是一个从大化小的过程。倘若我们从语言学家的角度看，虽说语法所涵盖的内容要多一些，但也超不过语言使用者自出生之日起，便已烂熟于心的母语音系（phonological）、词态（morphological）、句法（syntactic）、语义（semantic）等语言规律，这些概念前文做过介绍，在这里无须重复，还是那句话，它们并不十分复杂。当然，如果从语法学研究的立场考虑同一问题，情况或许有些不同，我们在讨论中古英语语法细节之前，有必要花些时间再扼要地梳理一下。

简单地说，对语言的最初整体描述远远早于古罗马甚至古希腊时期，而我们现在看到的英语语法体系也确实传承于印欧语系的古典语言特别是古希腊语和拉丁语语法学者们的研究成果。从公元前 4 世纪古印度语法学家帕尼尼（Pāṇini）载有多达 3,959 条古梵语语法规则的《八章书》（*Aṣṭādhyāyī*），到古罗马人特拉克斯（Dionysius Thrax 170 BCE—90 BCE）不足 30 页却词类条文极为丰富的古希腊语教程《语法学》（*Tékhnē grammatikḗ*），再到公元 7 世纪前后一位叫隆加拉德（Longarad）的人撰写的那册讲解古凯尔特日常用语的《学人初级读本》（*Auraicept na n-Éces*），不同时期的语法学者们正是因循前人的步步足迹，仿效着他们的观察方法，踏出了自己的语言解析新路。当年《马氏文通》的作者马建忠在其“序言”中坦承，他“积十余年之勤求探讨”，因循“泰西”已有之规矩，写成了自己的“古今以来特创之书”，也正是依据拉丁语的语法条文，重复早期英国语法学者的常规套路，为化解汉语学习者们“循其当然而不求其所以然之蔽”，开创了现代汉语语法学研究的先河。

从时间上排序，英格兰的牛津大学成立于法国巴黎大学之后，其建校年代大概在12世纪中叶，而英国著名的本笃会（Benedictine Order）修士埃尔弗里克（Ælfric）对英语语法构建的关注当始于11世纪之初，比牛津大学的建校时间早了约100年。关于这位历史名家的身世，我们知道的不多，即便他的生卒年月，学界至今也没拿出任何确切的说法。一般认为，他出生于公元955年，公元1010年前后去世，这是根据文献流露出来的蛛丝马迹所做出的粗略推断。依据史书的描述，他在英格兰南部温切斯特（Winchester）的一家修道院度过了童年，并于此后相当长的一段时间在这里接受教育，过着忙碌且充实的静修生活，这种情况一直延续到987年。这一年，他或许是回应呼召离开修道院来到多塞特（Dorset），开始了他毕生最为重要的一段经历。之后的20年里，他除了朝夕敬拜天主，还勤于笔耕，写下了不少传世佳作，有人说，他的学术造诣之深，可以与公元8世纪的大学问家比德相媲美。当然，从英语史研究的角度看，我们更关注他在英语语法构建过程中所做出的贡献。

埃尔弗里克在其一生的后20年中做了几件值得我们回味的事情。首先，为了把教宗格列高利一世等神哲学家的思想有效地传导给普通民众，他刻意用英语写下了大量的布道文（homilies），这在拉丁语盛行的中世纪英国是不多见的。用他自己的话说，只有依据他亲手用英语写成的布道文在教堂中宣讲教义，不懂拉丁语的信徒们才有可能真正聆听上帝的话语，而不被市井流传着的歪理邪说所蛊惑。出于这一考虑，他还受友人之托，用英语撰写了一部释读新旧约经文的专著，并且在前言中向邀请他撰写这部著作的朋友刻意声明，作品中的通俗英语是为非基督教教徒专门准备的，旨在以其熟悉的表达方式向他们详细宣讲上帝的精髓意旨。此外，为了帮助修道院的年轻修士们学好布道用的拉丁语，他仿效公元6世纪古罗马拉丁语语法学家普利西安（Priscian）的《语法基础》（*Institutiones Grammaticae*），用古英语撰写了一部拉丁语语法。埃尔弗里克的这部著作与当时的同类书籍相比有很大的不同，对此作者在其前言中解释道，尽管这是一部拉丁语语法，其写作目的却是为英语语法的编纂开道铺路，也就是说，这部拉丁语语法是为即将出现的英语语法而设计并撰写的，对两种语言的学习均有帮助。

接下来的几百年中，欧洲各地本民族语言（vernaculars）的语法作品大量涌现出来。无论是通俗易懂的语言学习工具书，还是艰涩难读的语法学研究专著，虽说作者的背景各不相同，其语法探讨路径却显示着各个历史阶段紧密的相承关系。就拿17世纪法国颇尔罗雅尔（Port Royal）的语法学家们来说吧，这批学者一改集中于文学语言的古老语文研究模式，将注意力转向了语言在日常生活中的实际应用。这些语法学家在研究素材上所做的转向是有根据的，因为他们认为任何流行语言的语法规则都标示着人类在生活中共享的思维方式，因此不同语言之间必有某种共同的语法架构，总结起来即所谓"普遍语法"（universal grammar）。其中的唯理主义倾向使人联想到欧洲中世纪一味强调仿效拉丁语语法（Latinate grammar）的经院语法学派（Modistae），因为两者对语言本质的信仰如出一辙，这或许也是20世纪语言学家乔姆斯基（Noam Chomsky）称这些人为最早的转换生成语法研究者（transformational granmmarians）的原因所在。

自18世纪以降，在欧洲，特别是在西欧各国，越来越多的语法学研究者将其关注点转移到了语言的"无序变化"（chaotic change）之上。以英国为例，仅在1750年至1800年这短短的半个世纪之间，市面上就相继出现了200多部语法类书籍，其中包括劳斯主教（Robert Lowth 1710—1787）发表于1762年的《英语语法概要》(*A Short Introduction to English Grammar*)和默里(Lindley Murray 1745—1826)稍后完成的《英语语法》(*English Grammar*)。值得我们注意的是，这些学者都在以自己的方式明确表达着确立(ascertainment)语言标准的意图，目的是让已逐步丧失原有“品质”(quality)的本族语言不再因外部不良影响或因内部肆意滥用而持续“恶化”(corrupt)下去。在这股风潮的推动下，以文学语言规范为标志的“规定语法”(prescriptive grammar)一度成为英语语法界的强劲主流。当然，在当时具有代表性的诸多语法著作中，除了作者对语音、拼写等领域的传统关照之外，语词形态(morphology)和句子结构(syntax)始终是其语法论述的核心内容，也是这一时期语法作品中尤其值得关注的特殊部分。

总之，中古英语语法是呈现这一语法学发展链条中的重要环节，当然也是英国语法传统的组成部分。那么，与古代英语相比，中古英语在哪些方面发生了显著的语法变化呢？这是一个大话题，需要一步一步地看。首先，每当谈及中古英语，人们通常会将其特征表述为诺曼征服这一历史事件所引发的语言变化。不过，诺曼人入主英国之后，在相当长的一段时间里，英国人所说的英语当十分接近古英语末期的状态。如果有变化，发生最快表现最突出的也当局限在词汇拼写方面。究其原因倒也简单：征服之前，英语的发音或许已显现了诸多演变，但是，作为标准书面语的威塞克斯方言，自英王阿尔弗雷德去世开始已历经了一个半世纪之久的锤炼，其拼写早就被约定俗成的惯例所垄断，即使发音有变，各代手书抄写者依然根据习惯以原有方法拼写着每个词语，因此，在留存下来的这部分文献中很难明显看出语言的变化。另一方面，诺曼征服使得书写诺曼法语的文化人直接介入了英语书籍抄写行当，这些书写人虽受过良好教育，但会不自觉地使用其惯用的法语拼写方法来书写英语词汇，于是，由具有诺曼背景的手抄者誊写出的手写书势必呈现与英国书面语传统不同的拼写形式。这样一来，一些文献便充斥了大量与传统拼法不同的词语，也正是这种不同使语法撰写者得到了英语因接触法语而发生了“变化”的印象。此类例子很多，比如，古英语的辅音丛（cluster）cw- 在中古英语中被法语的辅音丛 qu- 所取代，而古英语的擦音 c- /tʃ/ 则在中古英语中变成了法语的 ch-，于是，古英语的 cwēn 在中古英语中被拼成了 quene，而古英语的 cirice（church）则在中古英语中变成 chirche 这副模样了。

诺曼法语的拼写方法被用来拼写中古英语词汇，严格地说是因书写者无意间犯下的错误所至，而不是由于中古英语字词在这一时期的发音起了什么变化。另外一种导致中古英语拼写发生变化的原因也与法语的侵入有关。前面提到过，古英语时期的英国人用一种独特的拉丁字母形式书写他们的文字，古文字学（palaeography）称之为“不列颠岛书体”（insular script）。诺曼人入岛之后，人们逐渐接纳了欧陆同行的书写风格，即所谓“卡洛林小草书体”（Carolingian minuscules），这一改变使得原来古英语中包含 m、n、v(u)、w 等字母连写的词汇难以辨读，因为欧陆手写书中组成这些字母的笔画看上去没有区别，放到一起时实在不易找到各个字母之间的笔画分界，比如古英语中的 sunu（son）、cuman（come），lufu（love）等词。为了避免书写以及阅读上的混乱，中古英语书写者便将字词之中置于最前面的 u 更换成了 o，但保持其原字母 u 的发音，于是，以上这三个古英语词汇便在中古英语中转化成了 sone、comen 和 love。前面提到过，古英语中的 hūs 一词就是书写者先将字母 u 重复书写，以表示它是个长元音（huus），而后将前一个 u 改写成 o，最终使其变成了今天的 house。可见，诺曼法语在很大程度上改变了中古英语的拼写习惯，此言不虚。

以上所说的拼写变化与中古英语词汇的发音状态没有关联。当然，以上列举这些例子并不想证明古英语和中古英语之间在发音上没有区别。确切地说，中古英语脱胎于古英语，在这一过程中，语音是经历了很多变化的。下面来看几个典型例子。在古英语转变成中古英语的过程中，先前的元音字母 æ 逐步转化成了 a，其发音也随之产生了变化。大约在此同时，古英语中的双元音（diphthong）在中古英语中统统变成了单元音，即所谓“单元音化”（monophthongization），比如，古英语中的 fæder（father）变成了中古英语的 fader，古英语 heorte（heart）和 strēam（stream）中的双元音 eo 和 ēa 经单元音化，演变成了中古英语的 herte 和 strem。另外一个显著的变化与古英语元音字母后面的辅音字母 g 有关，古英语单词 mægden（maiden）中的 g 在前元音旁边发 /j/ 音，即我前面曾经提到过的“腭化”（palatalization），因为与前面的元音 æ 相“溶合”（fusion），形成了中古英语中的一个新的双元音 /ei/，最终使这个词演变成了中古英语的 meiden。与这个词的语音变化相类似的例子很多，这也是中古英语逐渐形成自己新的双元音体系的过程。

其实，很多语音变化在古英语时期就已经开始了，只是到了中古英语阶段，这些变化才充分地显现出来。比如，古英语中的一些短元音在两个辅音组成的辅音丛（consonant cluster）之前“长音化”（lengthening），-ld、-mb、-nd 前面的短元音通常要经历这一过程。古英语北部方言中的 ald，经过长音化后，逐渐变成了 old，其读音是 /ɔːld/。与此相仿，古英语中 cild 的短元音 /i/ 经过长音化，变成了长元音 /iː/，后经长元音大音变，其发音变成了今天的 child /tʃaɪld/。经过同一个过程，古英语词汇中的 camb /kamb/（comb）和 grund /grund/（ground）在中古英语中当读作 /kaːm/ 和 /gruːnd/。当然，我前面说长音化的前提是后面紧跟着两个辅音组成的辅音丛，这点很重要，因为后面如果跟着的是三个辅音，长音化这件事便不会发生，比如 cild 这个古英语单词，其复数形式的拼法是 children，请注意，其根元音字母 i 后面紧跟着的辅音丛包含三个辅音字母，即 -ldr-，如此一来，语音环境不符合长音化的要求，因此还要将根元音读作短音，这也是当今英语 children 与其单数形式 child 发音不同的由来。

发生在中古英语阶段的短元音字母长音化还有一种情况，即双音节单词中的根开音节字母。比如古英语动词 bacan（bake），这个词本来是两个音节，即 ba- 和 -can，在早期中古英语阶段，这个词依然保有两个音节，即 ba- 和 -ke，读作 /'bɑːkə/。由于第一个音节的元音后面没有辅音，语音学称其为“开音节”（open syllable），在此种情况下，开音节的元音长音化，也正因如此，第二个音节的元音 -e 随之消失，变成了单音节词，读作 /bɑːk/，为了标示其元音是长元音，后面的字母 -e 通常保留下来，它只是个符号，并不被读出，这也是 home、stone 一类单词带一个不发音 -e 的原因所在。请注意：此类单词两个元音字母之间只有一个辅音字母，这是典型特征，倘若中间有两个辅音字母，前面的元音字母就是短音，比如 backer 和 copper，它们和 baker 和 coper 的发音就完全不一样了。这一发音规律便起源于中古英语，是中古英语语法的一部分。

语音与拼写自然是中古英语语法的组成部分，但是，其中的另外两部分内容更是英语在这一时期的显著特征，这两部分就是前边提到过的语词形态和句子结构。下一讲将着重叙述这两个方面的细节。

文化经纬

中古英语歌谣中的“典雅爱情”

公元 1883 年，法国文学家帕里斯（Gaston Paris 1839—1903）发

表了他的著名论文《圆桌骑士传奇研究》(Études sur les romans de la Table Ronde),对12世纪法国诗人克雷蒂安的传奇作品作了充分的解读与评述,这篇文章客观上为1936年牛津大学刘易斯(C. S. Lewis 1898—1963)《爱的隐喻》(*The Allegory of Love*)作了有趣的铺垫。两部作品相隔半个多世纪,但都出色地探讨了起源法国,风靡西欧世界的中世纪文学主题,即大家熟知的"典雅爱情"(amour courtois),在英语中称其为courtly love。借用刘易斯的定义,这种富有神秘色彩若实若虚的"高贵情感"具备四大特征,即"恭顺"(Humility)、"殷勤"(Courtesy)、"私欲"(Adultery)、"笃情"(Religion of Love),据说,刘易斯所归纳的这四大特征充实了12世纪法国御用文人安德烈亚(Andreas Capellanus)在其《爱的艺术》(*De amore*)一书中划定出来的"典雅爱情"有趣边界。

与其说"典雅爱情"是对高尚情感的表述,倒不如说是当时贵族圈内的时尚游戏。根据帕里斯的描述,此类爱情具有很多严苛的条条框框,比如,婚姻不能称为爱的障碍,没有嫉妒之心的男人缺乏爱的能力,任何人不能受双重爱的制约,公开的爱难以持续等,其戏谑味道与古罗马诗人奥维德(Ovid 43 BCE—17 CE)为追求爱情的男女所立下的三部经书(*Ars amatoria*)中如出一辙。

"典雅爱情"这个文学主题随着诺曼人进入英格兰,自诺曼行吟诗人(troubadour)的抒情诗歌逐渐转入英国的世俗吟唱作品,及至13世纪末叶,以此为主题的作品亦成为英语流行诗歌中的主要形式之一。现藏于大英图书馆的"哈利手稿"(Harley MS 2253)中就收录了不少此类作品。我为大家节录了其中一首著名抒情诗的几个诗节,以供各位欣赏:

My deth I love, my lif **ich** hate, I

For a **levedy shene**;	lady; beautiful
Heo is bright **so** days light,	she; as
That is on me well sene:	
All I **falewe** so doth the **lef**	wither; leaf
In somer when it is grene.	
Yef my thought helpeth me **noght**,	if; not
To wham shall I me **mene**?	complain
Sorewe and **sike** and **drery** mod	sick; melancholy
Bindeth me so faste,	
That I **wene** to walke **wod**,	expect; mad
Yef it me **lengore** laste.	longer
My sorewe, my care, all with a word,	
Heo mighte awey caste.	
Whet helpeth thee, my swete **lemman**,	lover
My lif thus for to **gaste**?	ruin
"**Do wey**! Thou clerk, thou art a fol,	get away
With thee **bidde** I noght **chide**.	wish; wrangle
Shalt thou never live that day	
My love that thou shalt **bide**!	obtain
Yef thou in my **bowre** art **take**,	room; caught
Shame thee may **betide**.	befall
Thee is bettere on fote gon	

Then wicked horse to ride."

Weylawey! Why **seist** thou so?	alas; say
Thou **rewe** on me, thy man:	have pity
Thou art ever in my thought	
In londe **wher** ich am.	wherever
Yef I deye for thy love	
It is thee **mikel** sham!	great
Thou **lete** me live and be thy **lef**,	let; love
And thou my swete lemman. ...	

语言天地

奥姆的拼写改革尝试

大约在公元 1200 年前后，英格兰中东部的林肯郡有位叫奥姆（Orm）的奥斯定会信徒尝试了一种英语字词拼写的方法。事情的起因是当时英格兰教会中的神父大部分是操法语的人士，很多会众难以听懂他们的布道，培养能用英语证道的神职人员便成了教会的重要任务。为此，奥姆付出了大量时间用英语写出了很多布道词，仅流传下来的韵文布道词便有 20,000 余行，结集后这些布道词被后人称为《奥姆书》（*Ormulum*）。

关于奥姆的出身，文献没有留下太多信息，我们只知道他将写就的布道词递送给了他的同袍兄弟沃尔特（Walter），并请求他将此事传播出去，发扬光大。依据人名学研究，我们得知奥姆的名字源于日耳曼古诺斯语，传至古英语后的词义是"巨蛇"（wyrm），而他的亲兄弟却有一个诺曼人的名字，因此有学者称，其家世或许与侵占英格兰的诺曼人有关，至少奥姆长期被诺曼文化熏陶着。

当然，这些不是我们关注的话题。就文学价值而言，《奥姆书》沉闷单调少有文采的行文不可能给后世留下什么良好印象，其传导的圣经福音也很难独树一帜，超越当时传道者们的固有风范。对英语史研究者来说，这部文献的全部价值在于其作者为布道者的英语诵读（megaphone）所提供的一系列发音规范。

为使布道者的英语便于听道者充分理解，奥姆的确动了脑筋。更确切地说，他用特殊的拼写方式直接向布道者提示英语字词的正确发音，最为难能可贵的是，他有史以来第一次试图讲解清楚英语元音字母在各个字词中的音长（duration）问题。有学者说，奥姆利用各种方法讲解了英语音素的种差（differentia），比如他首次用字母形式区分字母 g 所代表的不同声音，也试图在元音字母上方使用长音符（macron）和短音符（breve）来分辨其长短。但是，由于这些努力均在不成熟不稳定的状态之中，它们并未给英语阅读者提供多少系统的帮助，因此他的说辞也就很快地被人们忘掉了。

《奥姆书》在中古英语语音学领域的价值在于奥姆首创的英语短元音字母的标注方式，其方法可以简单地概括如下：在闭音节状态下，短元音后面的辅音字母统统双写，以此方法提示阅读者双写辅音前面的元音字母不是长元音，比如，broþerr 这个字有两个音节，bro- 和 -þerr，前者的元音字母后面没有辅音，是个开音节，不在处理范围之内，后者的元音字母紧跟着辅音字母 r，是个闭音节，为了表示音节中元音字母要发短音，因此双写辅音字母 r。再看一例：min 这个词的元音字母后面紧跟一个辅音字母，是闭音节，辅音字母不双写，表示其中的元音是个长元音。这一做法是奥姆的独特贡献。

《奥姆书》仅存留下一个孤本，据说是奥姆本人的手书。请记住上文介绍的奥姆读音规则，试读下面文字。

Nu, broþerr Wallterr, broþerr min
& broþerr min i Crisstenndom
& broþerr min i Godess hus,
Þurrh þatt witt hafenn taken ba
Unnderr kanunnkess had & lif,
Icc hafe don swa sum þu bad,
Icc hafe wend inntill Ennglissh
Affterr þatt little witt þatt me
Þu þohhtesst tatt it mihhte wel
ȝiff Ennglissh follc, for lufe off Crist,
& follȝhenn itt, & fillenn itt
& forrþi ȝerrndesst tu þatt icc
& icc itt hafe forþedd te,
& unnc birrþ baþe þannkenn Crist
Icc hafe sammnedd o þiss boc
Þatt sinndenn o þe messeboc
& aȝȝ affterr þe goddspell stannt
Þatt mann birrþ spellenn to þe follc ...

第 15 讲　中古英语语法的变迁（二）

第一讲开始的时候我曾提到，从本源上说，英语曾经是一个典型的综合型语言（synthetic language），其“综合”特质也一度在字词形态等方面表现得淋漓尽致，古英语阶段初期的文献便充分诠释了这一基本判断。此类语言中的词汇语法功能主要通过词形变化来表达，虽说这个语言从古英语阶段开始便已在很大程度上流露出游离的迹象，其传承自印欧语系的词形变化在那个时期依然保留着综合型语言的主要特征。但是，及至中古英语时期，随着词语形态变化的锐减，以及由此而引发的句子结构变化，这个语言越发不像人们熟知的屈折语了。

先来观察中古英语的单词在形态上发生了哪些变化。大家知道，自从公元 9 世纪英王阿尔弗雷德与北欧的入侵者在英格兰划地而治，英国社会便正式开始了古英语和古诺斯语同时存在的双语状态（bilingualism），这使居住在英格兰的人们不得不面对日常生活中在两种语言之间不断转换的窘境。称当时的语言环境为“窘境”是有一定道理的。古英语和古诺斯语同属古老的日耳曼语族，由于两者同根同源，在词汇结构上它们必然带有同样或相似的特征。比如，古英语和古诺斯语的名词均有性、数、格之分，其后的词尾也都根据性、数、格发生系统的变化，以显示名词在某一句子中的语法属性。从两个语言中选用两个名词给大家做一个比较。下面左侧显示的是古英语阳性名词 stān（stone）的词尾变化，右侧则是古诺斯语 harmr（sorrow）的词尾变化，与 stān 一样，harmr 也是一个阳性名词：

古英语阳性名词 stān			古诺斯语阳性名词 harmr	
	单数	复数	单数	复数
主格	stān	stānas	harmr	harmar
宾格	stān	stānas	harm	harma
属格	stānes	stāna	harms	harma
与格	stāne	stānum	harmi	hormum

先看两个名词的单数词尾。两个名词单数词尾的四个格中只有主格看上去完全不一样，前者没有词尾，后者的词尾是个辅音字母 -r；两者的与格词尾都是元音字母，前者为 -e，后者则是 -i，从发音上看相差无几；两个词的属格词尾有些不同，但都带有辅音字母 -s，发音当然接近；宾格词尾显示，两个词完全一样，同为零。再来比较一下两个名词的复数词尾。最不一样的依然是主格，前者元音字母 a 的后面缀了一个 -s，后者则是 -r；前者的宾格词尾与其主格一样，是 -as，而后者没有 -s；至于属格和与格词尾，两者完全一样。通过比较，可以得到的突出印象是，两个名词虽属不同语言，但是，由于它们同出自古日耳曼语，其名词词尾惊人相似。

名词是这样，其它词类的情况也大致如此。我们可以由此得出一个简单的结论：古英语时期在英格兰居住的人们，不得不在两个语言之间不断地转换（code switching）。由于两个语言拥有不同的词尾系统，同时两者又极其相似，人们在选择的过程中一不留神便会出错，因此而形成的语法混乱不难想象。可以说，这一两种语言并存的状态使得原本应由词尾变化解决的问题变得复杂起来，人们只有寻找其它辅助方法来解决语言沟通的问题，也正是其它语法手段的逐步侵入使词尾变化显得越发可有可无了。这当是古英语的词尾变化系统在中古英语时期呈现持续衰败（decay）的势头，其中的很多词尾形式最终被人们遗忘的主要原因。

当然，导致中古英语词尾变化数量锐减的原因远不止这些。我再给大家举个例子。乔叟研究者们在朗读其诗行的时候，曾一度为词尾 -e 是否应该读出而争论不休，原因出在人们对中古英语后期弱读词尾的消失时间难以达成一致意见。这当然是个很有趣的话题，我们在这里就不仔细追根寻源了。不过，无论怎么说，中古英语非重读音节逐渐弱化（weakening）是个不争的事实，也正是这一现象使原本发挥着重大语法区分作用的古英语单词词尾陷入了灭顶之灾。就拿古英语词尾 -a、-u、-e 来说，经历弱化之后，三个不同词尾都发被称为“央元音”（schwa）的 /ə/ 音，最终统统书写为 -e，比如前面用作例子的那个古英语词 stān，在中古英语后期作家的笔下，其各种形式大多变成了单一的 stone，只有单复数之间依然保有两种可相互分开的词尾。与此类似的例子还有 -an、-on、-un 等，弱化过程使它们均归于 -en，其读音则简化成 /ən/ 了。动词词尾 -aþ 和 -eþ 的命运也是如此，-eþ 当然是二者的同一归宿。由于它们的语法区分功能业已消失，读出与不读出不会造成什么本质差别，其重要性即刻告终，可见，各种词尾最终被放弃纯属必然。一般说来，中古英语词尾的消失是个渐进的过程。虽说趋于保守的北方方言在公元 1400 年前后仍保留着一些源自古英语的具有语法意义的词尾，但就数量而言，无论是从读音上还是从拼写上，也早已今非昔比，所剩无几了。

古英语中的定冠词和形容词在这一语法变化过程中，成了不可小觑的“助力”词类。中古英语后期的这两类词汇不再随着所修饰词的数和格发生相应的词形变化，尤其在修饰不同格的名词之时，其词形的趋同性质致使被修饰的名词受到了重大影响，这是名词各格词尾逐渐失去变化活力的原因之一。另外，在中古英语阶段的后期，名词用法上的“语法性别”（grammatical gender）一步步地退出了语言，其原有功能逐渐被“自然性别”（natural gender）取而代之。比如，古英语中的单数阳性名词 wīfmann（woman），单数中性名词 hlæfdige（lady），单数阴性名词 cwēn（queen）不再由不同性别的定冠词所修饰，文本中不再出现 se wīfmann、þæt hlæfdige、seo cwēn，中性定冠词 þæt 一举成为这些名词短语中的唯一限定词形式。这种经简化的搭配当然给使用者提供了方便，但在客观上大大地削弱了相关名词古老的语法性别特质，从而使名词词组的结构发生了根本的变化。在这一过程中，单数人称代词也受到了影响，最终使阳性单数主格人称代词 he，阴性单数主格人称代词 she，以及指中性事物的中性单数主格代词 it 正式进入了英语语言。

显然，古英语词尾在中古英语时期的大量消失使英语词汇丢掉了自身具备的语法功能，弥补这一功能空位的其它语法手段因此成为中古英语乃至后来的现代英语继续保持其语言交际活力的客观需要。于是，词序的相对固定和介词短语的大量涌现成了中古英语的两大突出标志，同时也成为中古英语越来越偏离原本形态，越来越接近分析型语言（analytical language）的显著句法特征。

首先来观察中古英语句法中的词序变化。语言学中所说的“形态学”（morphology）指词汇的结构，即词汇在不同语境所显现的形态变化，是语法中的词法，而句法（syntax）则是语法中的另一个领域，其主要研究内容是句子结构。提起句法，美国语言学家格林伯格（Joseph H. Greenberg 1915—2001）的研究则是无法绕过的话题。他于 1963 年发表了一篇论文，首度以主语（Subject）、动词（Verb）、宾语

（Object）这三个句子成分的习惯排列顺序（word order）为依据，将世间语言分成了 SOV、SVO、VSO 等六种类型，继而又将这一分类简化，推出了他所创立的以 VO 和 OV 两种语言为基础的语言分类法（genetic language classification）。根据他的说法，世界上虽然语言众多，每个语言都大致归属其中一种类型，这是人类语言所共有的普遍语法特征（universal grammar principles）所决定的。而判定其归属的主要因素便是一系列词序特征。拿 VO 类语言来说，其重要词序特征当包括：1. 动词在宾语之前；2. 助动词在主要动词之前；3. 形容词在被修饰的名词之后；4. 属格修饰语在被修饰的名词之后；5. 定语从句在被修饰的名词之后；6. 使用介词；7. 名词没有格标志；8. 表示比较的形容词在名词之前。如果我们用以上词序特征来辨认英语的类别，除了第 3 项和第 4 项不符合英语的实际情况之外，其它各个特征都与英语相同。结论是：英语的特征大致与此一语言类型相吻合，因此英语属于 VO 类语言。

为了证实这一判断，帕马斯蒂（R. A. Palmastier）于 1969 年曾做过一项研究。他对完成于 12 世纪末的一部英国布道文集《奥姆书》中的句子结构做了细腻的分析，其研究结果表明，在 1,697 个主谓宾成分齐全的语句中有 62% 的句子呈 SVO 词序，SV 结构占 84%，VO 结构占 75%，远远高于 VS 和 OV 等语序。也就是说，在中古英语中期，人们已倾向使用我们今天所熟悉的英语词序来组织句子了。可见，在此前很长的一段时间里，曾经多变的英语词尾已不多见。由于词汇本身无法表达它在语句中的语法意义，一个名词要想准确无误地说明其主语或宾语功能，只有借助由词序表达的固定位置，否则词汇的语义便难以实现。出于这一原因，古英语多变的合成型语言语序向相对固定的分析型语言语序转化，逐渐形成了中古英语 VO 型语序。从中古英语约 500 年的历史进程看，这一转变虽说缓慢，但它自始至终都呈现着一种坚定的持续性。及至英国宗教改革者威克里夫（John Wycliffe 1330？—1384）用英语翻译圣经之时，他所书写的绝大部分句子早已固定在了 SVO 语序之上。

从随意多变的词序转向越来越固定的词序，是古英语向中古英语转变的重要标志，引发这一转变的诱因主要是古英语词尾减少而导致的单词自身语法功能的退化甚至部分丧失。当然，根据一些结构语言学者的说法，英语词序在这一时期的固化还有其它原因，比如介词（preposition）的显著增多。由于这种没有词形变化的所谓“小品词”（particle）出现在受其支配的名词之前，语法学家也时常称其为“前置词”，与一些语言中置于名词之后的“后置词”（postposition）相对而言，比如日语。从词源学角度看，中古英语中出自本语言的介词为数有限，据统计，古英语中的介词大概有 30 几个，与时常被称为“介词语言”（prepositional language）的当今英语相比，这个数量确实不多，究其原因，当然是词尾变化仍很丰富的古英语对此类词汇的语法需求并不明显，其中一些土生土长的介词，比如 mid（along with）和 umbe（around）等，在中古英语初期还因无显著价值而自动退出了语言。待英语逐步呈现出类型变异，亟待使用大量介词以解救使用者的沟通困难之际，中古英语不得不从其它语言借入介词，比如来自法语的 during（durer），古诺斯语的 till（til）和拉丁语的 except（excepter）也是在这一时期进入英语的。当然，任何一个有活力的语言均富有与生俱来的造词能力，中古英语中也因此出现了一批由原有介词通过再度组合，或由其它词类转化而成的全新介词。比如，above 是由古英语的 a-（on）和 bufan（over）组合而成，unto 则是古英语的 un-（up to）和古诺斯语的 to 相互拼合的结果。以上例子是重新组合的介词，属于前一类。

通过词类转化而形成的介词也为数不少，像中古英语中常用的 along 原本是古英语中的形容词 andlang，词义为 entire，比如 andlangne dæg（whole day），中古英语中的 behind 曾是古英语中的副词 behindan，比如 Đū ðone hēhstan heofon behindan lætst（You shall leave the highest heaven behind）一句，看其位置它显然是个副词。在这里应该格外注意，由副词转化而来的介词已基本丢失了它们原有的词义（lexical meaning），而变成了主要在句子中行使语法功能的介词，语言学称这一过程为“语法化”（grammaticalization）。再举一个古英语的例子：Hē cwǣþ þǣm manum tō（He spoke to the men）。请仔细看这个古英语句子中的后三个词。前两个是名词短语，两个词均为阳性复数与格，从最后一个词的位置看，tō 是个副词，表示说话的方向。其实，这个词放到 þǣm manum 之前也可以，将 tō 前置，后面带与格名词做其宾语，依然符合古英语的语法规则。不过，如果将其放置名词词组的前面，它就变成了介词，我们所读到的便是一个地道的介词短语了。可见，在古英语时期一些副词已有向介词转化的迹象。

值得关注的是，与格名词本身在古英语中就有做间接宾语的功能，这个例句中后面的副词 tō 只起了加强语气的作用。有关 tō þǣm manum 这样的搭配，可以再多聊几句。虽说 tō 的两种用法在古英语中并存，介词并没有以词尾变化为标志的屈折语言的特征，它是后来发展出来的词类。不过，从这个例句中至少可以归纳出以下两点：其一，介词在这个句子中的地位不高，可有可无，没有介词，仅通过词尾变化，其意思也能表达清楚。其二，如果用介词带出一个名词组成介词短语，这个名词的词尾便失去了原有的语法意义，从语义的角度说，词尾变成了冗余的累赘之物。由于介词短语的大量涌现，乃至在语言中形成相对固定的表达方法，名词词尾的作用势必被进一步削弱，久而久之，弃而不用便成了词尾的最终命运。这也是中古英语中的很多单词词尾消失的另一个原因。其实，我们至今依然能在英语中看到此类词汇的副词用法，比如，在 Our professor likes to pace to and fro when he teaches 这个英语句子中，短语 to and fro 就是由两个古老的英语副词组成的，应该称其为历史遗存，人们也因此常常戏称这种为数不多的短语为“古化石用法”（fossil expressions），其中并无多少贬义。

中古英语中的介词越来越多，用法也越来越精细，这是事实。而上面所描述的“介词 + 与格名词”的介词短语结构却并不十分准确，因为中世纪英语中的一些介词后面时常带着宾格名词，比如，Hēo hine in þæt mynster onfeng（She received him into the monastery）一句中，介词 in 之后的 þæt mynster 则是宾格。可见自古英语开始，英语介词短语中的名词既可是与格又可是宾格，这种情况在古英语语法中曾是常态，两者区别在于：当介词短语表达的是动态，名词便用宾格，词法中称其为“动态宾格”（accusative of motion），而当介词短语表达的是一种静态，介词带出来的便是与格名词（dative of rest），比如 on þǣm hūse（in that house）。这本是约定俗成的语法条文，但到了公元 11 世纪前后，这个规定似乎丧失了其语法约束力，及至中古英语阶段，当介词短语逐步成为语言中遣词造句的重要手段，介词短语中的名词格位便渐渐失去了其原本意义，这也应该是“语法化”的必然结果。

说到语法化，中古英语语法中的另外一个现象也与此有关，即这一时期相继冒出来的一系列“助动词”（auxiliary verbs）以及它们所肩负的越来越显著的语法功能。我前面曾经提到过，英语的时态（tense）只有两个，即过去时和现在时，二者均通过词形变化来表达动作的发生时间，至于与动词相关的其它概念，比如“进行”（continuous）、“完成”（perfect）等动作状态，在语法学中均被称为动词的“体”（aspect），这些概念大多与动作所发生的时间无关，其表达也依赖于外词的语义帮衬得以完成。随着中古英语时期动词形态的语法功能日益削弱，动词体的表达力却逐渐丰富并细腻起来，这一现象当归功于由古英语动词转化而来的那些助动词。不过，在上述英语动词时态与体的二元分类之中，今天的“将来时”概念与中古英语动词的时态界定多少有些不相契合，因为英语动词的将来概念虽然涉及动作的发生时间，却又不像现在时或过去时两个概念那样，通过动词形态的变化来加以表达。总之，中古英语的动词将来时态自开始便显示了与众不同，因为这个时态涉及了两个非常重要的助动词，即我们所熟悉的 shall 和 will。

应该说，这两个词始于古英语，成于中古英语。在古英语阶段，两个词均为标准的动词，因为两者都保留着完整的词尾变位，同时也保留着各自的独立语义。先说第一个。这个词在中古英语时期的拼法已与现代英语相差无几，但是它依然保持着古英语 sculan 这个“过去现在式”动词的基本特征。即便在乔叟时期，其古英语动词特征也十分明显。比如，I shal myself to herbes techen yow, / That shul been for youre heele and for youre prow（I shall myself direct you to herbs, / That will be for your health and for your benefit），这个词在两个诗行中依然根据其单复数进行着正常变位，前者 shal 是单数，源自古英语 sceal，后者 shul 是复数，其古英语形式为 sculon，两种不同词形的源头是十分清楚的。至于它们后面带出的动词不定式，techen（tæcan）和 been（bēon），即便没有今天的小品词 to，即便它们的拼写与当今英语不一样，我们同样可以准确无误地辨识出来，因为在这方面中古英语和现代英语大致一样。

中古英语中的 shall 当然还保留着古英语 sculan“必须”“不得不”等动词词义，至于这个词什么时候通过“语法化”过程，开始表达助动词所具有的“将来时”意味，我们不得而知。不过，像另外一个动词 willan 一样，早在中古英语初期，它已顺畅地彰显着助动词的语义魅力了。为了证明这一判断，有人列举了古英语中的一个例子。据说，11 世纪初，盎格鲁–撒克逊学者艾尔弗里克在讲述语法之时，便给出了这样一个句子：Sē ðe wyle oððe sceal cyssan。其中的两个助动词 wyle 和 sceal 当然不可能表达同一个意思，确切的翻译当是 He will and has to kiss you，前者是原汁原味的助动词，而后者则带有我们熟悉的情态助动词（modal verb）特征。这一判断是准确的，因为类似的例子在古英语末期已很普遍，比如，古英语圣经马太福音中便有 And þā þē þǣr ǣrest comon wendon þæt hīe sceoldon māre onfōn，其中的 sceoldon 当有情态助动词的"必须"之意，因此，正确的译文应是 And those who had come there first thought that they ought to receive more。随着时间的推移，助动词的这种情态动词特征在中古英语中表现得越发明显。

在结束讨论中古英语语法之前，还应该关注助动词 have 和 be 在这一阶段英语中的用场。先说借助助动词而组成的动词完成体（perfect aspect）。早在古英语晚期，动词的完成概念就已通过在动词的过去分词之前加上助动词 habban（have）或者 bēon（be）的方法来表达了。后人在分辨两者之间的细微差别之时，其解释总不免有些含混，因为无论如何下定义，其中总会有例外现象。不过，根据一般的说法，have+done 与 be+done 的主要区别在于两种结构的不同侧重。我们如果用同一个表示动作的动词（mutative verb），如都出自乔叟《坎特伯雷故事集》的 ...on that ilke nyght / That we ben entred into shippes bord（I. 3584–5）和 ye han entred into myn hous by violence（VII. 1812），动词均是 enter 的现在完成体，前者的助动词是 be，后者则是 have。历史语言学者一般认为，前者强调的是动作所涉及的地点和时间，而后者的着眼点则放在了动作的本身，在句子中我们也看到前者有短语 on that ilke nyght，后者则着重强调了动作发生的方式，有短语 by violence 为证。尽管后来前者逐渐取代了后者，一些学者至今还坚持以这种方式解释当时两种结构的区别。

也正是在中古英语时期，另外两种动词结构也迅速发展起来，这两种结构分别是动词的进行体（continuous aspect）和动词的被动语态（passive voice）。大家注意，动词的进行体和原本用形态变化表达的动词被动语态形成于中古英语阶段，直到中古英语晚期才趋于成熟。另一方面，这两种结构自一开始便以助动词 be 为其主要组合成分，前者是助动词 be 加由名词转化而来的动词现在分词（present participle），后者则是助动词 be 与动词的过去分词（past participle）组合而成。比如，在一直延续到中古英语阶段的《盎格鲁-撒克逊编年史》中，我们可以找到诸如 Hīe þā ymb þā gatu feohtende wǣron（They then were fighting around the gates）这样的句子，其中最后的两个词便是动词的过去进行体。

关于动词的被动语态，目前的文献表明，古英语中能够找到的带有明显被动意味的动词只有一个，即 hātte（is called, was called）。从形式上看，在古日耳曼语中，如果史前期曾有被动语态现象，相关动词也一定是以词形变化来表达的，现在的动词被动语态概念在早期古英语中并不存在。一般印象是，英语这个语言始终对动词的被动用法不感兴趣，直到今天，文化界还时常对惯于使用被动语态的文体表达着不满。至于何时人们开始使用被动语态形式的动词，众说不一，中古英语时期当已出现，并在晚些时候至少在笔语中逐渐普及开来。无论如何，其中一点是肯定的，自现代意义的英语动词被动语态出现之日起，其结构便是助动词 be 加过去分词，比如上面提到的 be called 这个短语。

显然，在中古英语时期形成并发展起来的动词进行体和动词被动语态，均给助动词 be 增添了负担。如果我们回过头来看中古英语时期助动词 be 的状况，与同时发展起来的助动词 have 相比，确实有些

“超负荷”的感觉。当然，使助动词 be 处于这种窘迫状态还有其它一些原因，比如，be+past participle 的结构会导致语义上的混乱，因为就及物动词而言，这一结构既可是被动语态，也可是动词完成体。再者，中古英语现在分词的词尾既可是 -ing，又可是 -en，而后者又是古英语强动词过去分词的词尾形式，这个词尾即便在中古英语中也不少见，因此，这也是一个潜在的引起语义歧义的因素。出于以上种种原因，助动词 be 逐渐将其构建动词完成体的任务转交给了助动词 have，致使两个助动词在中古英语阶段最终形成了较为合理的语法分工。

文化经纬

威克里夫与英语圣经

发生于 1377 年的一场天主教教义争端把牛津神学家威克里夫（John Wycliffe 1330—1384）径直推到了罗马教廷与英国王室之间激烈纷争的风口浪尖。表面上看，这一由来已久的不和源自罗马教廷对世俗王权的过度干涉，以及教会上下神职人员的无节制庸腐，其实威克里夫挂在嘴边的圣经权威高于教会，信徒只顺服耶稣的神学理念，才是使教宗及其追随者如临大敌的原因所在。威克里夫的王室代表身份以及他的简化教会礼仪，停止教廷税收，建立英国国教等想法，更是在教宗格里高利十一世（Gregory XI 1329—1378）的内心深处留下了离经叛道的阴影。威克里夫去世三十余年之后，康士坦斯天主教大公会议（Council of Constance）居然又老话重提，以教宗谕令的形式将威克里夫学说定性为不可宽恕的异端邪说，随即将这位“罗拉德”教派（Lollards）鼻祖的遗骸从墓穴中挖出焚烧，并将其骨灰无情地弃于最终还是流归大海的一条小河之中。

威克里夫是一位引发无穷争议的宗教改革先行者，有人称其为“照亮宗教改革之路的晨星”（Morning Star of the Reformation），也有人将其贬得分文不值，对他历史功过历来都是这样褒贬不一。不过，这位一生依附牛津大学的饱学之士的确给后人留下了一份有足够分量的遗产，这就是有史以来第一部译为中古英语的完整圣经。提起圣经英译的历史说来话长：圣者比德笔下的凯德曼（Cædmon 活跃于650—680）经神启开始用古英语以头韵诗歌形式咏唱圣经故事，可谓圣经口头英译的开端；比德去世之前（735CE）曾在贾罗修道院（Jarrow）幽暗的静修室中将《约翰福音》转译为古英语；公元 10 世纪出现的《威塞克斯福音书》（*Wessex Gospels*）也是古英语时期南部方言的卓越译作。然而，将圣经完整地翻译成英语的当数威克里夫于公元 1380 年至 1382 年之间陆续完成的英译全本圣经。

这部百余年唯一的完整版英译圣经是从《通俗拉丁圣经》（*Biblia Vulgata*）逐字逐句翻译成中古英语的典范，至今仍有 107 部手写本留存于世。虽说这个译本曾于 1415 年被罗马教廷敕令焚毁，三百余年后的 1731 年，其新约部分在伦敦一次便印刷了 160 册，可见威克里夫的圣经译本在人们心目中的崇高地位。如此评价其实并不夸张。据说，威克里夫的圣经翻译与其针对教会的改革理想是紧密相连的，为了让上帝的话语直接进入平民信徒的内心，他试图将拉丁语经文转为本国语言，把晦涩的文字化为简洁的话语，用他的话说，福音的语言原本就是极易沁入人们心底的大白话，只有人人都理解上帝的话语，教会面貌才有可能得以改变，这是他刻意追求的崇高理想。碰巧 1381 年因瓦特·泰勒（Wat Tyler ?—1381）起义在英国引发了强烈的社会动荡，这一突发事变给威克里夫提供了实现其翻译计划的机会。于是，他闭门谢客，和几位助手一道开始了他神圣的圣经翻译工作。

被后世称为“威克里夫圣经”的英译本当然是威氏牵头的多人合作成果，参与其中并最引人注目的当是一位叫珀维（John Purvey 1354—1414）的神学人士。此公是威克里夫去世后书稿的主要编译者，经他之手的版本质量远高于原译本，其呕心沥血的努力在新译本的译者序（“General Prologue”）中表达得淋漓尽致。他在谈及译者责任之时，提出了四个重要原则：一、译者须参照不同拉丁译本以完全确认源文本的权威性；二、译者须在翻译之前悉心研究源文本，以充分理解字句的意思；三、译者在翻译之前须查阅语法、词典、参考文献，以理解不常见字词的含义；四、在充分了解源文本的前提下，译者要避免直译，以在目的语言中准确表达源文本的整句义和语篇义。如此翻译出来的威克里夫圣经，其语言质量当然毋庸置疑。

语言天地

《圣经词语索引》前言

威克里夫圣经的新约部分有两个版本，学界一般将其分别称为“前译本”（Early Version）和“后译本”（Later Version），前者的译语风格与源文本相似，多少带有拉丁语的文雅，而后者的语言则更接近日常中古英语的通俗。现藏于大英图书馆的威克里夫新约《圣经词语索引》（British Library MS Royal 17.B.1）主要基于“前译本”，是15世纪初的学者专门为当时英译本阅读者和研究者提供的重要参考工具，附于索引前面的前言是一位英格兰中南部学者的手笔，其文字显示出了这一地区中古英语方言的主要风貌。下面是《圣经词语索引》前言的节选：

Mannes mynde, þat is oft robbid of þe tresour of kunnyng bi

þe enemye of science, þat is forȝetyng, is greetly releeued bi tablis maad bi lettre aftir þe ordre of þe A B C. *Ensaumple*: if a man haue mynde oonly of oo word or two of sum long text of þe Newe Lawe and haþ forȝetyn al þe remenaunt, or ellis if he can seie bi herte such an hool text but he haþ forȝeten in what stede it is writen, þis concordaunce wole lede him bi þe fewe wordis þat ben cofrid in his mynde vnto þe ful text, and shewe him in what book and in what chapitre he shal fynde þo textis which him list to haue.

Þis concordaunce sueþ not oonly þe ordre of þe A B C in þe firste lettris of wordis, but also in þe secounde, in þe þridde, in þe fourþe and so forþ; wherfore *Aaron* stondiþ before *Abba*, for þe secounde lettre of *Aaron*, which is *a*, stondiþ in þe A B C before *b*, which is þe secounde lettre of *Abba*. And *Abba* stondiþ bifore *Abel*, for þe þridde lettre of *Abba*, þat is *b*, stondiþ in the A B C bifore þe þridde lettre of *Abel*, which is *e*. Þus *conferme stondiþ bifore confounde*, bi cause þe fifþe lettre of þis word *conferme* stondiþ in the A B C bifore þe fifþe lettre of *confounde*, þat is *o*; for in þe firste foure lettris of þese two, whiche ben *c, o, n*, and *f*, in no þing þei discorden. Wherfore, if þou fynde ony word in þis werk þat is not set in þis forme, vnkunnyng or neglygence of þe writere is in cause, and liȝtly, bi oon þat can, may it be amended. If it seme to ony creature þat cotaciouns of summe textis be not spoken off in wordis þere þei shulde be expressid, if þei be duly plauntid yn, so myche is þe bettir, so þat þei be — not set inordinatly — aftir þe maner of þis drawyng...

第 16 讲　标准英语的身前身后

这一讲的话题是“标准英语”（Standard English），在这一讲里我着重探讨英语“标准”的形成背景和发展过程。英语标准是个难以描述清楚的概念，但“标准英语”的界定却不十分困难，我们或许可以删繁就简，将其定义为“英语语言社群内被普遍认可的权威英语变体”（the most influential English variety generally accepted by the English speech community）。当年，中古英语的众多方言在英格兰的不同区域各霸一方，生活在这些地区的英格兰人相互交谈时使用着不同的发音，其文字拼写也各行其是，都在无拘无束地发挥着各自的想象与创造力。各地区的不同口音加上它们不同的拼写习惯，导致了不同方言之间难以逾越的语言沟通困难。后来，由于英格兰社会、政治、贸易中心的转移，其中一个区域的影响远远大于其它地方，在那里居住的人们声望大增，他们所说的话语也就一步步变成了“显赫方言”（prestige dialect），于是，被人们竞相效法的“标准英语”便在不知不觉间诞生了。

坐落在伦敦的英国广播公司（British Broadcasting Corporation，缩写 BBC）成立于 1922 年，迄今为止据说它依然是世界上最大的国家新闻媒体，同时也是“标准英语”的定义者和“标准”概念的捍卫者，正因如此，人们往往把标准英语与 BBC 英语自然而然地联系在一起。乍听上去，标准英语的形成年代距离我们似乎并不遥远，很像是不久前发生的事。这也难怪，1918 年英国著名语音学家琼斯（Daniel Jones 1881—1967）在其《英语语音学概要》（*An Outline of English Phonetics*）中使用了英语“标准发音”（Received Pronunciation，缩写 RP）这个术语，第一次全面地描述了此类发音的基本特征，琼斯标准概念的首度提出距今也不过百余年。当然，琼斯所说的是英语的标准语音，仅局限在口头语的范围之内，如果再加上书面语，标准英语这个话题就不那么简单了。

从稳定性的角度看，口头语和书面语的标准认定过程差别很大。比较起来，言语（parole）的变化速度远远快于语言（langue）。比如，根据《牛津大辞典》（*Oxford English Dictionary*，缩写 *OED*）1933 年《补编》（“Supplement”）的记载，garage 在英语中首次出现的时间是 1902 年，其时，这个词在英语中的读音有两个，一个是法语原发音，在词典中标为 /gæ'rɑːʒ/，第二个是经过英语化的发音，音标是 /'gæridʒ/，可以看到，后者的单词重音已经前移，第二个音节中的元音已弱读成 /i/，英语的 /dʒ/ 已取代了法语的 /ʒ/。显然，刚刚借入英语的这个法语词在语音上发生了变化，在很大程度上已融入英语语言，变化后的发音也已被语言学者觉察到，并详细地标了出来。这是 1933 年的权威记录。事隔 23 年，1960 年再版的琼斯 1956 年本《英语发音词典》（*English Pronouncing Dictionary*）对这个法语借词的发音描述又发生了变化，列居第一位的读音标成了 /'gærɑːʒ/，此时的英国人看上去已充分意识到这个单词的海峡彼岸身份，并开始自信地照搬其法语发音，只是按照自己的习惯将其重音移至字词的首音节，这是被使用者接受了的第二个标准。当然，尽管前两个标准读音均来自英国语音学者的权威记录，其发音并未因此固定，它依然在人们使用的同时继续发生着嬗变。2000 年版《美国传统英语大辞典》（*American Heritage*

Dictionary of the English Language）记录下来的标准发音是 /gə'rɑːʒ/，这一年，美国人已倾向继续使用原汁原味的法语发音，只是将弱读音节中的元音依据英语的习惯更改成了央元音 /ə/，有人也将其称为“混元音”（schwa）。据说，这一发音在英国也已得到了使用者的广泛认可。

语言的发音标准因自身的更动或因环境的变化而不断被重新表述，汉语标准语音也始终在印证着这一历史特质。今天的中国普通话是从北京方言发展而来的，这与北京政治经济文化的历史中心地位有着直接的关联。由于历史上的南系官话曾经是中国的通用语言，自清朝初年开始统治阶层便已利用正音书院等机构极力抑制南系官话的发展，甚至强行规定凡不谙北系官话的举人生员贡监童生均不准参加科举，即便如此，随着大批南方士子通过科考进入京城官僚体系，他们所操持的很多南音也借助文雅词语陆续进入了北系官话的发音系统。郑子宁曾在其《东言西语》中举例说，中国普通话中的“剥”字有两个发音，其一是 /bao/，另一个是 /bo/，前者是北京话原始发音，后者则是典型的南音，这个字在“剥皮”中读 /bao/，而在“剥削”一词中则读作 /bo/，虽然两者在语言史意义上的区别显而易见，它们今天均已被认定为普通话口头语言的标准发音了。

相形之下，书面语的标准化过程要简单得多。已成型的书面语标准会保持相对稳定的状态，即便语言周围的政治环境发生变化，甚至出现社会的衰败或转型，其标准书面语也有可能以文化遗产的形态被长期沿用，成为游离于政治变局之外的独立存在。对读音指示作用低下的汉语文字自不必说，书写与发音紧密相连的西方拼音文字也往往显示出书面语在很大程度上独立于口头语的这种特质。我给大家列举一个语言史上的著名案例：古希腊共通语（κοινή，koinē）是雅典城邦阿提卡方言（Attic）的一种变体，在公元前 4 世纪亚历山大大帝（Alexander the Great 356 BCE—323 BCE）时期演化成为古希腊标准文学语言。此后的1,000年间，它始终是古希腊文化圈内的标准书面语，圣经新约正是用这个高度标准化的语言撰写编辑并汇集成书的。根据部分基督教史学者的观点，新约中27部经文的成书年代当在公元70年之前。四百多年后，即公元395年，罗马皇帝狄奥多西一世（Theodosius I 347—395）去世，统一的罗马帝国寿终正寝，最终彻底解体。相继其后的1,000余年，以君士坦丁堡（Constantinople）为首都的东罗马帝国虽说国运日渐衰微，古希腊共通语却始终保留着标准书面语的崇高地位，正是这个标准语言全面地记录了绚丽的拜占庭文化（Byzantinism），为欧洲中世纪传统留下了多彩的一笔。

可见，某语言的书面语一旦被冠以“标准”头衔，它必将对其各种口头语变体形成或大或小的影响。拿中国通用语言举例：自先秦“古言”（Classical Chinese）演变而来的“文言”（Literary Chinese），从汉朝末年起直至20世纪初年的“新文化运动”（New Culture Movement），一直被奉为标准书面汉语。这一延续了1800余年的标准书写模式掩盖了各种汉语方言之间巨大的语音差异及其从未停歇过的词义句式等语法变迁，这是汉语在历史发展进程中几乎一家独大的典型特征。也出于同一原因，汉语的标准文言导致各个地区的方言别无选择地效仿着文言这个古今同一的语言范式，汉语文化圈中延续至今的口头语持续趋同的走势，一方面是官方多年坚持推广“普通话”（Common Speech，西方称其为Mandarin Chinese）的结果，另一方面，汉语书面文言的千年历史恒定地位，当然也对中国“通用交际语”（lingua franca）的普及起到了决定性的助推作用。

与汉语相比，标准英语形成的历史当然很短，但英语向标准化推进的思绪却由来已久，其历史至少可以追溯到欧洲中世纪时期。有学者称，英语标准概念的萌芽出现在14世纪末15世纪初的英格兰东南部，理由是英国的文化政治贸易中心在这段时间已从故都温切斯特

（Winchester）向东北方向迁移，逐步进入了坐落在泰晤士河畔拥有至少2,000年历史的古城伦敦及其周边地区。然而，如果我们将更早的中世纪英语文化遗存考虑在内，这一判断似乎大有商榷的空间。原因很简单，就英语的标准概念而言，古英语时期才是其历史源头，比14世纪末还要早出五六百年。

语言标准的形成大多和以图书为主要媒介的大规模文化传播有关。由此我想到哈佛大学的哈斯金斯（Charles H. Haskins 1870—1937）于上个世纪20年代末推出的一部史学专著，书名是《十二世纪文艺复兴》（*The Renaissance of the Twelfth Century*）。哈斯金斯正是在这部影响深远的名作中，因循19世纪浪漫主义学派的观点首度明确提出，欧洲中世纪并非人们想象的那样黑暗与凝滞，欧洲文艺复兴也不是刹那间给大地撒遍光明的突发事件。大量文献表明，意大利文艺复兴之前早已出现了一系列未被充分关注的同类文化运动。基于这一判断，哈斯金斯第一次将“文艺复兴”的光环前移到了欧洲中世纪时期。下面我顺着哈斯金斯的思路给大家列举两个例子。英格兰中部麦西亚的国王彭达（Penda ?—655）于公元655年离世，盎格鲁-撒克逊历史学家比德在贾罗修道院（Jarrow Abbey）静修室中向门徒威尔伯特（Wilberht）口授最后一句祈祷文之后亡故，距前者因兵败暴卒的时间正好80年。在这段时间里，英格兰北部相继出现了一批标志性的典籍手抄书，包括最早的不列颠岛福音抄本《达罗福音书》（*Book of Durrow*），最早的犊皮纸本圣经《阿密亚提努斯手卷》（*Codex Amiatinus*），素以“爱尔兰-撒克逊风格”（Hiberno-Saxon Style）闻名的精致描金彩绘插图本《林迪斯法恩福音书》（*Lindisfarne Gospels*）等，这一时期因此被一些史学家称作“诺森布里亚文艺复兴”（Northumbian Renaissance）。

到了公元9世纪，具有怀特岛朱特王阿瓦尔德（Aruald ?—686）血统的威塞克斯国王阿尔弗雷德大王展现出了王者少见的文化情怀。

他在统一了英格兰南部之后，便开始于海内外招贤纳士，以其亲手兴建的几所修道院为基地，发起了大规模的国民教育运动。在此过程中，他组织人力并亲自参与实施拉丁语经典著作的英译工程，所译书目包括教皇格列高利一世的《教牧法规》，古罗马经院哲学家波伊提乌的《哲学的慰藉》，拉丁教父奥古斯丁的门生奥罗修斯（Orosius 385?—420）的《反异教史七书》（*Historiarum Adversum Paganos Libri VII*）等。据说，本笃会（Order of Saint Benedict）著名修士比德的《英吉利教会史》也在他的翻译书单之内。阿尔弗雷德还发起用英语编纂《盎格鲁-撒克逊编年史》，威塞克斯王朝族谱等多种史学专著。在这一浓郁文化氛围的影响下，古英语史诗《贝奥武甫》得以再度誊写，这部源自英格兰中东部的盎格鲁-撒克逊英雄史诗因此以公元 9 世纪威塞克斯方言孤本的形式留存至今。

上述两段史实都有同一个显著的特征，即英格兰人对欧洲古典文化的关注热情大幅度升温，致使拉丁典籍成批地转译为古英语，从而迅速地闯入英格兰阅读者的视野。当然，这两次古典文化振兴均发生在诺曼人入主英格兰之前的古英语阶段末期，虽说此时的威塞克斯方言已成为古英语的标准书面语，它毕竟不是现代标准英语的直接源头，因为现代英语是从古英语的中东部方言（East Midland Dialect）中演化出来的。

就语音而言，这两种方言差别很大，举两个例子。现代英语中的 wold 源自古英语中东部方言 wald，在同一时期，威塞克斯方言中 -ld 前面的单元音已双元音化（diphthongization），同一词的拼法已在这个地区变成了 weald，其拼法当然是随着它已经变化的发音转换而来。再如，现代英语中的 cold 一词来自古英语中东部方言，威塞克斯方言中的这个词也因循同一路径变成了 ceald。根据古英语的发音规则，双元音 ea 使前置的字母 c 发生腭化，读作 /tʃ/，如果这个来自威塞克斯方言的单词传至现代英语，其拼法当是 *cheald，显然，我们在现代英语中找不到这个单词，因为它没有进入现代英语。现代英语源自古英语中东部方言的另外一个例子与威塞克斯方言的一对双元音有关，即 ie 和 īe。这对双元音为威塞克斯方言所独有，其它古英语方言没有这两个音，在中东部方言中与其相对应的元音形式是 e 和 ē。进入中古英语阶段之后，威塞克斯方言中的 ie 和 īe 发生了单元音化（monophthongization）现象，变成了 y 和 ȳ，因此，这个方言中的 hīeran（hear）后来变成了 hȳre，这个字的拼写显然与现代英语中的 hear 差距过大，两者之间绝对不存在传承关系。的确，从文献中可知，现代英语的 hear 是从古英语东部方言那里承接过来的，这个词的原发音是 /'hērɑn/，hēran 是其拼写形式。

当然，哈斯金斯的研究并未详细描述欧洲的地方语言在中世纪时期迅速崛起的大趋势，其主旨与英语变化更没有什么显著的逻辑联系，然而他的《十二世纪文艺复兴》一书是帮助我们看清楚英语演变走向的关键。由于哈斯金斯的大历史眼光远远超出了一般语言史话题的视域，他对欧洲中世纪鼎盛时期文化景象的细致观察为我们理解英语“标准”概念的形成指出了一条更为广阔的思路。细读哈斯金斯之后，可以注意到以下两个事实：其一，欧洲文艺复兴根植于中世纪鼎盛时期，这一时期的文化状态是后来现代欧洲快速发展的基石。其二，欧洲文艺复兴于 11 世纪已见端倪，及至 13 世纪，中世纪时期的复兴热潮到达了顶点并开始降温回落，欧洲逐步进入中世纪晚期，而整个中世纪复兴过程与欧洲早期大学的出现及其体制的成熟保持着几乎同步的发展态势。

先看第一点。自公元 18 世纪开始，欧洲中世纪三段分割模式已得到史学家们的普遍认同，即把欧洲中世纪分成早期、鼎盛期、晚期三段。其鼎盛时期（High Middle Ages 1000—1250）前接中世纪早期（Early Middle Ages），后与中世纪晚期（Late Middle Ages）相连，前者始于公元 476 年，这一年西罗马帝国的最后一位皇帝奥古斯都（Romulus Augustulus 463—480）被日耳曼人奥多亚塞（Odoacer 433?—493）废黜，西罗马帝国就此灭亡，后者则止于东罗马帝国的首都君士坦丁堡陷入奥斯曼人之手，时间为公元 1453 年，欧洲中世纪的这三个时期绵延长达 1000 余年。

在欧洲中世纪千年历史中间有两百余年非同一般，因为这段时间是英格兰有史以来最为活跃的年代。战争虽照例频仍，英格兰人的思想却呈现出一派从未有过的勃勃生机，这一时期的大宪章（The Great Charter 1215）、大议会（Magnum Concilium 1414）标志着英格兰社会正在从神圣转向世俗。接踵而来的十字军东征非但没有解决宗教纷争的困扰，反而迫使囊中羞涩的王室在国内接连颁布自由特许状，客观上极大地解放了捆缚于土地上的人们，致使大批乡村人口离开土地向集镇迁移，城市人口的快速聚集刺激了交通贸易的长足发展，人们的文化需求也随之迅速提升，空前的文化氛围便成了日后古典知识复兴的客观社会基础。

再来看包括英格兰在内的欧洲文艺复兴与大学教育崛起之间的关系。牛津大学和剑桥大学分别出现于 1096 年和 1209 年，两者的建校时间相差 113 年。法国巴黎大学（Sorbonne Université）的前身是依附于巴黎圣母院（Notre-Dame de Paris）的大教堂学校，即使将两者串联在一起，这所大学的成立时间也当在 1163 年巴黎圣母院开始营建之后，比牛津大学晚了 60 余年。当然，欧洲大学之母要数意大利的博洛尼亚大学（Università di Bologna），其建校时间为 1088 年，比牛津大学稍早一些。公元 1250 年前后，欧洲各地又相继出现了 10 余所颇具规模的高等学府，至此，源自修道院、大教堂学校的欧洲大学已形成了较为完整的教育体系。大学教育在这一时期的迅速崛起加快了阅读群体的增长速度，致使 11 世纪 12 世纪成为欧洲文化普及成效最为显著的时期之一，由此而出现的阅读热情当然也为语言规范铺平了道路，标准英语的概念也正是从这时起越来越清晰地展现在了英格兰知识阶层的面前。及至 14 世纪末叶，当牛津大学神学教授威克里夫登上历史舞台之时，他的反天主教教廷主张迅速受到了平民阶层的同情与支持。为了将基督教圣经从拉丁文化的桎梏中解放出来，使基督教思想在英格兰民间得以更为广泛的传播，威克里夫旋即组织人力把圣经新约从传统的拉丁本（Vulgate）翻译成了英格兰普通民众熟知的中古英语，也正是在他奔走呼号的感召下，包括被牛津熙笃会（Order of Cistercians）修士格朗普（Henry Crumpe 活跃于 1380—1401）讥讽为无知“罗拉德”在内的众多改革派知识分子，很快又推出了至少两种圣经英译全本，其影响之大前所未有，仅流传下来的抄本就有 250 余部。

以布道著述见长的“罗拉德”知识分子还在这一时期撰写了完整的祈祷文系列 294 种，还有大量宣扬宗教改革的神学书籍也在这一时期相继问世，这些作品在信奉威克里夫的众多家庭教会中深受中下层会友们的追捧，是当时最具魅力的大众普及读物。因宗教信仰而激发出来的写作热情，以及由此催生出来的全新阅读群体，客观上使这个时期变成了效仿书面语言的黄金阶段，从而敦促原本杂乱无章的中古英语向东南部方言不断聚拢，即便威克里夫最终被其同胞焚尸扬灰，即便罗拉德学派最终被天主教会指控为邪恶异端，他们用中古英语撰写的大量作品以及这些文字培育出来的语言使用群体，无疑是将英格兰普通民众引上英语标准之路的强大推动力量。

在英语走上标准之路的过程中，被后人誉为英国诗歌之父的乔叟当然也是一位不自觉的超级推手。乔叟生于伦敦，其父是当地体面的酒商，家境十分殷实。在进入爱德华三世（Edward III 1312—1377）

三王子莱昂内尔（Lionel of Antwerp 1338—1368）府邸并为其服务（约1357年）之前，乔叟好像接受过比较完整的基础教育，有人甚至揣测他曾在某个大学中读过一些课程。至于乔叟如何步入豪门，何时开始直接为王室服务，目前缺乏足够的支持文献。不过，根据现有的资料判断，乔叟在少年时期即已显露出了他的聪明才干，尤其他在文学上的突出造诣很快便得到了王室的赏识，这大概是他日后平步青云的根基。有学者认为，生活在14世纪的乔叟既非王室族亲，又不是名门之后，他的名字却被近500种文献反复提及，仅凭这一点我们便可得知他后来的名声显赫程度了。用一位法国诗人的话说，乔叟的诗歌语言准确，文笔纯净，他的高瞻远瞩为英国人带来了一抹光明，同时也为不懂法语的人们开辟了一个别具一格的文学乐园，这则褒奖虽流露出法国人特有的骄傲之气，但乔叟诗歌已达到的崇高地位是显而易见的。当然，乔叟的文学建树不是这里的讨论重点，而更值得关注的是这位伟大诗人给英语标准化带来的深刻影响。

公元14世纪后半叶，也正是乔叟用中古英语撰写《坎特伯雷故事集》的那段时间，英格兰境内有影响的文人学士们所惯于使用的书面语言依然保留着南中部方言的标准特征（Central Midlands Standard）。及至1384年，威克里夫在南方小镇路德维斯病逝，30年后的1415年，威克里夫的宗教改革学说在康士坦斯大公会议上被正式指控为异端邪说，又过了10余年，教宗马丁五世（Martin V 1368—1431）重新翻出了这一积案，并于1428年再度颁发诏令，致使威克里夫的遗骨被人从墓穴中挖出，焚烧后投入河里，至此，罗马教廷终于了结了这段拖延多年的公案。当然，在这段漫长的艰难之中，威克里夫的追随者，尤其是罗拉德学派的文士们，从未停止以著述的形式强力倡导先贤的宗教改革主张，就连曾一度是罗拉德学派最重要的反对者，威尔士主教皮科克（Reginald Pecock 1390?—1461?）

也丝毫没有停歇，这位15世纪最伟大的神学家，在这段时间里撰写了一系列词锋锐利的文章，以讨伐罗拉德学派的强劲对手。值得注意的是，论战双方所遗留下来的这批影响深远的文献绝大部分是用南中部方言撰写的，及至鼓吹宗教改革的文献被官方成批销毁之时，即15世纪20年代前后，南中部方言标准才日趋衰弱，并一步步退出了英语演变的历史舞台。

大概也在同一时期，以伦敦方言为基础的书写范式赢得了王室枢密院（Signet Office）的青睐，尤其是1417年之后，王室的官方文书彻底放弃了法语，其原有的通用地位逐渐被英语取而代之，于是，以伦敦话为基础的东中部方言华丽转身变成了官方认定的通用书面语，后人称这一新兴书写规范为“枢密文书语言标准”（Chancery Standard）。或许出于这一历史性的转变，一批使用东南部英语写作的文人墨客真正赢得了阅读者的爱戴，包括乔叟在内的一批作家最终获取了“英语文学先行者”的头衔。

诗人乔叟发迹于英格兰东南部的伦敦牛津剑桥这块三角地带，得天独厚的地理位置和浓郁的人文氛围使这块宝地在中世纪后期取代了英格兰南部的威塞克斯地区，成为孕育近现代标准英语的天赐沃土。早在罗马夫拉维（Flavian Dynasty 69—96）时期，以伦敦为中心通向英格兰西北部主要港口和军事要塞的砂石路网即已形成，其中包括途经约克径直向北延伸的北大道（Great North Road）和直达威尔士的沃特林大道，这两条路至今仍然是英格兰南部的主要交通干线。公元410年前后，罗马人最终撤离英格兰，这两条古道才结束了它们原本的历史使命，逐渐变成了英格兰民众南来北往的民用交通动脉。在后来的日子里，不仅中部地区（Midlands）的农牧货物沿着这两条罗马大道源源不断地涌入伦敦，各种方言的不同词语、音调也顺着大道很快走进并融入了伦敦的地方话，致使伦敦方言充满活力，很快便从一个杂乱的混合语（hybrid dialect）演化成了南北沟通的主要媒介，其应用范围远远超过了曾经是英格兰通用语的南部埃塞克斯方言，这是伦敦话日后变成标准英语的关键因素。

应该说，公元1476年是近现代标准英语向四方传播的关键年份，因为由中国人发明的活版印刷术正是在这一年途经欧洲进入了英格兰，伦敦威斯敏斯特的第一间印书作坊不仅给英格兰人带来了普及阅读的空前福音，同时也使接近“制式”的官方英语在印刷机下通过金属字模源源不断地流入社会，成为读书写字者争相效仿的语言交流范式。当然，如果我们从历史的角度来观察标准英语，前面的提法或许并不准确，因为早在英格兰人经历活版印刷术的洗礼之前，他们便已开始使用具有现代意义的标准英语了。不仅如此，那些伦敦标准话的使用者们早已用从未有过的挑剔目光凝视着操用伦敦标准话之外其它地区方言的“乡下人”。

据《剑桥英语史》第三卷记载，与威克里夫同时期写作的康沃尔（Cornwall）翻译家特里维萨（John Trevisa 1342—1402）就曾于1382年表达过居住在伦敦及其周边地区的人们所特有的语言优越感（linguistic superiority）。他将北部方言和自己使用的东南地区的标准英语做过比较之后评论道，伦敦人听不懂北方的诺桑比亚方言，尤其是听不懂约克及其周边地区的地方话，原因在于那些人的居住地与英格兰王室所在地之间的物理距离过大，他们的口音听上去极其“刺耳”（slytting），词语搭配特别“粗糙”（unschape），其声调也过于“古怪”（strangelych），因此，这些陌生人（aliens）不得不向南方靠拢。

伦敦人的语言优越感被一些语言学家视为地缘政治沙文主义（geopolitical chauvinism）的产物。不过，早在沙文（Nicolas Chauvin）这个杜撰出来的拿破仑英雄在法国坊间受到追捧之前，由他传递的那种深入骨髓的优越感觉就已在英国文学作品的字里行间流露出来。

《坎特伯雷故事集》是大家耳熟能详的14世纪中古英语叙事诗开山大作，其中有一位虔诚的教区牧师（Parson）值得关注。自伦敦到坎特伯雷是段漫长的朝圣之路，路上，牧师静静地倾听着旅友们讲述的故事，自己却一言不发，直到旅行临近结束，他才在客店老板贝利先生（Harry Bailey）的催促下张开了嘴巴。此时，太阳已快落山，这位性情温和的牧者没有立刻开始他那段冗长且说教味道十足的“故事”，反倒评论起英格兰南北区域的不同诗风来。他坦承自己对韵律没有什么兴趣，对于此道也确实知之甚少，不过他依然自信地强调，北方诗歌远不及南方的同类作品。这位伦敦本土牧师显然并不认同北方诗歌，其理由倒也简单：“我是个南方人，实难理解北方的头韵诗句”（...I am a southren man, / I kan nat geeste “rum, ram, ruf” by lettre），两句话显得平和简洁，但话里话外却明显透露出这位清高的南方人对北部方言发自内心的不屑甚至鄙视。

其实，南方人的尊贵在很大程度上是被讲北部方言的人们认可的。出现于14世纪末叶英格兰北方约克郡首府维克菲尔德的系列神秘剧（mystery plays）中，有一个剧目被后人称作《牧羊人II》（*Second Shepherd’s Play*），这部带有浓重喜剧味道的中世纪舞台作品讲述的是耶稣基督出生之时，荒野中的牧羊人得到天使传来的福音，立即奔赴耶稣基督的出生地，见证救世主降临的故事。值得注意的是，在故事主要情节展开之前，牧羊人的一只羔羊意外被盗，偷羊贼名叫马克。为了逃避牧羊人追赃，马克自称是王室的侍从，来自南方，并且操起半生不熟的南部口音，以显示自己的高贵身份，妄图以此唬住闯进他家的追赃者。面对三位牧羊人的追问，他厉声斥责道：“住嘴！告诉你，我是国王的扈从，我是高贵的老爷亲自派来的”（What! Ich be a yoman, I tell you, of the king, / The self and the some, sond from a great lording...）。与此同时，他没有忘记使用南部方言的声调，并刻意搬出了南方人惯用的单数第一人称代词形式 ich，就这样，马克居然以区区几句半生不熟的南方话便吓跑了三个气势汹汹前来兴师问罪的牧羊人，达到了“不战自退屈人之兵”的意外效果，从而保住了被老婆藏于襁褓之中偷来的羊羔，又躲过了就地抓赃的丢脸局面，南部方言在北方人眼睛中不容置疑的崇高地位由此可见一斑。

请各位注意，以上所举的例子都发生在印刷术在英格兰施展其传播功能之前，因此，将观察近现代标准英语的起始点放在中世纪后期是有道理的。

文化经纬

旅行家约翰·曼德维尔

以语言为媒介的文化交流离不开不同地域人群之间的相互走动，从这个意义上说，英语及其负载的文化走出英伦三岛的头功当属英国的早期旅行家们。提起中世纪欧洲旅行家，我们最熟悉的是意大利人马可·波罗（Marco Polo 1254—1324），尤其是他在 1271 年之后在古“丝绸之路”上长达 20 余年的往返游历，更给这位来自西方的“驴友”蒙上了一抹神秘的东方色彩。据说，这位神秘人物某年回归故里，一路畅谈在古老中国游历的感想，其中说得最多的是“那地方太神奇了，简直是个天堂”。谁知这话传到了意大利教宗的耳朵里，于是，马可·波罗被传唤到教宗面前接受质询。教宗劈头便问：“那个古老国度知道天父上帝吗？”答曰：“不知道。”教宗当即呵斥：“不知道上帝的地方怎么就成了天堂？荒唐！”为此倒霉的马可·波罗受到了处罚。这事或许是笑话，但我们也从中可以窥见到马可·波罗在文化传播上做出的贡献。其实，比哥伦布（Christopher Columbus 1451—1506）远航早出100余年的14世纪欧洲，早已被马可·波罗们的骚动所充斥，传说中出生于英格兰圣奥尔本斯（St. Albans）小镇的曼德维尔爵士（Sir John Mandeville）就是这样一位当时远近闻名的传奇人物。

《约翰·曼德维尔游记》（*The Travels of Sir John Mandeville*）最初盛传于法兰西坊间，后流入英格兰，时间大概在14世纪后半叶。尽管很多人对曼氏游历的真伪早已秉持怀疑态度，法国人却对这位游历者的“国籍”始终抱有特殊的兴趣，有人甚至为其取了一个典型的法语名字，约翰几乎被让（Jan de Langhe）完全取代。当然，饱读诗书的英格兰学者也好，博学多才的法兰西名士也罢，对我们来说暂时无关紧要，我们更感兴趣的是这位旅行者近乎神话的历史印记，以及他在游记中所抒发的那种跨海越洋的豪迈气质。

游记开篇便历数了这位旅行家在漫游期间造访过的东方各国，其中包括土耳其、亚美尼亚、波斯、叙利亚、阿拉伯半岛和埃及，根据后来的记述，他还到过利比亚、埃塞俄比亚、印度、中国等地，的确是一位“久居海外，遍览八方”，阅历丰富的旅行大家。不过，这只是故事的一半。大量迹象表明，他的游记所及大多源自二手材料，很有可能直接取自诸如13世纪末14世纪初意大利旅行家方济各会修士鄂多立克（Odoric Mattiussi 1286—1331）等旅行家的东游记载，或许出于转述的缘故，其中所报告的很多地理和人文细节不时给读者以主观臆判的不实甚至荒唐之感。比如，当曼氏描述在印度初次见到“棉花”之时，他信口开河地说道：“印度地面上种植着这种令人惊异的大树，其枝杈尽端都生长出雪白的绵羊，其重量将树枝压弯，枝头垂至地面，致使寻找食物的绵羊可以尽情啃食。”显然，这种奇异景象绝非作者亲眼所见。即便一些关于爪哇等地风土人情以及王公显贵的描述很接近实情，其中的细节大多可在鄂多立克在病榻上对中国游历的口述中找到，材料的直接性也很难真正得到证实。

就整体而言，曼氏游记所展现出的作者既对东方世界深感兴趣，又具有丰富的地理知识，否则他不会通过观察北极星而确定纬度位置，也无从讲出一个人出发一直向东行走，最终可以回到自己的出发地点。尽管他反复重复耶路撒冷是世界的中心，他所拥有的地理知识依然可在很大程度上让读者相信他曾有过一段多彩的东方旅游经历。

语言天地

卡克斯顿的枢密语拼写标准

卡克斯顿将活版印刷术从德国带入英格兰，就英语标准传播而言，他的确功不可没。批量的文字印刷当然为英语书写语标准的推广搭筑了空前的平台，同时也为英国枢密语范式争得了难以撼动的历史地位。由于卡克斯顿在威斯敏斯特的印刷实践，基于伦敦方言的东南部官方书写方式逐渐固定了下来。下面的片段来自卡克斯顿的印刷作坊，是这位了不起的印刷商为自己的译作《埃涅阿斯纪》专门撰写的引言前半部分。

卡克斯顿时期的标准英语并不十分难读，仔细看两遍即可领会文字所表达的意思。请关注这段文字的一些特征，这些特征与流行于东南部文人墨客之间的所谓枢密笔语体大致相当。首先，此时的 shall、should、will、would、can、could 等语法词汇比乔叟时期的拼写更趋规范，与现代英语虽仍有区别，但已不会给我们的阅读造成任何障碍。其次，诸如 such、but 等常用词汇的拼写已放弃其它方言中 sich、sych、seche、swiche、butan、bot 等古旧变体所造成的乱象，虽仍偶

有词尾 -e 的出现，其形式已基本与现代英语形式相互一致。再次，第三人称复数代词以 h- 开头的古老形式已基本被 thei、theym 等取代，乍看起来它们的拼写或还有些“古怪”，但现代拼法的影子已非常明显。另外，直陈语气现在时单数第三人称动词的词尾已很有规律地出现了 -th，比如 varyeth、waneth、dyscreaseth 等，这些都是后来词尾 -s 的明显前兆。还有，动词现在分词的词尾已有显著的 -ing 形状，比如 sayeng、brynge、redyng 等，对熟悉现代英语的人来说，这些都是非常容易辨认出来的。

A Passage from Caxton's "Preface" to the *Eneydos*

And whan I had aduysed me in this sayd booke, I delybered and concluded to translate it in to englysshe, And forthwyth toke a penne & ynke, and wrote a leef or tweyne / whyche I ouersawe agayn to corecte it / And whā I sawe the fayr & straunge termes therin / I doubted that it sholde not please some gentylmen which late blamed me, sayeng yt in my translacyons I had ouer curyous termes whiche coude not be vnderstand of comyn peple / and desired me to vse olde and homely termes in my translacyons. and fayn wolde I satysfye euery man / and so to doo, toke an olde boke and redde therin / and certaynly the englysshe was so rude and brood that I coude not wele vnderstande it. And also my lorde abbot of westmynster ded do shewe to me late, certayn euydences wryton in olde englysshe, for to reduce it in to our englysshe now vsid / And certaynly it was wreton in suche wyse that it was more lyke to dutche than englysshe: I coude not reduce ne brynge it to be vnderstonden / And certaynly our langage now vsed varyeth ferre from that whiche was vsed and spoken whan I was borne / For we englysshe men / be borne under the domynacyon of the mone, whiche is neuer stedfaste but euer wauerynge / wexynge one season / and waneth & dyscreaseth another season / And that comyn englysshe that is spoken in one shyre varyeth from a nother...

第四部分

现代英语史

第 17 讲　开疆女王伊丽莎白

从这一讲开始我给各位介绍现代英语的形成与发展。治英语史的学者们一般认为，现代英语可细分为早期现代英语（Early Modern English）和现当代英语（Modern and Present-Day English）两个阶段，其分界年代大致在公元 1800 年前后。这一年距北美 13 州正式颁布《独立宣言》（*Declaration of Independence*）仅过了 24 年，而此时的英语已以独特的方式摆脱了"标准英语"（Standard English）的束缚，逐步走向具有多种地域方言、遍及全球各地的世界性语言。可见，这个节点是英语演变史上的一个重要分水岭，依此将现代英语划分为两个时期是有充分理据的。当然，如果把这两个阶段的语言做一个比较，大家会发现，早期现代英语和 19 世纪之后的英语之间并无本质上的差别，对今天的英语阅读者来说，莎士比亚的戏剧和奥斯丁（Jane Austen 1775—1817）的小说均不会造成任何不可逾越的理解障碍，因为无论从语法上还是从词汇上，两者之间并不存在显著的差异。出于这一考虑，本书有意将本可分为两个阶段的现代英语放在同一个部分中讨论，目的是强调本部英语史的"简明"特征。

在讨论现代英语状态之前，我依然遵循既定体例，先扼要谈谈这一阶段的社会背景。从历史的眼光看，英语从中古转向现代并不容易，这是一个漫长且艰难的过程。要想梳理清楚来龙去脉，无论怎样简化，都不可忽略这段时间中发生的两件大事：其一是 16 世纪初叶的“宗教改革”（Reformation），其二便是紧随其后的英国“地理扩张”（the Expansion）。应该说，前者为后者的发生提供了必要的社会条件，而后者则催生出了英语的“世界性”。另外，这两件大事都和一位历史人物有着密切的关联，这位人物也是本章讨论的核心，她就是英国历史上大名鼎鼎的女强人伊丽莎白一世（Elizabeth I 1533—1603）。

伊丽莎白女王的巨大成就可谓来之不易，那尊她稳坐了 45 年的传世珐琅御座是她历经磨难，用生命争夺到手的。伊丽莎白是亨利八世（Henry VIII 1491—1547）与其第二任王后安妮·博林（Anne Boleyn）所生的唯一女儿，由于生母缺少王族血脉，在其童年时期便因王位继承的问题经历了三次重大变故。亨利八世为了与其第一任王后凯瑟琳（Catherine of Arogon）离婚，与对这件事横加阻拦的罗马教廷翻了脸，随即发起组织了一个抵制教皇统治、叛逆天主教教义、自己充当教会最高领袖的英国国教，也称圣公会（Anglican Church），在迎接新宠入宫的同时，客观上在英国掀起了一场具有一定欧陆新教（Protestantism）色彩的宗教改革运动。这位国王一时兴起，抛弃了合法发妻和女儿玛丽（Mary），在他和安妮的女儿伊丽莎白出生的第二年，即 1534 年，颁布了他的第一部《继承法案》（Act of Succession），以确立伊丽莎白的王位继承权，长其 17 岁的玛丽因父王和生母的“无效婚姻”而受到冷落。

由此开场的“宗教改革”大戏客观上帮助英国摆脱了罗马教廷的束缚，同时也极大地放纵了亨利八世的世俗欲望，致使幼年的伊丽莎白继其同父异母姐姐玛丽之后，很快迎来了自己的厄运。时隔不到三年，伊丽莎白的母亲被国王指控犯有通奸罪而走上了断头台，随之而来的是第二个《继承法案》，这个法案宣布亨利八世与安妮的婚姻无效，他们的女儿伊丽莎白因出自又一次“无效婚姻”而成为没有继承权的非法“私生女”。翌年10月，亨利八世与其第三任王后简·西摩（Jane Seymour）得一王子，取名爱德华（Edward），并将其立为王储，至此，伊丽莎白的王位继承之门便被彻底堵死了。好在亨利八世此后的另外三次婚姻再没给他带来其他子嗣，于是，公元1543年，出于多重考虑，国王又发布了他的第三个《继承法案》，其中的条款申明，在爱德华身后未留子嗣的极端情况下，亨利八世的两个女儿，老大玛丽和老二伊丽莎白，可按顺序依次继承王位。这样一来，伊丽莎白的王位继承权又神奇地得到了恢复，三年之后其父王的遗嘱正式确认了这一权利。

接下来的一段时间里，把握在英王手中的英国国教摒弃了天主教教会的部分陈旧仪俗，大部分重要教职被新教人士牢牢地抓到了自己的手掌之中，英国的教众开始使用起英语版圣经，社会也借此呈现出了一派自主奋发的繁荣景象。确切地说，英国的这段宗教改革，完全是因教廷出于政治考虑不予承认英王离婚的合法性，亨利八世对教皇的骄横之气发泄私愤的结果。不过，从另一个角度看，天主教上层的阻挠客观上给亨利八世提供了摆脱教廷控制另立自家门户的口实，导致英王既满足了一己私欲，同时又得以将英国国土上的海量教产统统收为己有，实现了一个千载难逢的利己美梦。应该说，没有英王的胆大妄为，就不太可能出现如此剧烈的英国宗教改革；没有父王的无法无天，伊丽莎白就不一定有尽显才华的机会；没有这突如其来的社会动荡，也就不会形成敦促英国迅速扩张的历史环境。

伊丽莎白在逆境中脱颖而出一方面源自其父辈的王者基因，另一方面也得力于她别无选择的严酷生存环境。她生性聪慧，自幼便有超人的学习禀赋，尚未成年她便掌握了古希腊语和拉丁语，并能娴熟地用法语、西班牙语和意大利语同周围的人们随意交流。正像一位内廷教师所说，每当端庄的伊丽莎白站立在众人之中，她总是“犹如一颗明亮的星星，在夜空中散发着夺目的光芒”。有史家评论，伊丽莎白在性格上深得其父王亨利八世的遗传，时而蓝天白云，时而暴雨疾风，仪态端庄温文尔雅而又不失坚韧果断雷厉风行，天生一派无比硬朗的王者风范。但是，每当遭遇无法回避的险境，她又能不失时机地将自己的真情实感深深地掩藏起来，令人捉摸不透，很难在其言行举止中抓到对她不利的任何政治把柄。伊丽莎白的姐姐玛丽一世（Mary I 1516—1558）于 1553 年登基，因其强烈的天主教立场，她对不接受天主教教义的新教教徒进行了严厉的惩处甚至杀戮，仅在其称王的短短 5 年之中，便将 300 余人处以火刑，其中包括前朝的大主教等重要政治人物。在她对新教信奉者采取严酷高压政策的同时，对其胞妹伊丽莎白也一直抱有深切的猜忌与怨恨。于随时可能降临的灾难面前，伊丽莎白始终低眉顺目温厚平和，她也因此一次又一次地躲过了这位“血腥玛丽”（Bloody Mary）的无端诽谤与迫害。这位时刻想置伊丽莎白于死地的女王，在其弥留之际，不得不眼睁睁地看着必将背叛自己的新教妹妹继承了她身后的英国王位。

公元 1559 年元月 15 日，踌躇满志的伊丽莎白自伦敦塔（Tower of London）登上了双马驾辕的四轮敞篷御辇（Royal Landau），在皇家卫队和王族显贵的簇拥之下，驱车缓缓穿过沸腾的人群，于庄严的威斯敏斯特宫（Westminster Hall）前下车，徒步走向象征着无上荣耀与权威的英王珐琅鎏金宝座。当然，这只是这位君主另一段艰辛路途的启程点。果然，称王后的伊丽莎白一世立刻面临两个亟待解决的重大难题：信仰与婚姻。

在玛丽一世登基之初，她便违背先父亨利八世和先弟爱德华六世继续推行英国国教的遗愿，以对新教教徒的血腥镇压开道，将天主教再度迎入英格兰社会。玛丽在位 5 年便撒手人寰，留给伊丽莎白一世一个信仰极度撕裂的破烂摊子。为了迅速恢复宗教改革之后那样的社会氛围，新登大位的伊丽莎白果断地亮出了自己的底牌：先是不出席任何天主教宗教仪式，后是以过激言论之罪名拘捕了玛丽朝的两名主教。紧接着，在第一次议会上女王再度宣布王权对英国教会的全面控制。女王如此决绝的强硬态度的确出于不得已。当年伊丽莎白的生母支持新教，后因莫须有的罪名而丢掉了性命，其婚姻连同女儿也随之被宣布“非法”。倘若任凭天主教继续掌控英国，教会早晚要翻出老账向出身可疑的女王叫板，这与默认自己的“非法”地位，甘居下风令人摆布有什么两样？再者，罗马教廷与敌对的法兰西早已结成紧密的天主教同盟，新近成为法兰西王后的苏格兰女王玛丽（Mary Stuart 1542—1587）正在虎视眈眈地觊觎着英格兰王位，在如此严峻的情势下，与教皇修好不过是一厢情愿，是个根本无法实现的梦想。伊丽莎白一世尽快对英国教会进行大清洗当是彰显其政治觉悟的深谋远虑之举。

大家知道，伊丽莎白一世以“童贞女王”（Virgin Queen）闻名于世，因为她一生未嫁。在其荣登王位的初期，女王的婚事曾一度是朝廷内外的热门话题。从史书中记载的各类绯闻看，这位自幼便生性活泼、相貌出众的女王与常人一样自有对异性的向往与追求。那位很快与其父的未亡人凯瑟琳·帕尔（Catherine Parr）结为夫妻的西摩爵士（Lord Seymour）曾与年轻的伊丽莎白公主有过一段恋情，以至双双深陷其中而不能自拔；那位伊丽莎白最亲近的幕僚枢密大臣莱斯特伯爵（Earl of Leicester 1532—1588）为实现主了的政治企图而频繁游走于英廷与苏格兰女王之间，曾一度因与女王的特殊过往而使绯闻四起，甚至有人猜疑他为最终与女王结合而谋杀了自己的结发妻子，这一切虽未得到女王的公开回应，似乎也并非无中生有。当然，试图以不同名义与伊丽莎白实现政治联姻的各国王室显贵也大有人在。比如，西班牙的腓力二世（Philip II 1527—1598）和法国的安茹公爵（Duke of Anjou）都曾向女王示好，但均被伊丽莎白巧妙地回绝了。的确，其姐玛丽一世和苏格兰玛丽女王令人心寒的联姻努力，给伊丽莎白留下了深刻的印象，尤其是玛丽一世为顾全其夫君的颜面参加了西班牙与法兰西的战争（1557—1558），致使英国丢掉了在法国北部的唯一领地加莱（Calais），这件事使她充分理解了什么叫切肤之痛。可见，伊丽莎白在其婚姻上所做的选择是有道理的。

伊丽莎白一世狡黠戏谑也好，聪慧睿智也罢，她以将自己“嫁许英国子民”的托词化解掉了潜在的政治风险，当然也因此赢得了多数英国子民的热爱与拥戴，这不能说不是她的高妙之举。伊丽莎白一世正是在这样的大背景下左冲右突，进而开创了举世瞩目的宏伟大业。她在位长达45年，在这段时间里，她借助宗教改革为英国人带来的空前强锐之气，至少完美地做成了一件石破天惊的大事，即夺取海上霸权，拓展了海外的扩张之路。

英国前首相丘吉尔（Winston Churchill 1874—1965）曾在其四卷巨著《英语民族史》（*A History of the English-Speaking Peoples*）中刻意提到过，英格兰在环球航行探索世界方面，远远胜过任何其它国家和民族。这一说法大致符合实际情况，但是，如果忽略英国女王伊丽莎白一世在推动这一探索过程的特殊做法，其评价似乎并不完整。历史上的都铎王朝（Tudor Dynasty 1485—1603）自开始便赶上了英国城乡人口的不断攀升。以当时的贸易中心伦敦为例，据说16世纪初的城市人口还不过几万人，及至1600年，统计显示这个城市已有20多万居民，比那一时期英国第二大城市诺里奇（Norwich）的人口多出了足足十几倍。如此迅速的城市人口增长势必刺激英国对商品的需求，这是伊丽莎白一世登基后便鼓吹“重商主义”的主要起因。在她称王前后，英国的商人们纷纷成立贸易公司，试图在海外寻找发展的空间，比如，成立于1555年的英国第一家股份贸易公司“莫斯科公司”，1579年组建的“大陆公司”，出现于1581年的“土耳其公司”

等，都为开拓波罗的海、东南亚等地的海外市场做出了大胆但并不十分成功的尝试。阻碍英国发展的因素很多，而当时已经形成了的欧洲贸易壁垒当是最难以突破的障碍。据史料记载，自 13 世纪开始，以德国为核心的汉萨商业同盟（Hanseatic League）就已连同 200 余座欧洲城市，长期独享着北欧地区丰厚的贸易特权，其存在严重地阻碍了英国本土商业资本的积累。为此，伊丽莎白一世果断地关闭了汉萨同盟的英国中心（Steelyard），这是 1598 年发生的事。在此之前，英国商人不得不避开北海一侧，将目光转向了英国的西南方向，通过海路把手伸到了由法兰西和西班牙控制的比斯开湾（Bay of Biscay）。由于这一时期的英国海盗在比斯开海域的大规模劫掠，英格兰和一向稳居海上霸主地位的西班牙由此展开了正面的贸易冲突。

其实，英格兰与西班牙之间的矛盾由来已久，但公正地说，两者因贸易摩擦而导致的政治对立是雄心勃勃的英国女王伊丽莎白一世一手挑起的。在女王登基之初，大西洋上的海盗船乘风破浪，四处阻截抢掠，其中英国海盗更是横冲直撞，不可一世。细想起来，海上风浪的缘起并不复杂：出于国内经济高速发展的需要，王室对海盗们的劣迹通常采取睁一只眼闭一只眼的宽容态度，女王不仅不予阻拦，每每还会在桌子底下接受海盗们的供奉，分享他们从别国商船上劫掠来的金银珠宝，如此暧昧的态度当然被英国海盗首领们理解为赞赏和支持，因此他们在海面上驾船游弋之时便更加肆无忌惮。当时英国有个海盗名叫德雷克（Francis Drake 1543—1596），这个天生的“海贼”（sea dog）自幼渴望在风口浪尖上冒险致富，成人后便追随约翰·霍金斯（John Hawkins 1532—1595）投身大西洋，漂流于西班牙、西非洲和加勒比海之间，全力做起了贩卖黑人奴隶的生意，据说这是延续近 300 年跨大西洋三角奴隶贸易（Triangular Trade）形成的由来。

有关德雷克的海盗行径及其对英国政治的影响众说纷纭，其中一种说法是他曾一手策划过三次惊动欧洲的重大海上掠夺事件，首次当是1572年的那次跨洋冒险。这一年他驾驶着自己名下的一艘海盗大船横渡大西洋，在加勒比海地区拦截了西班牙王室船队，并从商船上强行夺走了30吨白银。另一次发生在五年后的1577年，这次海盗劫掠经历说起来更是离奇。德雷克在伊丽莎白一世的特许下，亲率船队进行了一次环球航海，这次历险为英国商贾探明了进入太平洋的西北航路。更重要的是，德雷克在途经加勒比西部沿岸之时，血洗了西班牙殖民地，所得财富不仅为德雷克换来了骑士勋位，同时也极大地刺激了英国王室吞噬世界财富的胃口。德雷克于1587年前后在英国王室战舰的护卫下对西班牙欧洲港口的袭击和掠夺终于让西班牙国王意识到，不对英国直接进行军事征服，西班牙便无法夺回业已渐行渐远的全球利益。

就在这一关键时刻，流亡在英格兰的苏格兰女王玛丽·斯图亚特被伊丽莎白一世抓到了把柄，顶着与罗马教廷和欧洲敌对势力联手蓄意谋杀英格兰女王的滔天罪名走上了断头台。西班牙国王腓力二世立即在西部港口集结战船，试图向英格兰发起进攻，以迅速推翻伊丽莎白一世在英国的统治。不想其政治企图早已被英室觉察，于是，伊丽莎白一世决定先发制人，遂命德莱顿率领一支舰队偷袭并重创了西班牙舰队，致使腓力二世蓄谋已久的对英战争延迟了至少一年。

公元1588年5月，矛头直指英格兰的西班牙“无敌舰队”（Armada）准备就绪。这支拥有138艘战舰，2,500余门重型加农火炮，8,000余名水兵，以及约19,000名陆军士兵的联合舰队，构成了当时欧洲其它列强难以比拟的强大阵容。根据腓力二世的设想，制服英国这一强大敌对势力的有效方式当数海陆联合军事打击。于是，他命囤聚在荷兰的30,000名西班牙步兵做好陆路入侵英国的战争准备，单等无敌舰队驶入多佛尔海峡（Strait of Dover），扫清英国海军的军事屏障之后，登船开入并占领英格兰，一举拔掉伊丽莎白王室这面欧洲最具影响力的新教大旗。

舰队根据既定方案于五月份如期自里斯本起锚登程。或许是临阵换将，由海战经验并不丰富的梅迪纳·西多尼亚公爵（Duke de Medina-Sidonia）代替两个月前突然病逝的桑塔·科鲁兹侯爵（Marqués de Santa Cruz）披挂上阵的缘故，这支无敌舰队尚未驶离西班牙海域便遭遇飓风，在仅依赖船桅风帆航行的年代，这种气象往往是致命的，于是，舰队只好退入拉克鲁尼亚港（La Coruña）避风，这一退便是两月有余。待舰队再度出发已是 1588 年的 7 月份了。西多尼亚公爵率领舰队穿过比斯开湾，沿着英吉利海峡向东北挺进，准备到加莱与帕马公爵（Duke de Parma）率领的 30,000 驻荷兰的西班牙大军会合，在英格兰南岸择机向英国本土发起联合攻击，与英室军队展开势在必得的最后决战。

然而，事态的发展远远超出了西班牙人的想象。西班牙吞噬英格兰由来已久的企图并没有逃过英国人机敏的眼睛。为了应对西班牙的进犯，伊丽莎白一世早已做了充足的准备。且不说英国地面军事力量的精心部署，即便是所调集到的舰船数量，也大大超过了无敌舰队的配置。据史料记载，预备参战的舰船就有 197 艘，上有 16,000 余名水手，其中绝大多数是富有海战经验的海军将士。更值得我们关注的是，这支强悍的舰队在查理斯·霍华德男爵（Baron Howard of Effingham）的率领下，已做了大量有针对性的战争准备。比如，英国舰船新近在左右船舷装备了一种叫作“卡尔夫林”（culverin）的体积小但射程远的轻型加农长炮，专门用来对付西班牙庞大笨重的船只和多装在船头船尾的射程近的重型加农火炮。另外，在霍华德的安排下，所有英国舰船均撤掉了原有的陆军兵士，以进一步提升舰船的海上机动作战能力，这些战术上的调整当然是战胜西班牙海军的暗藏杀手锏。

依照腓力二世的设想，英军必因此次挫败而永远停止对西班牙北美殖民地的袭扰，西班牙在欧洲的霸主地位也必因此而再度确立。更为重要的是，英格兰的失利将迫使其放弃“异端”信仰而重皈罗马教廷，腓力二世也将借此机会回应伊丽莎白对荷兰反叛的怂恿，并一举夺回本属于他的英格兰王位。当然，这只是西班牙王室一厢情愿的如意算盘。对伊丽莎白一世而言，她当然不能输掉这场难以避免的最后对决。英国的胜利不仅可以保住宗教改革给英国带来的空前机遇，她所信仰的新教将在欧洲政治版图上保持本已属于它的一席之地，英国王室在爱尔兰、佛兰德，甚至新大陆的利益也会掌握在英格兰手中，对英国王权的觊觎者也从此不再有机会说三道四肆意妄为。总之，大战在即，交战双方都将背水一战，两个敌对的王国对其胜利也都志在必得。

大家知道，这次战争显然未能按西班牙国王所预期的方向发展。史料称，7 月 29 日傍晚，当西班牙舰队行至英格兰西南端的利泽德岬角（Lizard Point）之时，便被英国舰队发现。在之后的整整 8 天时间里，英国的舰船始终顺着风势尾随其后，在西班牙人重型火炮的射程之外用长炮向缓慢列队前行的无敌舰队发动了 4 次远程攻击。当然，这种袭扰炮火一时无法给西班牙的舰船造成实质性的伤害，无敌舰队在抵达加莱之前，也实在难以对时隐时现的敌手实施反制。8 月 6 日，西班牙人抵达多佛尔海峡，在法国加莱一侧抛锚扎营，静等帕马公爵 30,000 名步兵的出现。本应在此与海军会合着手实施联合打击计划的西班牙步兵并未如期露面，尾随而来的英国舰队却在附近抛锚停泊，借着西北海风虎视眈眈地注视着对手的动向，随时有可能向其发动新一轮攻击。

至此，指挥无敌舰队的西多尼亚公爵当已意识到了自己的窘境，海陆联合行动计划的失败意味着西班牙军队有被动挨打的可能，而在危机面前，公爵大人并没有多少自做选择的余地。无敌舰队后有英国海军的尾随堵截，几乎没有任何退路。如果往前航行，只能等待西南海风的降临，以尽快离开狭窄的多佛尔海峡，进而向左转入较为安全的北海海域。不过，即便海风为西班牙人提供方便，无敌舰队也会远离荷兰的西班牙步兵援军，这意味着腓力二世会战计划的全面破产。假如西南风不来，西北风会将西班牙船队吹向东面的泽兰沿岸，在后面强大追兵的威逼下，这一状况犹如自杀，后果不堪设想。西班牙人此时才充分意识到了英军这一难缠敌手的厉害。

就在无敌舰队进退失据，举棋不定之际，8 月 7 日午夜时分，英国舰队借着月黑风高，派出 6 艘载满炸药的火船径直扑向抛锚扎营的西班牙船只。没等西班牙人醒悟过来，火船已冲入拥挤在一起的舰队，熊熊的火焰很快引起剧烈的爆炸，3 艘西班牙战舰顿时被大火吞噬，旋即沉入海底，其余舰船则于慌乱之中纷纷砍断船锚，披着火苗顺着风势向东漂去，这一夜的悲壮场景与昔日吴国陆逊火烧连营二十里相比，实在是有过之而无不及。不过，西班牙西多尼亚公爵的运气似乎比当年的蜀君刘备要好一些。正当无敌舰队无路可走之际，西北海风突然转向，将落荒向东漂流的舰船吹向了北海方向，更为蹊跷的是，正在此时，追击而来的英国舰队用完了随船携带的全部火药，给行将走上覆灭绝路的西班牙人留下了一条生路。于是，西多尼亚公爵大人带着残兵败将，绕过苏格兰北端，途经信奉天主教的爱尔兰，进入大西洋一路向南，冲着老家的方向仓皇逃去。

至此，腓力二世和伊丽莎白一世之间的恩怨告一段落。如果从无敌舰队驶离里斯本算起，两国间的这次生死较量仅延续了不过 5 个月。在这段时间里，西班牙损兵折将，不算在逃亡路上死于斑疹伤寒的人数，其伤亡也当在一万四千上下。尽管 80 余艘舰船最终逃回了西班牙北部桑坦德港（Santender），这些船只也无不缺桅少帆，残损得不成样子。反观英国舰队，他们倒是一路顺利，不但没损失任何船舰，打了那么多的硬仗，死亡的军士竟不过百人。相比之下，西班牙无敌舰队给腓力二世丢尽了脸面，难怪西班牙王国就此便一路沉沦了下去。

当然，在这里给大家叙述这段往事的目的，不是为了评判英格兰与西班牙之间的历史功过是非。值得我们关注的是伊丽莎白一世统治下的英国，因政治崛起而给英语带来的发展机遇。这位英国女王以贞女之名戴着王冠生活了整整 70 年，公元 1603 年在其去世之时，英伦三岛已跃居为欧洲最强大最繁荣的大英帝国了。

接下来相继登场的便是英国王室紧追西班牙、葡萄牙、法兰西的脚步在北美"新大陆"开展的一系列殖民扩张行动。英国人经历数次不成功的探索之后，最终于 1607 年在波瓦坦河（Powhatan River）北岸站稳了脚跟，并以英王詹姆斯一世（James I 1566—1625）之名将建在这里的第一个英国殖民点命名为詹姆斯敦（Jamestown）。十三年之后的 1620 年，来自大西洋彼岸的"五月花"停靠在科德角（Cape Cod），上面的 132 名新教教徒和船员踏上了这块全新的"应许之地"（Promised Land）。1958 年，一位叫马克沃特（Henry H. Marckwardt）的学者做过一个粗略统计，根据他的说法，自 1620 年开始到 1753 年北美十三州形成之时，不过 130 余年，在如此之短的时间内，走进北美并扎下根来的英国人便从区区百十号猛增近百万之多，也正是这些操着各式各样英语方言的英国移民，将其本不起眼的一个岛国语言强势带入新大陆，从而奠定了英语演变为世界级语言的初步基础。

文化经纬

人文主义的兴起

英语中的"人文主义"（humanism）源自拉丁语的"人性"（humanitas)，其早期词义并不复杂，无非是西塞罗（Marcus Tullius Cicero 106 BCE—43 BCE）在其《论取材》（*De Inventione*）中鼓吹的以文法、修辞、逻辑三学（trivium）和算术、几何、音乐、占星四术（quadri-vium）为核心的“自由教育”（artes liberales）之类。及至意大利文艺复兴时期，特别是16世纪前后，意大利语的umanista经过人文复兴浪潮的洗礼传入英国，英语中的humanism一词随之发生语义变化，致使这个词不仅指向对人性的张扬，同时也明显标示出与中世纪神性严重对立的新时代思想倾向。

欧洲文艺复兴时期，人文主义思潮和现代生产方式相继出现并相互支撑，致使人们迅速意识到现实生活中个人价值的重要，人们开始热衷于个性的宣泄，以摆脱神性对社会生活中人类思想、情感、智慧的束缚。宣扬人性一举形成社会时尚，成为启迪个性自由，谋求思想解放的法宝。于是，一批曾执迷于神学的知识分子将其兴趣迅速转向古典文献，进而引发了14世纪17世纪之间人们对自然科学、伦理学、历史学、语言学、文艺学的研究热潮，这便是后人所说的文艺复兴（Renaissance）思想运动。

英国的文艺复兴稍晚于意大利，大致发生在16世纪初叶，也就是北部文艺复兴代表人物尼德兰的伊拉斯谟神父（Erasmus von Rotter-dam 1466—1536）短暂访问英格兰之后。尽管这一时期的英格兰人文学者依然使用古老的拉丁语撰写各类论著，他们的思想已与中世纪神学世界做出了果断的区隔，此类最负盛名的学者包括威廉·吉尔伯特（William Gilbert 1544—1603）、弗兰西斯·培根（Francis Bacon 1561—1626）、威廉·哈维（William Harvey 1578—1657）和艾萨克·牛顿（Isaac Newton 1643—1727）。

吉尔伯特是伊丽莎白女王的御医，但他在电磁领域的表现却远远高于他的医术，他在1600年出版的《论磁石》（*De Magnete*）是物理学史上第一部系统阐述磁学的科学专著，也正是这篇宣布世界是个巨大磁体的檄文使其成为英国文化史上首位“伟大到令人妒忌”的科学巨人。另一位巨人培根生于官宦之家，其父官至皇家大法官，他自己也在官场上有不俗的表现，曾一路升官晋爵，声誉斐然。不过，他的崇高成就却是在其官场失意后的学术研究之上。培根的主要贡献是 1620 年发表的《新工具论》（*Novum Organum*），正是在这部著作中他提出了以观察和实验为基础的科学认识理论与研究方法。与前两位巨人齐名的哈维是实验生理学的创始人，他以实验证实了动物体内血液循环的现象，并以 1628 年的《关于动物心脏与血液运动的解剖研究》（*Exercitatio Anatomica de Motu Cordis et Sanguinis in Animalibus*）和 1651 年的《动物的生殖》（*De Generatione*）两部专著奠定了现代生理学和胚胎学的坚实基础。牛顿的年代稍晚于前面三位，但他对现代科学的贡献却毫不逊色。他的万有引力原理和三大运动定律是其 1687 年《自然哲学的数学原理》（*Philosophiæ Naturalis Principia Mathematica*）一书的突出成果，是现代物理学、天文学、工程学的开山之作。

语言天地

莎士比亚的十四行诗

莎士比亚一生写了 154 首十四行诗（sonnet），并以专辑的形式于 1609 年在伦敦正式出版。从形式上看，这些诗是 14 世纪意大利诗人彼特拉克（Francesco Petrarca 1304—1374）“商赖”诗体的延续：前半 8 行，分两节，每节 4 行（quatrain），后半是个转折，共计 6 行，包括一个四行节和一个尾韵相谐的双行对仗（couplet），全诗以 abab cdcd efef gg 为整体标准韵式，诗行多使用抑扬五步（iambic pentameter）的格律。从内容上看，据说莎翁这组排列讲究的短诗是为其亲密男友神秘的“W. H. 先生”而作，也有人坚信一位肤色黝黑的已婚美女才是诗人大发诗兴的对象。无论如何，这组作品是对纯洁永恒爱情的崇高礼赞，正如 19 世纪英国浪漫主义诗人华尔华兹（William Wordsworth 1770—1850）所描述的那样，莎翁在其十四行诗中真正地“敞开了他的心怀”。

莎士比亚的作品是 16 世纪前后早期现代英语的典范，其语言风格在下面所列的第 18 首十四行诗中可见一斑。在阅读这篇著名诗作时当注意以下几点：首先，这一时期的文字与现代英语差别不大，虽然当时的某些文字规范已经失传，但只要静心细读便不会有显著的理解障碍。其次，16 世纪英语中的 v 和 u 是同一字母的两种写法，印刷时前者用在词首，后者则出现于其他地方，此一情况同样出现在 i 和 j 之间，因此 joy 也可拼写成 ioy。再次，被称作 thorn 的字母 þ 此时虽未完全消失，但它的位置已时常被 th 替代，这在莎翁的文字中表现明显。另外，不发音的字母 e 时常出现在词尾，比如 Maie、faire 等。个别词类的古旧形式也依然使用，以为诗行增添古朴味道，比如 thou, thee、owest、growest 等。

Sonnet 18

Shall I compare thee to a Summers day?	
Thou art more louely and more **temperate**:	weather condition
Rough windes do shake the darling buds of Maie,	
And Summers lease hath all too short a date:	
Sometime too hot the **eye of heauen** shines,	sun
And often is his gold **complexion** dimm’d;	apparence of the face
And euery **faire** from **faire** some-time declines,	fair or fare

By chance, or natures changing course **vntrim'd**: loss of decoration
But thy eternal Summer shall not fade,
Nor lose possession of that faire thou **ow'st**; owe or own
Nor shall Death brag thou wandr'st in his shade
When in eternal lines to time thou grow'st:
    So long as men can breathe or eyes can see,
    So long liues this, and this giues life to thee.

第 18 讲　巨人间的忧虑与追求

我在前面曾经介绍过中古英语时期多种方言各行其道的独特现象，那个时期的多中心文化氛围的确独特，因为它阻碍了英格兰全境形成语言标准的进程，标准整合力量的缺失必然导致这种语言使用上的“无序”状态。这是古代英语向现代英语过渡期间的典型特征，也是史学家将这一时期的英语冠以“中古”的主要原因。

纵观英语演变历史，从中古英语到现代英语又是一个漫长的持续渐变的过程，其跨度大致从乔叟时代直至 19 世纪末叶，绵延之久长达五百余年。从人类文明史的角度看，500 年不算什么，即使把这 500 年放到中国汉语发展史中，也近乎微不足道。不过，我们如果将乔叟在《坎特伯雷故事集》中所用的语言和奥斯丁（Jane Austen 1775—1817）撰写《傲慢与偏见》（*Pride and Prejudice*）时所用的语言放在一起做个比较，就会觉得从前者到后者是一个超级巨大的跨越，其中的语言差别细节绝非三言两语所能描述清楚。出于这一考虑，英语史研究者们习惯使用“现代英语”（Modern English）和“当代英语”（Present-Day English）这两个专门术语对后一段的英语语言做更为精细的划分，前者大致与诗圣乔叟离世的 1400 年和大文豪约翰逊（Samuel Johnson 1709—1784）的去世时间 1784 年相吻合，算起来长达近 400 年，其后便是我们比较熟悉的当代英语时期了。这样的区分更有助于我们观察英语语言的演变过程。

一般而言，导致早期现代英语（Early Modern English）有别于中古英语的无非两个重要历史因素：其一是极大地改变了英语发音的“长元音大音变”，其二便是紧随其后的德国人古登堡（Johann Gutenberg 1398—1468）的惊人登场，据说是他发明了西方铅字活版印刷技术。在前面的第四讲中我已经提前介绍了发生于 13 世纪 14 世纪前后的英语长元音大音变及其对英语语言的重要影响，在此不再赘述。这里着重聊一聊欧洲的活字印刷术，因为它是导致英语再次发生巨大变化的极其伟大的技术革命。

关于中古英语的讨论已使我们清楚地了解到，那个时期的英语处于一种极端的无序状态，古英语的威塞克斯标准已失去了其长达百年的魅力，英格兰各地的方言纷纷各行其道，分别充当着使用者赖以沟通与交流的主要角色，即便到了中古英语末期，承担着文化传承重任的各地修道院客观上依然默许其修士们依据各自的方言，用自己熟悉的拼写方式，写作或传抄着各类书籍，这是古登堡活字印刷术进入英国之时的真实语言环境。显然，无论谁来开创英国的印刷事业，都要面临这种语言混乱状态的严峻挑战。

接受这一历史挑战的当首推绸布商出身的英国人卡克斯顿（William Caxton 1422—1491）。卡克斯顿是一位有敏锐文化眼光的商人，他放弃了追随贵族升官发财的机会，独自跑到德国的美茵茨（Mainz），从师学会了活字印刷这门时髦技术。之后，他不仅在比利时西北部的布鲁日城（Bruges）印出了第一本英语书籍，还将活字印刷术带回故乡，于 1476 年在伦敦中部的威斯敏斯特（Westminster）开办了印刷作坊，坚定地开始了自己的印刷出版事业。

即使用现在的眼光看，卡克斯顿当时所面临的任何一个困难都是难以克服的。比如，用活字印刷技术把一部古籍印制成品相完全一样的几十册上百册，甚至千余册书籍，印刷者首先要考虑解决出版物的发行问题。印出来的书要设法卖出去，才能获取利润，以支持后续印刷计划，而无障碍地看懂书中文字是读者掏钱购买读物的先决条件。英国进入 15 世纪之后，用本族母语撰写各类重要作品已在本土作家中形成了一股潮流，我们今天依然熟知的乔叟、利德盖特（John Lydgate 1370—1450）、马洛礼（Thomas Malory 1415—1471）等名家便是这一时期用英语创作文学作品的杰出代表。不过，由于他们来自不同地区，其基于自己方言发音的字词拼写方式当然不尽相同，比如，乔叟是土生土长的伦敦人，利德盖特来自英格兰东部的萨福克（Suffolk），而马洛礼则出生在中西部的沃里克（Warwick），尽管这三位作家都用英语进行创作，他们也一定会依据自己所熟悉的乡音来拼写字词，由此而形成的书写差异当然显而易见。这样一来，卡克斯顿在多种书写形式中的个人偏好与最终取舍，便成了后世英语笔语形态的天大影响因子。

我们今天完全可以判断活字印刷术拓展英国读者群体的空前速度，也能够想象这个日渐壮大的新兴读者群在伦敦的街头巷尾争相传阅各类印本的热闹场景，而以卡克斯顿为代表的第一代英国印刷出版商所承受的压力却容易被后人忽略或被完全遗忘掉。的确，他们在不断地做着艰难的选择，而且他们的选择大致是正确的。正是由于他们的一系列成功判断，才使得众多作品在短短的几年中流行起来。从卡克斯顿开始在伦敦印书到他去世不过短短 15 年的光景，而他的作坊却在这短暂的 15 年中印出了 103 部不同书籍，其中包括他自己翻译的名著，盛极一时的宫廷诗人作品，以及很多宗教类和世俗应用类图书。可见，印刷出版业在伦敦乃至英国自一开始便焕发出了勃勃生机，这一局面是与卡克斯顿们的天赋与辛劳分不开的。

活字印刷术给印刷商们带来了可观的财富，客观上也为英语的标准化提供了前所未有的契机。如前所述，英语字词的拼法在很大程度上体现着英语字词的发音，千百本书籍以同样的编排版式，同样的语汇风格，同样的句子结构，同样的字词拼写呈现给众多读者，无疑为阅读社会提供了一个任何人均可比照效法的语言范本（norm），这是15世纪印刷商们对现代英语迅速形成的一大历史功绩。在接触早期现代英语的时候，这一点是需要各位牢牢记住的。

在接下来的16世纪里，英国文化界发生了两件大事，这两件事都为英国的文艺复兴增添了光彩，同时也为早期现代英语的长足发展进而成为具有广泛影响的语言，奠定了坚实的基础。这两件事分别是莎士比亚的戏剧创作，以及圣经钦定英译本（Authorized Version of the Bible）的面世。

莎士比亚研究是一门弥久常新的显学，相关研究文献可谓汗牛充栋，不计其数。就研究传统而言，历代学者大多关注这位戏剧家的身世、剧本的思想、剧作对后世的影响等，任何一本文学史都会给人们留下这样的整体印象。当然，这里不再讨论莎士比亚的文学成就，在英语史中提及这个伟大名字的唯一理由当然是想透过对莎翁语言的观察，厘清这一时段英语演变的突出特征。读过《哈姆雷特》《麦克白》《凯撒大帝》《威尼斯商人》等名剧的读者，一定会惊叹于这位语言大师驾驭语言的神奇能力。拿莎翁在其剧本中使用的词汇量来说，很多人都做过统计，最常引用的数据出自《莎剧词汇标准索引》（*Complete and Systematic Concordance to the Works of Shakespeare*），作者是斯皮瓦克（Marvin Spevack）。这位莎士比亚学者在其研究中罗列了29,066个词，如果刨除同一词的不同形态，莎剧中的词汇量也当在20,000个上下。

即使莎士比亚仅使用过20,000个词，也足以使史上任何一位作家无法望其项背，而莎翁剧作的特点远不止这超大的词汇量。他在剧作中所使用的很多词汇均首次在英语中亮相，而且大多数都流传至今，历史语言学的学者们还专门为这类词汇取了一个看上去古色古香的名字，叫作 neologism（新词）。这里列举一些大家至今仍在使用的此类词汇，如 accommodation、assassination、countless、courtship、dwindle、eventful、laughable、submerged 等。当然，莎士比亚在其剧本中首次使用的词汇，有很多今天已不常见了，此类词汇的数量也不小，包括 abruption、cadent、persistive、questrist、soilure、ungenitured、unplausive、vastidity 等。

莎士比亚对现代英语的贡献是多方面的，尤其是剧本中那些被他运用自如的短语短句，其表现力之强令人惊讶，而且，很多短语或短句在英语语言中早已变成了高度口语化的日常习惯用语（idiomatic expressions）。来看几个例子：in my mind's eye, It is Greek to me, Brevity is the soul of wit, I must be cruel only to be kind, Love is blind，等等。莎士比亚这位活跃于 400 多年前的英国剧作家与我国的明朝戏剧大师汤显祖（1550—1616）同一年去世，相比之下，他驾驭语言的能力的确出众。即便仅从以上所举的例子来看，我们称其为世界级语言大师也是恰如其分的。显然，他的语言天赋极大地丰富了早期现代英语，为今天的英语留下了一笔宝贵的遗产。

莎士比亚 52 岁即已停止写作，回到了艾丰河畔的老家斯特拉特福（Stratford on Avon）小镇安度晚年，那一年是 1611 年。也正是在这一年，英国发生了第二件大事，圣经钦定英译本在斯图亚特王朝的第一位国王詹姆斯一世（King James I 1566—1625）的支持下正式刊印发行。新版圣经问世或许出于偶然，但这部基督教典籍英译本对英语语言的深刻影响是难以估量的。据说，那年英王自苏格兰返回伦敦，归途中，有 750 位圣公会宗教改革人士联名上书，奏请国王应准用英语重译圣经。于是，詹姆斯一世召集了 54 位顶级大学学者，将他们分成 6 组，以前人的多种译文为蓝本，开始了圣经的重译工作。这项巨大工程耗时 4 年零 9 个月，付梓之时，新译本圆满地达到了译者们的预设目标。依据他们在译本序言中的说法，这部钦定本圣经不仅仅是另一新版，更重要的，这是一部比以往各个版本更为“崇高”的圣经英语译本。

那么，与前人的译本相比，圣经钦定本在哪些方面出类拔萃？我们可以从两个方面来观察：就遣词造句而言，这个译本有效地摆脱了旧译本的语言窠臼，在选择词语上力求清新且易于上口。另外，从行文风格上看，译者刻意采用了比较“保守”的文风，以高古的格调来突显经文的庄重与典雅。有人统计过，圣经钦定本所用词汇仅 8,000 余个，从数字上看远不及莎士比亚的剧作，但这个译本给后世留下了大量生动形象的习惯用语，其文本至今依然散发着沁人心脾的清新之气，细读起来，的确有妙语连珠之感。下面是从圣经钦定本各卷中选出的几个例子，大家不妨品味一下：a good old age, eye for eye, the apple of his eye, the root of the matter, out of the mouth of babes, at their wit’s end, eat sour grapes, in sheep’s clothing, new wine in old bottles, in the twinkling of an eye，等等。不难看出，这些词句的确生动、形象、简洁。

前面已提到，圣经钦定英译本并不以用词多寡取胜，甚至在遣词造句上显得有些“保守”，其实，译者的“保守”是刻意而为，目的是使译文达到一种高贵神圣的境界。如果观察一下译文的语法，这一倾向会显得格外突出。咱们来看几个例子：有人说，钦定本圣经是典型的“-th 文本”，此话不假。重译圣经之时，英语已进入早期现代英语阶段，在重要作家的笔下，现在时单数第三人称动词已改用 -s 词尾，即便是莎士比亚，大部分南部 -eth 词尾也早已被来自北部方言

的 -s 所替代，这种情况早在 16 世纪中期便已逐渐成为时尚。然而，当你翻开钦定本圣经之时，满眼都是带 -eth 词尾的动词。这是钦定本语言的第一特征。

其次，在这部圣经译本中我们可以发现，很多动词依然沿用着源自古代英语的古老形态，比如 digged（dug）、gat（got）、spake（spoke）、holpen（helped）、wist（knew）等。有些名词的品相也显得格外老旧，比如 brethren、kine、twain 等。第二人称复数代词在这一时期正在发生着变化，比如，ye 曾经用来做主语，you 则用来做动词宾语或介词宾语，而在 16 世纪的早期现代英语中，you 已经取代了 ye。这是一个从旧到新的变化，及至 17 世纪初，ye 这个字在日常应用中已很少见到，而圣经钦定本则刻意保留了旧的用法，比如，Ye cannot serve God and Mammon; Therefore I say unto you。此类用法比比皆是。

从句子结构上看，自莎士比亚时期开始，新旧词序既已交替使用，到了 17 世纪，英译中的词序已变得至关重要，新的词序逐渐定型。不过，圣经钦定本中的词序依然在很大程度上保留着中古英语的味道，比如：follow thou me, speak ye unto, cakes unleavened, things eternal，等等。一般而言，早期现代英语已普遍使用助动词 do 来组成否定句式，这是英语演变的大潮流，但是，圣经钦定本却与此一潮流不相契合，甚至时常逆流而动，助动词并没有真正地派上用场。比如，they knew him not。早在莎士比亚年代，这个句子大致会写成 they did not know him，到了 1700 年，这种用法便已成为英语中的标准句式了。

总之，圣经钦定英译本在 17 世纪初树立了一个与莎士比亚剧本有很大不同的标杆。一方面，译本中的语言充满了文艺复兴带给早期现代英语的热情与活力，另一方面，这一新时期的译本又充分展示着中世纪英语的古朴遗风。如果说这个伟大的圣经译本是早期现代英语给后世留下的宝贵遗产，其“保守”性或在向我们提示，早期现代英语在走向标准化的过程中，其步履显得实在艰难。其实，这种艰难早在卡克斯顿开始印书之时就已被当时的知识界充分意识到了，及至英国文艺复兴初期，人们便开始了对英语发展前景的担忧与争论。

哥白尼的天体发现，英国人的宗教改革，欧洲人对非洲美洲的殖民探索，无不令知识界深感英语表达能力的不尽如人意。于是，向古典语言甚至向其他欧洲语言借用词汇，成为写作者们的时髦之举。比如，极力倡导使用本族母语写作的早期英国学者埃利奥特（Thomas Elyot 1490—1546）曾经说过，如果将古希腊语和拉丁语认定为理想的图书馆语言，英语不过是街头巷尾议论家长里短的低俗话语，而唯一提升英语品格的办法就是从其它语言，包括法语和意大利语，大量引入有用词汇，以丰富英语的表达能力。一时间，生僻的词语充斥了用英语写成的各类作品，人们将其称为 inkhorn terms（学究词语）。从古典语言借来的字词暂且不论，咱们只看一看这个时期从其它现代语言借入英语的一些词汇：bamboo（Malay）、bazaar（Persian）、coffee（Turkish）、cruise（Dutch）、curry（Tamil）、flannel（Welsh）、raccoon（Algonquian）、trousers（Irish），等等。

充斥着外借词（loan words）的英语作品为一些文人赢得了博学的美誉，当然也为英语“纯粹主义者”（purists）带来了难以抑制的焦虑。比如，威尔逊（Thomas Wilson 1523—1581）就曾经质问那些热衷使用外来词汇的人们：“一旦你们有幸再次见到业已过世的母亲，而你们的母亲完全听不懂儿子的言语，你们该向母亲作何解释？”毫无疑问，自早期现代英语时期开始，英语词汇量处于激增状态，其空前的速度足以令当时的文豪们为英语语言的稳定性深感担忧。17 世纪末的英国桂冠诗人德莱顿（John Dryden 1631—1700）曾抱怨人们莫名其妙地用法语字词毁掉了英语习语所营造的美好意境。小说家笛福（Daniel Defoe 1660—1731）也曾经痛斥过那些笔下布满粗言俗语的人们，认为英国应该仿效法国的做法设立语文学院（Academy），以尽早规范英语的使用，这是1697年的事。15年之后，《格列弗游记》（*Gulliver's Travels*）的作者，小说家斯威夫特（Jonathan Swift 1667—1745）旧话重提，声称如果再不以此法拯救英语，一代人过后，英国境内便不会有人能够读懂他的作品。有意思的是，直至今日，除了南非之外，说英语的国家中没有一个建立了以规范英语为目的的语文学院，而斯威夫特所担心的事情最终也没有发生。

今天听起来，斯威夫特的警告依然有耸人听闻的意味，但是，这的确是18世纪初叶部分英国学人的真实情绪。正是弥漫在英国知识界的这种对英语状态的危机感，引出了后来英语难词拼读手册、英语语法、英语词典等大量英语工具书的出现，也最终为大文豪约翰逊及其《英语大词典》（*A Dictionary of the English Language*）的闪亮登场铺平了道路。人们习惯称这位著名学者为“约翰逊博士”，据说他开始并不领情，但最终还是欣然接受了这一充满敬意但并不寻常的称呼。约翰逊早年曾在牛津大学读书，但很快就因贫困辍学，离开学校找挣钱的机会去了。后来，为了表彰他在词典学领域的突出成就，牛津大学和爱尔兰三一学院先后给他颁发了荣誉博士学位，因此，他对自己头上这顶迟来的桂冠显得格外珍视。

为他争得这份殊荣的是他一手编纂的《英语大词典》。约翰逊当然不是第一位撰写英语词典的学者，但是，他以一己之力完成了这部皇皇巨著，并在其中展现了无与伦比的博学与才智，英语词典编纂第一人的称号放在他的头上还是合适的。约翰逊提出自己的词典计划是在1747年，按照当时的习俗，他试图找一位王公贵臣给他提供资助，以便顺利且风光地推进与完成其写作计划。于是，他找到了大名鼎鼎的文化贵族查斯特菲尔德勋爵（Lord Chesterfield 1694—1773），不想临门遭遇冷落，于是，他独自开始了耗时8年之久的艰难写作，词典最终于1775年付梓。这是一个巨大的破天荒工程，要知道，法国曾邀请了40位顶尖学者，花费了40多年时间，才炮制出一部《法语大词典》。可见，约翰逊在其中付出了难以估量的心血。

约翰逊不仅博闻强识，汇集了大量来自史上重要作家著作的词条，同时，他在解释语汇之时，也充分展示了自己独到的诙谐性格。每个读过这部词典的人都会被他的幽默文字所吸引，比如，他对pension的解释是“付给与某人能力不相称的津贴，在英国，通常指付给政府中有卖国行为者的酬金”，他把oats解释为“一种谷类，在英格兰喂马，在苏格兰喂人”，lexicographer被描述成了“撰写字典的人，一个对他人无害的苦力”，而他对excise的解释更妙，“一种人人恨之入骨的货物税，此税按抽税者的兴致任意调整”。据说，这个听似玩笑话的词条竟给约翰逊招来了不小的麻烦，他的传记作者包斯威尔（James Boswell 1740—1795）在《约翰逊传》（*Life of Johnson*）中是这样记载的：国税局的官员们被约翰逊尖酸刻薄的话语气得火冒三丈，他们和大法官商议，希望能对这个胡说八道的家伙采取合法的制裁行动。

历史上，对约翰逊的词典虽不乏褒扬之词，不喜欢这部著作的也的确大有人在。就在词典刊印之初，很多人便对其展开了批评。比如，有人指出，这部词典只是延续了解释难字的传统，而那些源自拉丁语的难字是否值得如此耗费功夫进行解释，当时是有争议的。再如，约翰逊选择例句解释词语用法的时候，偏于考虑例句的文学和伦理学价值，有些例句看上去对语言并无多大帮助。况且，大部分例句来自七大家，即莎士比亚、德莱顿、弥尔顿（John Milton 1608—1674）、艾迪生（Joseph Addison 1672—1719）、培根、蒲柏

（Alexander Pope 1688—1744）和圣经，这种选择方式显然具有局限性。还有，约翰逊的确采集了大量的例句，但词典编到后半部，篇幅不允许使用如此多的材料，因此很大一部分例句只好被放弃，结果是，词典的前部很充实，后一部分却完全两样，头重脚轻，失去了作品首尾呼应，前后应有的平衡，等等。

当然，瑕不掩瑜，今天看来，这部词典依然是一部伟大的著作。在这里谈论约翰逊和他的英语词典，主要是想说明他对英语演变所做出的独特贡献。在他动了念头，打算花时间撰写英语词典之初，除了想赚些钱，摆脱贫困之外，当然还想借此“确认并固定”（ascertain and fix）英语的用法，以遏制自己的母语不断恶化的倾向。然而，8年之后，除了依然为查斯特菲尔德勋爵不伸手相助而愤愤不平之外，他也对其初心做了深刻的反思。约翰逊以其少有的悟性，在词典前言中写道：“人们在看着自己的亲人好友老去之时，通常会笑话长生不老药的无能，我们在观察自己的语言之时又何尝不是这样？编写词典的初衷是使语言保持活力，避免其变得越来越不纯洁，甚至腐朽衰亡。显然，这种努力是无用之功，就像世间万物一样，任何努力都无法阻挡它的变化。”这是早期现代英语时期智者留给后人的启示，当然也是英语史留给我们的宝贵精华。

文化经纬

威尔逊与英语文体学

著名的伊顿公学（Eton College）坐落在泰晤士河畔温莎城堡附近的伊顿小镇，这座曾经享誉全球的英格兰贵族男子公学始建于1440年，是英王亨利六世（Henry VI 1421—1471）依照剑桥国王学院的哥特式建筑风格为70名贫困少年提供免费教育而兴建的慈善公学，其原名为“温莎宫畔伊顿圣母英王书院”（Kynge's College of Our Ladye of Eton besyde Windesore）。正是这所被英国《好学校指南》（*The Good Schools Guide*）赞誉为“男子公学第一名”（the number one boys'public school）的私立寄宿学校，为英国早期文体学家威尔逊（Thomas Wilson 1524—1581）铺平了后来的人生之路。

威尔逊出生于林肯郡一个殷实的农场主家庭，自幼在伊顿公学就读并顺利升入其姊妹学校剑桥国王学院，以继续接受其英国的正统教育。1549 年这位才子自剑桥毕业后便进入政界，很快成为深受英国王室器重的外交官和政府要员，还曾一度被伊丽莎白一世钦定为达勒姆座堂的主教（Dean of Durham Cathedral）。

当然，威尔逊的盛名主要源自他的一部代表作品，书名为《修辞学》（*The Arte of Rhetorique*）。此书大概出版于 1553 年，是系统研究修辞学和文学批评的首部英语专著。在这部书中，威尔逊为了倡导体现英国文化传统的朴素清新英语文体，公开提出了三个重要观点：其一，反对迂腐笨拙的复古文风，其二，反对矫揉造作的古典借词，其三，反对无端滥用外国词语。威尔逊早在 16 世纪就提出了这些文体学观点，这显然是当时社会思潮的一个重要组成部分。后来的诗人德莱顿抵制使用法语词汇，小说家笛福厌恶粗俗词语，斯威夫特主张固化英语语言，诗人蒲柏鼓吹维护英语尊严，他们所表达的无非是对英语现状的焦虑，其心态与威尔逊的完全一致，是不难理解的。

为了加深印象，下面转录一段威尔逊《修辞学》中的一段文字，供大家鉴赏。

> Emong al other lessons, this should first be learned, that we never affect any straunge ynkehorne termes, but so speake as is commonly received: neither sekyng to be over fine, nor yet livyng over carelesse,

usyng our speache as most men do, and ordryng our wittes, as the fewest have doen. Some seke so farre for outlandishe Englishe, that thei forget altogether their mothers language. And I dare swere this, if some of their mothers were alive, thei were not able to tell, what thei say, and yet these fine Englishe clerkes, wil saie thei speake in their mother tongue, if a man should charge them for counterfeiting the kynges English. Some farre jorneid jentlemen at their returne home, like as thei love to go in forrein apparel, so they will pouder their talke with oversea language. He that cometh lately out of France, wil talke Frenche English, and never blushe at the matter. Another choppes in with Englishe Italianated, and applieth the Italian phrase, to our Englishe speaking, the whiche is, as if an Oratour that professeth to utter his minde in plaine Latine, would needes speake Poetrie, and farre fetched colours of straunge antiquitie...

语言天地

约翰逊的《致查斯特菲尔德勋爵》

约翰逊公开发表的这封信是18世纪英语散文传诵至今的名篇，它不仅是公开挑战文人依附贵族恩主这一古老传统的檄文，同时也是这位文字大师驾驭语言的典型范例。无论从哪个角度看，这篇英语短文都值得认真品读。

My Lord,

I have been lately informed, by the proprietor of *The World*, that two papers, in which my *Dictionary* is recommended to the public, were written by your Lordship. To be so distinguished, is an honour, which, being very little accustomed to favours from the great, I know not well how to receive, or in what terms to acknowledge.

When, upon some slight encouragement, I first visited your Lordship, I was overpowered, like the rest of mankind, by the enchantment of your address, and could not forbear to wish that I might boast myself *Le vainqueur du vainqueur de la terre*; — that I might obtain that regard for which I saw the world contending; but I found my attendance so little encouraged, that neither pride nor modesty would suffer me to continue it. When I had once addressed your Lordship in public, I had exhausted all the art of pleasing which a retired and uncourtly scholar can possess. I had done all that I could; and no man is well pleased to have his all neglected, be it ever so little.

Seven years, my lord, have now passed, since I waited in your outward rooms, or was repulsed from your door; during which time I have been pushing on my work through difficulties, of which it is useless to complain, and have brought it, at last, to the verge of publication, without one act of assistance, one word of encouragement, or one smile of favour. Such treatment I did not expect, for I never had a patron before.

The shepherd in Virgil grew at last acquainted with Love, and found him a native of the rocks.

Is not a Patron my Lord, one who looks with unconcern on a man struggling for life in the water, and, when he has reached ground, encumbers him with help? The notice which you have been pleased to take of my labours, had it been early, had been kind; but it has been delayed till I am indifferent, and cannot enjoy it; till I am solitary, and cannot impart it; till I am known, and do not want it. I hope it is no very cynical asperity not to confess obligations where no benefit has been received, or to be unwilling that the Public should consider me as owing that to a Patron, which Providence has enabled me to do for myself.

Having carried on my work thus far with so little obligation to any favourer of learning, I shall not be disappointed though I should conclude it, if less be possible, with less; for I have been long wakened from that dream of hope, in which I once boasted myself with so much exultation,

My Lord,

Your lordship's most humble, most obedient servant,

Sam Johnson

第 19 讲　辞书编纂者与词典大战

上一讲谈到了 17 世纪 18 世纪之间，英国知识界对英语语言不稳定状态所表现出的忧虑，因忧虑而产生的各种想法甚至争论，以及一些学者在这段时间所采取的旨在遏制语言“败坏”的补救行动，其中包括编纂各类辞书。在这一领域，最有名的当数约翰逊博士和他的《英语大词典》。关于这段历史，我曾经提到过，约翰逊博士并不是在这方面做出努力的第一个英国人。比如，早在 1604 年，一位叫考德雷（Robert Cawdrey）的学者就曾经编写过一本《词语拼写列表》（*A Table Alphabeticall*），长约 120 页。按照他自己的说法，这本小册子是专门为夫人小姐们以及其他适用者准备的，目的是在字词拼写的迷乱之中为他们梳理出一套应有的规则。当然，只要讨论英语词典，就要从前面提到过的那位约翰逊博士说起，因为他是英语词典编纂传统的始创者。

这段往事发生在 1746 年。那年 6 月 18 日的清晨，一位叫多兹雷（Robert Dodsley 1703—1764）的书商主动登门拜访约翰逊，并与他一起共进早餐。在餐桌上，他抓住约翰逊兴致正高的机会，表达了邀请他编写一部英语词典的想法，并承诺为此支付 1,545 英镑的稿酬，但不会一次结清，要分期付款。约翰逊听后依然十分兴奋，他长期穷困潦倒，这笔生意对他来说无疑是雪中送炭。于是，他爽快地接受了邀请，并拿着书商留下来的第一笔预付款把伦敦高夫大街（Gough Square）17 号租了下来，以做他日后的词典编纂作坊，当然也顺便改善一下自己的居住条件。大家知道，接下来发生的事情使约翰逊博士十分不快，并在历史上留下了一个重要的文化印记。

这段故事在英国文化史上很有名气，因为约翰逊博士在故事的末了，为后世留下了一篇极其耐读的散文作品，即前面那封脍炙人口的公开信，标题是《致查斯特菲尔德勋爵》（“A Letter to the Right Honourable Earl of Chesterfield”）。如前所述，这是一篇著名的檄文，它首次公开宣告了文化人与“贵族依附”（patronage）的决裂，从而在英国客观上结束了这一古老的文化传统。这封信读起来字字掷地有声，不愧是出自名家之手的千古文章，各位可以抽时间将其找来品读。总之，约翰逊仅凭区区 1,545 英镑，在狭小的工作间中，坐着一晃三摇的圈椅，伏于堆满杂乱书籍的破旧松木桌上，耗时 8 年，竟以一己之力完成了他的开山巨著。在这漫长的 8 年中，他雇来的 6 位助手就有 2 位相继过世。

称这部两卷本《英语大词典》是“宏伟”之作并不夸张，我们是有充足依据的。在没有图书馆支持的情况下，约翰逊博士靠着自己的广博学识，写出了 40,000 多条字词定义，并为解释这些字词提供了 114,000 余条选自历代名家名著的例句，这一切都几乎是一人所为，可谓工程浩大，即使在当时的整个欧洲也绝无仅有。他的努力虽然未能阻挡住英语的继续演变，其词典对语言规范所产生的垄断性影响却延续了一百余年，这期间没有任何人有能力向其发出挑战。也正是由于约翰逊博士以辞典学的研究与实践为代表的巨大成就，为他从乔治三世（George III 1738—1820）王室赢得了一笔可观的年金和无比的荣耀。这位大学者从此摆脱了常年贫困的生活窘态。

词典在语言规范化的过程中的确功不可没。进入18世纪之后，北美英属殖民地的独立意识日趋强烈，殖民地的人们也越发感觉到，自己的话语当有别于大西洋彼岸后来被奥尔福德（Dean Alford）称为“女王英语”（Queen’s English）的英语语言。北美十三州立国之后，语言的独立已被社会精英认定为政治自治的一部分，因此，另一场跟语言相关的独立大戏也随之徐徐拉开了帷幕。大戏的主角是韦伯斯特（Noah Webster 1758—1843）。历史上，人们常常把韦伯斯特比作乔治·华盛顿，因为他所创立的“美国英语”（American English）这一文化概念，在分量上无异于华盛顿所建立起来的美利坚合众国这一政治实体，也正是出于这个原因，美国政府将10月16日定为“国家词典日”（National Dictionary Day），并于1932年在其出生地康州西哈特福镇（West Hartford, Connecticut）公共图书馆前竖起一座巨大的石像，借以表彰这位美国词典之父的历史功绩。韦伯斯特的青年时代，正值北美十三块殖民地与大英帝国交战之际，英国编写的课本已停止提供给殖民地校园里的孩子们，这个真空期恰恰给韦伯斯特提供了进入教育领域的绝好机会。于是，他凭借着“新世界革命者”的饱满热情，于1783年至1785年之间，撰写了一系列美国英语初级教科书，其中包括标题为《英语语法规则：第一部分》（*The First Part of Grammatical Institute of the English Language*）的一本美语拼写指南，这就是后来蹿红成畅销书的“蓝脊拼写读本”（Blue-Backed Speller）。这本小书在韦伯斯特去世之前既已销售了近8,000万册，对如此巨大的销量，即便是这位具有前瞻眼光的作者，也颇感始料不及，当年能够与其相媲美的也只有圣经了。以当时出版商支付的每册半美分版税计算，他因这本书的发行所获取的财富是可观的。

当然，这位令北美各大出版商羡慕不已的年轻成功者，并未止步于这本拼写指南的走红。当初，他只想将统一而且无误的美国语音在学童中得到普及，而此时的奋斗目标却发生了根本的变化，他要为美国英语争得它本应拥有的文化地位。对韦伯斯特来说这是神圣的事业，他随后也的确为了这个事业付出了毕生的精力。1789年是个特殊年份，这一年，韦伯斯特发表了他充满战斗激情的著作《论英语语言》（*Dissertations on the English Language*）。他在这部文集中宣称，美国人不仅应该拥有代表自己尊严的政府，因其特殊经历和人文环境，美国人也需要属于自己的美国语言（American Tongue），这一语言必然有别于大西洋彼岸的英国英语，就像荷兰语、丹麦语、瑞典语有别于德语一样。

这是北美发出的又一个庄重的宣言。美国人不会坐等历史的安排，这里的人们要以行动来实现自己的梦想。17年后，韦伯斯特的第一本《词典》（*Dictionary*）问世，这是为美国英语建构独立地位，以挣脱英国文化传统的束缚，摒弃殖民地历史的开端。到了1828年，这位天才的辞典学家几经波折，终于把他的《美国英语大词典》（*American Dictionary of the English Language*）推到了美国读者的眼前。就篇幅而论，这部辞书比约翰逊博士的多出了近三分之一，其中收入了大量的美国英语词汇与习惯用法。然而，俗话说，此一时彼一时，此时的韦伯斯特早已不是22年前那个充满战斗情怀的年轻人，时间的磨砺已使这位辞典学家显得格外老到，其言辞的确平和了许多。他在这部代表其事业巅峰的作品序言中写道："本词典的语言与英国英语无异，编纂者在这里刻意保持了两者之间的同一性（sameness）。"此时的韦伯斯特已是妇孺皆知，誉满天下，不过，或许出于他对美国英语的再认识，他的这部大作仅卖出了2,500部，当时每部的标价是20美元，算起来，这第一版实在算不上成功。为了偿还第一版的发行债务，同时筹措第二版的印刷费用，他不得不将自己的房产全部抵押了出去。

尽管韦伯斯特对美国英语的定位有所调整，他的词典对美国英语的独特语音和独特拼写还是非常坚持的。以字词拼写为例，今天的美国人依然沿用着他所倡导的有别于英国英语的美式字词拼法，比如，color (colour)、defense (defence)、fiber (fibre)、music (musick)、tire (tyre)、wagon (waggon) 等。当然，其中一些拼写改革尝试并未被美国人认可，比如 wimmen (women)、greeve (grieve)、meen (mean)、bred (bread) 等。为了强调美国英语与英国英语在发音上的差异，韦伯斯特指出，美国人说话之时，倾向使单词中的每一个音节保持其原有地位，而不任意将其缩略，比如，美国人说 se-cre-ta-ry 而不是英国式的 se-cre-try，fore-head 而不是 fo-rid，waist-coat 而不是 wes-kit，等等。这些都是韦伯斯特通过细致观察，首度提出来的，是他对美国英语的贡献。

尽管如此，这位美国标准语言推进者的故事听起来依然有些悲壮，当然，这还不是故事的全部。在韦伯斯特为自己的理想而努力奋斗的过程中，还有一段有趣的插曲，史称"第一次词典大战"（The First Dictionary War）。这段故事与另一位北美名人伍斯特（Joseph Emerson Worcester 1784—1865）有关。伍斯特早年以撰写并经营教科书起家，名声显赫，因此受雇于韦伯斯特词典的出版商，专门主持词典单卷本的编辑工作，以图扭转营销不力的被动局面。1829 年的年末，原作的删节本正式刊行。不想节外生枝，伍斯特没到一年又推出了他自己的一部辞书，标题为《综合英语发音详解词典》（*A Comprehensive Pronouncing and Explanatory English Dictionary*）。说起来这并不是一件了不起的大事，因为 19 世纪初叶本来就是词典刊印频发的年代。根据伍斯特本人后来做的一个粗略统计，从约翰逊推出他的英语词典的 1775 年算起，到 1860 年不过短短的八十几年，仅在英国就陆续出版了 64 部英语辞书。美国的词典学家也不甘寂寞，从韦伯斯特的第一部词典（1806）出版，到其删节本问世（1829），23 年内也相继出现了 30 部词典，至少每年上市一部。在这个极具诱惑力的大背景下，伍斯特在编辑别人的辞书之余，同时准备着自己的著作，完全是可以理解的。不过，这部词典的面世时间的确有些不合时宜。

据说，伍斯特在接下韦伯斯特词典的编辑工作之前，就已开始准备他自己的词典了。尽管他在刻意让自己的书有别于韦氏词典，比如不放入词源内容，强调知识阶层的发音特征等，这本书的出现还是招来了大量的指责，其中的核心观点是这部书有剽窃韦氏著作的嫌疑。韦伯斯特于 1843 年去世，此前两年，即 1841 年，韦氏词典新版上市，紧随其后，伍斯特于 1846 年便推出了自己的增订本《环球校订英语大词典》（*A Universal and Critical Dictionary of the English Language*），并在扉页上公开注明“伍斯特根据韦伯斯特的语言材料独立编著”。这一举动无异于火上浇油，致使两位词典学家及其各自的支持者之间形成了更为显著的敌对态势，与两部辞书有关联的出版社之间，也再度爆发了另一轮更为激烈的口水大战。于是，韦氏曾一度坚持的美式英语和伍斯特词典中较为保守的语言折中格调，又一次成为社会争辩的核心说辞。

这的确是一场旷日持久的“战争”，交战双方早已超越了两部辞书作者的初始信念，到了韦伯斯特去世 20 余年之后的 19 世纪 60 年代，争论还没有停歇的迹象。1860 年，伍斯特词典的标准版《英语大词典》（*A Dictionary of the English Language*）付梓，其中收录了 104,000 余个词条，附带大量的例句、同义词，以及早期拼写形式等，其丰富的内容使得这个版本受到了美国知识界的广泛关注与认可。不过，伍斯特词典的意外成功并没有结束这场战争。两年之后，即 1862 年，韦伯斯特词典的最新版本再次高调登场，其闪亮点不仅包括了伍斯特词典的全部创新内容，同时还优化了词典的传统强项。为了夺取最终胜利，出版者特意搬出了德国著名的词源学家马恩（Carl August Friedrich Mahn 1802—1887），将词典的词源部分做了彻底的修订，并在其书名中冠上了这位德国学者的大名，以 Webster-Mahn 的名义将其联袂隆重推出。这一举措彻底地征服了美国社会，美国联邦政府的出版总署（Printing Office）于 1887 年，正式将韦伯斯特词典推荐的字词拼写规范纳入了首版官方《英语拼写规范手册》（*Style Manual*）。至此，这场延续了半个多世纪的北美词典大战宣告结束。

历史上的第一次词典大战是因第二次的发生而得名的。"第二次词典大战"（The Second Dictionary War）依然发生在美国，也依然因韦氏词典而起。不过，相比之下，这次争执虽然仍被称为"战争"，其起因与过程要简单很多。一般认为，激烈的争执始于上个世纪 60 年代初，源自《新国际韦氏英语大词典》（*Webster's New International Dictionary of the English Language*）第三版。这个时候的韦氏词典早已易主，承接人是买主梅里亚姆（Merriam）家族，自 1843 年韦伯斯特去世开始，韦氏词典各版便以 Merriam-Webster 的名义继续刊行。《新国际韦氏英语大词典》第三版的主编是戈夫（Philip B. Gove 1902—1972），这个人素以追逐新潮见称，在他苦干 10 年，于 1961 年推出第三版的时候，韦氏词典已收录了 600 万条例句，词汇量高达 450,000 个。正是这样一部内容丰富、具有世界级影响力的美国辞书，为其编者招来了一片批评之声。

问题出在戈夫精心为词典选择的词汇与例句上。批评者对戈夫最不满意的地方是他在语言上毫无节制的"媚俗"之气。根据批评者的说法，戈夫在编纂这样一部代表美国文化的重要辞书之时，已远远脱离了高雅的文学传统，而一味追求世俗语言风格，在发音、词汇、语法等各个方面，向俗文化缴械投降，把美国英语引上了错误的歧途。各位对“描写语法”（descriptive grammar）这个语言学术语当并不陌生。这是美国结构主义语言学家布龙菲尔德（Leonard Bloomfield 1887—1949）描写语言学的典型研究方法，与传统的“规定语法”（prescriptive grammar）相对而言。规定语法旨在为语言使用者提供根据传统确定下来的语法规则，描写语法则通过对语言日常用法的田野观察，对语言状态进行客观的描述。对今天的语言学习者来说，描写语法这个概念已被广泛接受，不再是个问题。然而，当戈夫编辑《新国际韦氏英语大词典》第三版之时，他在方法论上的“描写”倾向，还是给他招来了不小的非议。

对于批评者的指责，戈夫及其支持者不仅大不以为然，而且严正地指出，批评者所崇尚的所谓“正确”与“高雅”语言是虚假想象，借此而发出的任何判断当然是无稽之谈。负责任的词典编纂者根本没有左右语言的权利，正相反，他应当是一位超脱的观察者，对语言的多样与变化做好冷静且客观的记录，这才是其神圣职责。总之，词典编纂者不能对他所听到和读到的语言现象做出任何价值判断。当然，戈夫及其支持者的想法与做法无法得到其反对者的认同，他们始终认为戈夫无端放弃了词典编纂者应该肩负的捍卫纯洁语言的崇高责任。实际上，直至今日，这第二场因词典引发的战争还远远没有平息下来。

从以上历史细节中可以看到，人们始终在为英语的走向忧虑着，忙碌着。约翰逊试图用他的大词典固化英语，使它不再继续蜕变，他的努力终成螳臂当车。面对现实，他不得不承认了自己的判断谬误。韦伯斯特勇敢地竖起了美国英语的大旗，让世人清楚地意识到，英语的多样性是客观现实。韦伯斯特的继承者戈夫也是一位有远见的大学问家，在他的笔下，韦氏词典变成了弘扬描写语法的范例，从另一个侧面宣示了语言变化的必然趋势。这当是我们学习历史语言学，学习英语历史的核心内容。显然，任何一种活着的语言都是在不断变化的，其中包括我们正在使用的汉语和我们正在学习的英语。

文化经纬

苏格兰英语

泰勒（Allan Taylor 1906—1990）对近代英国耕耘多年，是史学界常有深刻见解的著名英国史学者，曾被誉为“当代的麦考利”。他在1965年出版的大作《牛津英国史》第15卷的序言中，曾有一段关于苏格兰的有趣描述：“今天的一些苏格兰人称自己为Scots，称与其相关的事物为Scottish，他们完全可以这样做。不过，在这两种情况下，英语单词当是Scotch，正像我们称法国人les français，称德国Deutschland一样，至少我是这样用的。”可见，在Scots、Scottish、Scotch的用法上，不仅我们这些学习英语的人感到糊涂，以英语为母语的学者们也未必十分明白。咱们在这里尝试着分辨一下。

最具权威的陆谷孙《英汉大词典》解释说，Scots作单数名词使用时指苏格兰英语，其词源是中古英语的Scottis。由此继续追溯，《牛津英语大词典》（*Oxford English Dictionary*）的相关定义为“苏格兰低地住民英语方言的描述语”（a distinguishing epithet of the dialect of English spoken by the inhabitants of the Lowlands of Scotland），定义之下还可找到早至15世纪中叶的初次使用例证。再来看第二个单词

Scottish。根据陆谷孙词典的定义，这个单词用作总称之时也指苏格兰英语，但是，当它被用来修饰其他语言的时候，其语义会随之变化，比如 Scottish Gaelic，此时，这个单词与英语无关，其词性已发生变化，正确的意思是“苏格兰的”盖尔语，以区别爱尔兰境内的盖尔语（Irish Gaelic）。这一用法在《牛津英语大词典》中稍有细微差别，其不同之处可以从 1780 年英语文本中挖掘出来的一则例句中看出，例句说：“Scottish 方言是我们通常的说法，而 English 只在严肃场合使用。”（The Scottish dialect is our ordinary suit; the English is used only on solumn occasions.）以此判断，及至 18 世纪末，Scottish 一词虽使用环境不尽相同，其语义依然是在苏格兰地区使用的英语方言。看来，要指苏格兰的盖尔语，在 Scottish 之后同样要加上 Gaelic。

余下来的便是 Scotch 这个单词了。据说，Scotch 的本义是苏格兰地区的各种凯尔特方言，比如苏格兰盖尔语（Scotch Gaelic），只是这个词显得有些老旧过时罢了。然而，问题或许没有这么简单，比如陆谷孙词典就称这个词可单独用来特指苏格兰英语。而《牛津英语大词典》却记录了一个 19 世纪的用法，其意大致为“一种被认定的北部英语方言，在苏格兰是本地英语方言”（Designation of a variety of northern English which was a vernacular in Scotland）。可见，即便是这样表面看来十分简单的单词，如不仔细甄别，其确切含义也很有可能成为巨大的问题，更何况此词还有诸如“威士忌”“胶带”“宠物狗”等其他多种与语言无关的意思。

历史学家泰勒于 1979 年因打抱不平而毅然辞掉了不列颠科学院的院士头衔，其时，他大概不曾想到他对上述三个英语单词的定义给后人带来的困扰，苏格兰人不买其账，英语学习者们也随之更加不得要领，前者或许厌恶略带轻蔑的 Scotch 称谓，而后者则是手足无措，实在难以找到真正保险的用法指南。

语言天地

《新英语大词典》

著名的《牛津英语大词典》原名为《新英语大词典》(*New English Dictionary*),直到1895年之后才逐渐转用了现在家喻户晓的名称。这部辞书的首卷出版于1884年,距约翰逊英语词典的问世时间近130年,在这一百余年中,英国的词典远远地超越了欧洲的同类著作,尤其在词源领域更是独领风骚,其卓越成就与"早期英语文献协会"(Early English Text Society)的贡献当有着直接的关系。当然,布拉德利(Henry Bradley 1845—1923)起初对这一说法并不以为然。

布拉德利是英国著名的词典编纂家之一,他对《新英语大词典》有关词源学方面的微词出现在他为词典首卷出版特意撰写的书评之中。此时的布拉德利因妻子的健康问题而举家南迁到了泰晤士河畔的富勒姆(Fulham),这位从动荡中刚刚平静下来的学者,趴在尚未打开的行李箱上写成了曾引起不小波澜的评论文章。在这篇短文中,他在盛赞词典首卷中简洁的版式编排、恰当的典籍引用等优点之余,也指出了词典在词源方面的瑕疵,而后者极大地触动了正处于骄傲之中的英国学界,同时也引起了词典主编默里先生(James Murray 1837—1915)的注意,这是布拉德利后来应邀以主编身份加入词典编纂团队的主要原因。

从下面的书评节选中我们不难看出,无论是词义句式还是整体文风,19世纪末的英语面貌已与当今的书面语言极其相似,其中的个别单词,如coadjutors、epoch等,或许还多少带有某些早期现代英语中源自拉丁语或法语的语义残留,但就整体而言,我们已很难找到完全有别于当代英语的显著例证。

In comparing the Philological Society's *English Dictionary* with the only works which can claim to be regarded as its peers — the *French Dictionary* of Littré and the unfinished *German Dictionary* of Grimm — it must be remembered that the scope of the English work is in several respects far larger than that proposed in either of the others. For one thing, the period of time embraced in the *English Dictionary* is by several centuries longer than that surveyed by the great French and German lexicographers. The classic French language of Littré begins no earlier than the seventeenth century, and the New High German treated by Grimm goes back only to the middle of the fifteenth century. But the aim of Dr. Murray and his coadjutors is nothing less ambitious than to catalogue and, so far as the materials suffice, to discuss historically every word which has belonged to the standard English vocabulary at any time since the language passed out of the fully inflected stage known as Anglo-Saxon. The epoch of this change is fixed by Dr. Murray at the year 1150. The literary barrenness of the hundred years preceding this date happily obviates much of the inconvenience usually attending the assignment of a definite year as the commencement of a linguistic period. The conpilers of the *English Dictionary* have therefore to trace the development of the language through a period of respectively three or five centuries, rich in literary remains, before arriving at the chronological points at which the labours of Grimm and Littré commence...

第 20 讲　英语世界与世界英语

在英语语言演变的历史长河中畅游，势必要触碰到流变之中的各种语言形态。古往今来，各式各样的语言变异无时不在刺激着那些渴求英语纯净永驻的文人墨客，同时也给早已悟出个中真谛的研究者们提供了越来越大的遐想空间，英语发祥地英国的千年兴衰当然也使如今的学人对英语未来的走向有了更为清晰的预测。的确，英语演变过程始终在向我们提示，这个充满传奇的欧洲地方语言从卑微渺小，陡然声名鹊起，进而变成了独霸天下的“日不落帝国”通用语言，即便在公元 21 世纪的今天，其世界级的显赫地位仍是无与伦比，正如当代著名英国语言学家克里斯特尔（David Crystal）所说，今日的英语依然配得上“全球语言”（global language）的炫目光环，因为在人类文明发展进程中，没有任何一种语言的影响表现得如此广泛深入，也从来没有任何一种语言拥有如此庞大的应用群体，即便是古代的拉丁语和当代的汉语也从没有如此地风光过，这是他于 2003 年在《英语，一个全球性语言》（*English as a Global Language*）一书中所做的表述。

在这本书发表后的第二年，克里斯特尔又推出了他的另一部力作，书名是《英语的故事》（*The Stories of English*）。他在这本新书中继续写道，语言的多样性质（diversity）孕育了英语的多种变体

（varieties），而正是这些“非标准”（non-standard）的英语形态见证了英语演化的历史，并预示着英语演化的前途，克里斯特尔的这一观点在其著名论文《何为标准英语？》（What Is Standard English?）中表述得非常清楚。用他的话说，随着时间的推移，英语语言必将分化（split）、聚拢（converge），使得不同变体的使用者难以彼此沟通，因而导致某种“世界标准口头英语”（World Standard Spoken English）的最终形成，人们将借此获得具有“通用语”（lingua franca）功能的“国际英语”（International English），这一假设被学者们描述为“语言混成”（hybridization）现象。

英语语言的全球适用性是个一时难以说清的超大概念。为了方便描述，我将这个话题分为两步讨论，其一是以英语为第一语言或官方语言国家中的英语本体状态，即由这些国家的英语组成的“英语世界”（English World），另一个则是以英语为基础衍生出来的各类英语变体状态，也就是由这些变体组成的“世界英语”（World English）。这一粗糙的分类一定会使略知英语史的一些朋友想到已故印度语言学家卡齐鲁（Braj Kachru 1932—2016）于1990年出版的《英语魔变：非母语英语的传播、功用与模式》（*The Alchemy of English: The Spread, Functions and Models of Non-Native Englishes*）一书。在这部获奖著作中，他首度将英语使用者划分为占据三个不同大小同心圆（three concentric circles）的三组人，分别是以英语为母语的内圆组（inner circle），以英语为官方语言的外圆组（outer circle），和以英语为重要交际外国语的扩圆组（expanding circle）。第一组包括英国、美国、澳大利亚、新西兰、加拿大的英语区，以及部分加勒比海前殖民地国家，总人口大约在3亿上下。第二组的大部分是上个世纪两次世界大战之间组成的所谓“新英联邦”（New Commonwealth）成员，包括印度、尼日利亚、孟加拉国、巴基斯坦、马来西亚、坦桑尼亚、肯尼亚，以及南非等，总人口应在1亿5千万到3亿之间。卡齐鲁认为，第三组包括上两组之外的大部分国家，比如中国、俄罗斯、日本、韩国、埃及、印度尼西亚、很多欧洲国家等，所涵盖人口当有10亿左右。以这一经典划分为依据，接下来着重讨论前两组的情况，以辨别它们在“英语世界”中各自充当的角色。“世界英语”是另外一个话题，我将其留在后面介绍。

“英联邦”（British Commonwealth of Nations）的构想是南非政治家史末资（Jan Smuts 1870—1950）于1917年提出来的，这一称谓在1926年的“帝国会议”（Imperial Conference）上最终得到了大英帝国王室的首肯，并在“贝尔福宣言”（Balfour Declaration）中正式启用。此时的英联邦所涵盖的国家大多为与英格兰多少保有血脉联系的白人自治领，比如加拿大、澳大利亚、新西兰、南非等，也正是这些国家缔造了英语世界的基础。下面依次简单介绍一下这些国家的英语状况。

英语对加拿大的浸染当始于15世纪末叶。有史料记载，早在11世纪中期，就有北欧维京人多次光顾过这片印第安人的土地，而把英语带到加拿大的却是400年后的一位意大利人，他叫卡博特（John Cabot 1450—1499）。据说，卡博特深受航海家哥伦布（Christopher Columbus 1451—1506）四度跨洋探险的启发，立志在有生之年寻找一条更短的海路以成就他探究神秘中国的夙愿。与哥伦布不同的是，这位探险家没有寻求西班牙王室的资助，而是把目光瞄准了蒸蒸日上的英国。根据历史学家拉多克（Alwyn Ruddock 1916—2005）的多年研究，卡博特的探险计划于1498年得到了英王亨利七世的赏识与赞助，不久他便带着亨利的特许状，亲自率领着王室的船队自布里斯托尔（Bristol）启程，横跨大西洋来到了纽芬兰（Newfoundland），从而迈出了英国人殖民加拿大的关键一步。

有关“加拿大”（Canada）这个地名的由来，历史学家众说纷纭，其中一种解释是，这个词来自北美洲圣劳伦斯河（St. Lawrence River）流域的印第安人方言，属于古老的易洛魁语系（Iroquoian language family）。据说，当初有个叫卡蒂埃（Jacques Cartier 1491—1557）的法国探险家向当地的一位印第安老者询问此为何地，老人谦逊地用自己的方言说此地是 kanata（小村落），意思是说，此处是个不起眼的小地方，自此，这个词便被这位法国人传了出去，后来几经变化，便成了 Canada 这个泛指美洲北端广袤土地的专用名称了。

“加拿大英语”（Canadian English）这个术语最早出现在 1854 年，但它的历史开端却比其称谓早了近一个世纪。确切地说，加拿大英语是伴随着英国殖民者日益加快的入侵步伐应运而生并迅速发展起来的。就过程而言，加拿大英语的出现及其使用区域的逐步伸展与发生在北美地区的几次大规模移民浪潮有着直接的因果关系。1763 年英法“七年战争”（Seven Years'War）终于落下帷幕，英国以战胜国的姿态迫使法国签署了《巴黎和约》（Treaty of Paris），借此将其属地加拿大顺利地据为己有。从这一年开始，到 1931 年加拿大签署《威斯敏斯特法案》（Statute of Westminster）正式宣布宪法自治，这个国度经历了英属殖民地时期（104 年）和自治领时期（64 年）。在这 168 年的时间里，加拿大先后经受了至少两次英国人巨大移民风潮的洗礼，每一波移民的涌入都标志着这一新兴国家人口的高速增长。

第一次移民潮起因于“美国独立战争”（American War of Independence）。英属北美 13 州因不堪来自大西洋彼岸的蔑视与霸凌，于 1776 年 7 月在费城召开了“第二次大陆会议”（First Continental Congress）。据说当月 4 日傍晚时分，北美 13 州的代表们再聚独立大厅，议定并签署了脱离英国统治的《独立宣言》。五天后合众国的第一任总统华盛顿（George Washington 1732—1799）在纽约市向军队宣读了

《独立宣言》，美国独立战争就此全面爆发。效忠英国王室的大批英帝国保皇人士（empire loyalists）由于政见不同，纷纷扶老携幼逃离美国的新英格兰（New England），一路向北来到加拿大东南部的新斯科舍（Nova Scotia）地区，其中一部分人继续向内陆迁移，最终在安大略（Ontario）的西南部找到了栖身之所。在短短的几十年间这一地区的移民人数便飙升到了 10 万之众，他们就是加拿大的第一批以英语为母语的居民主体。

第二次移民浪潮发生在 19 世纪初英美两国的第二次武力较量之后。北美 13 州的独立虽得到了英国王室的最终承认，但是，由英国人亲手开发的大片殖民领地突然被“叛逆者”从版图上硬生生地剥离出去，这总是一段令大英帝国丢尽颜面的屈辱历史，美国在大西洋上在新大陆内的强势扩张更给骄傲的帝国带来了极度的不快，于是，独立战争之后的半个多世纪成了英美之间剧烈摩擦的不安定年代，在此背景下，两国再次宣战，史称“1812 战争”（War of 1812）。这场战事持续了将近三年，及至 1815 年，两国在荷兰签订了《根特停战协议》（Treaty of Ghent），这场争霸大比拼才以美国的全面胜利而宣告结束。战争的结果是：英国通过停战协议承诺不再支持西班牙人和北美印第安人在美国本土发动的任何战事，英国放弃对美国本土的土地抱有任何领土要求。显然，战争的胜利彻底挫败了英国阻止美国向西北和东南两个方向进行领土扩张的图谋，为新兴的美国赢得了前所未有的荣誉，从而开启了此后英美之间两百余年的和平年代。英美之间难得的和平也给在夹缝中谋求生存的加拿大带来了巨大的发展空间，19 世纪英国人向北美尤其是向加拿大的移民浪潮就是在这个历史背景之下发生的。据文献统计，加拿大于 1867 年宣告成立自治领之时，进入其领土的英帝国移民总数竟高达 96 万，其中当然还包括躲避天灾人祸的爱尔兰人和苏格兰人。

两次遮天蔽日的大迁徙给加拿大增添了100余万以英语为母语的常住居民。乍看上去，这一数字并不十分巨大，但这100余万已占了今天加拿大总人口的三十分之一，而这个数字出现在加拿大这个多元移民国家的建国初期。正是这些来自美利坚、英格兰、苏格兰、爱尔兰的人们，带着他们各自的浓重乡音，走入加拿大这一新兴英语群落，从而决定了今天加拿大英语方言的基本特征。就整体而言，加拿大英语方言与美国新英格兰地区的英语方言均源自英国多种方言的混合体，在语音、语法、词汇、拼写等各个方面都与美国东海岸方言极其相似。当然，如果我们仔细听加拿大人的英语，其发音与美国标准语音相比还是有着显著区别的。比如，当 /aɪ/ 和 /au/ 这两个加拿大英语中的主要双元音出现在清辅音前面的时候，其首元音的发音位置会明显前移并升高，于是，/aɪ/ 和 /au/ 变成了 /ʌɪ/ 和 /ʌu/。拿 bright 和 mouse 为例，两个词的尾辅音分别是清音 /t/ 和 /s/，出于这一原因，两个双元音的首元音便分别前移并升高至 /ʌ/ 的位置，因此，这两个词在加拿大英语中的标准发音是 /brʌɪt/ 和 /mʌus/，这种独特的细微音变被研究者称为“加拿大升音”（Canadian raising），是加拿大英语方言的典型语音特征。

我前面提到，北美13州的英室保王党们因政治原因移至加拿大，他们的最初落脚点是大西洋沿岸的魁北克（Quebec），之后不久，这些人继续向蒙特利尔（Montreal）和周边的城镇地区迁徙，致使蒙特利尔一度被讲英语的人们所充斥，尽管法国殖民势力很快夺回了这一地区，英语并未完全离开这座城市。今天看来，当地英语方言中的新英格兰人言语腔调完全是这段早期地区经历使然。随着加拿大人的国民意识日益浓重，讲英语的人们也开始关注到并有意无意地强调甚至夸大自己方言中的细微特征，以使加拿大人至少在说话之时有别于近在咫尺，曾被荷兰人用本族土话戏称为“海盗族”（Yankee）的美国北方佬。这里给大家举一个例子：元音后带有 r 字母（post-vocalic /r/）而形成的音节“/r/ 音化”（rhoticity）是英格兰西南部、苏格兰和爱尔兰等地的英语方言特征，这一方言类型也常常被称为“/r/ 音化英语变体”（rhotic varieties of English）。由于早期移民群体的地理分布，这种发音习惯传入美国西南部地区，成为后来“通用美国英语”（General American）的典型特征。值得注意的是，美国东海岸港口城市的早期移民深受英国上层方言演变的影响，自开始便放弃了“/r/ 音化”的古老英语发音习惯，这当然也是离开新英格兰步入加拿大的那批美国保王党们的英语发音特征，而这批加拿大移民却没给加拿大人留下多少新英格兰人的言语痕迹，当初操着一口美国北方腔的保王党的后裔们居然抛弃了自己的“高贵”，转而捡起了卷舌音浓重的古老英语方言。对这一现象的解释或有两个，其一是讲非“/r/ 音化”方言的后代英国移民的压倒性影响所致，其二便是早期讲英语的加拿大人本能地抵触美国北方佬的腔调，以显示自己与美国人的本质区别。

英语方言的某种独特性往往是其地理位置和文化环境所决定的。比如，加拿大英语中的很多词汇完全是当地土产，在其它方言中根本不可能出现，像 chipmunk（金花鼠）、kokanee（红大马哈鱼）、saskatoon（唐棣）、muskeg（泥炭沼泽）、kayak（皮筏子）等千百年来一直在这块土地上与当地土著居民相依相伴，这些源自各个印第安部落的名字自然成为加拿大英语词汇的独特组成部分，此为必然。当然，还有一些词汇源自周边其它语言，比如 capelin（胡瓜鱼）、coulee（干河谷）、shanty（木屋）、dépanneur（便利店）、autoroute（高速路）、tourtiére（圣诞肉饼）等词显然源自法语，如今这些外借词汇也早已成为加拿大讲英语的人们（anglophone）离不开的生活用语了。

下面我来扼要地介绍英语世界中澳大利亚方言形成的始末。

公元 1787 年 5 月 13 日清晨，由 11 艘大小舰船组成的英国“第一舰队”（First Fleet）在朴茨茅斯（Portsmouth）港准备就绪，单等舰队首领、航海经验丰富的菲利普（Arthur Phillip 1738—1814）上校一声号令，包括两艘皇家海军战舰在内的船队便可扬帆启航。舰队的目的地是 24,000 公里开外的海外流放地（penal colony）新南威尔士（New South Wales）的植物学湾（Botany Bay）。远航的使命是把英格兰、爱尔兰等地的服刑囚徒迅速迁出本土，运往流放地。由舰队押送的 667 名男女犯人，加上 212 名海军官兵，及其随行官员连同他们的家人，共计 1,400 余人。

这次罪犯流放计划在英国本土已酝酿许久。早在 1783 年，也就是蒙塔古伯爵（Lord Sandwich 1718—1792）和皇家学会（Royal Society）掌门人、大植物学家班克斯（Joseph Banks 1743—1820）二人参与库克（James Cook 1728—1779）上尉的太平洋探险，首度远航勘察植物学湾之后的第 13 个年头，班克斯便向英国王室建议在那群岛屿上建立罪犯流放地和永久殖民点，以缓解北美殖民地独立给英国带来的难以解决的监狱收容压力，同时也可遏制法国在太平洋的过度扩张。经过反复酝酿，班克斯的提议得到了英国议会的正面回应，于是，英国正式开启了向澳大利亚移民的近百年殖民进程。

据现存的十余种原始文献记载，这个耗资约 960 万英镑的“移民”船队，经历了 250 余天的惊涛骇浪之后，终于载着 1,373 位存活下来的人们在植物学湾安全登陆，并在附近更为宜居的杰克逊港（Port Jackson），也就是今天的悉尼（Sydney）地区，升起了英国国旗（Union Jack），英国人的又一个移民点正式开张，第一舰队首领菲利普上校理所当然地坐上了新殖民地首任总督的交椅。

位于南半球的这群岛屿被最早到此探险的荷兰航海家叫作“南方陆地”（terra australis），因为他误以为此地是南极的一部分，这便是“澳大利亚”（Australia）地名的由来，及至 17 世纪后半叶，“澳大利亚”这个地名已被西方世界普遍接受。土地贫瘠但又地域广阔的“南方陆地”由澳大利亚大陆和塔斯马尼亚（Tasmania）等众多岛屿组成，在英国殖民之前，这块地方一直是太平洋土著们（Aboriginals）千万年来的繁衍生息的古老家园。他们的语言纷杂，据说各个部落都拥有属于自己的话语，其数量多达 300 余种，分属塔斯马尼亚、西托雷斯（Western Torres）等众多不同的太平洋语言系统。可见，当操着不同地区英语方言的罪犯们远渡重洋，在皮鞭的驱赶下战战兢兢地步入这一陌生环境之时，或许没有人意识到，他们一手“创造”的澳大利亚英语方言注定是不同于英国标准英语的独特语言变体。

快速的移民进程的确催生了一个独特的多语言多方言的人文环境，澳大利亚因此于 18 世纪后半叶陡然变成了“语言熔炉”（melting pot of languages）。前面提到，那些被强迫进入澳大利亚的人们主要是来自英格兰、爱尔兰等地的罪犯。这些有名有姓的窃贼、强盗、流氓在 250 余天的艰辛漂泊中，挤在一起吃喝拉撒，用各自的南腔北调嬉笑怒骂，他们的言语于不经意间相互影响，很快便在这个有限的“语言社区”中克服了种种障碍，摸索出了足以用来彼此沟通的共同腔调和共同语汇，这些人正是操着这种快速合成的混杂方言（flash hybrid dialect）在大英帝国军人的押送下踏入了悉尼湾（Sydney Cove）。

历史上有不少学者并不十分相信英国人仅仅为了建立流放地而进入澳大利亚的说法，但首批移民的确是一群罪犯。这些大多生活在社会底层，对文明时尚一脸迷茫甚至满心敌意的人们，给当时空旷贫瘠的澳大利亚的确注入了不少活力，同时也在这个国度的英语语言之上自开始便涂抹了一层独特的粗犷底色。达尔文（Charles Darwin 1809—1882）于 1835 年曾造访过澳大利亚西北部的比格尔湾（Beagle Gulf）。据说，那里的彪悍民风，特别是澳大利亚人的低俗语言令这位温文尔雅的帝国著名学者大跌眼镜。用他的话说，他们不分场合的

“低劣谈吐”（vilest expressions）实在是这里人的“严重缺陷”（serious drawbacks），从他们嘴里流露出的恶俗足以使远道而来的任何帝国官员深感不快。

当然，对语言史研究者来说，澳大利亚早期移民的语言风格对当地方言形成的影响是毋庸置疑的。大批的服刑罪犯及其看管人员组成的言语群体肯定有其特殊的风格，从滋生这一特征的社会环境中逐渐演化而来的地域方言，除了说话者浓重的伦敦东区腔调（Cockney）和爱尔兰乡音之外，也流露出这一变体对交际内容，尤其对表达方式的某种偏好。澳大利亚语言学者特纳（George W. Turner）曾在他的著作中就澳大利亚早期囚犯语言（convict language）对当地英语词汇的影响发表过见解，也曾为此列举了不少从那一时期传流至今的有趣例子。比如，特纳告诉我们，澳大利亚英语中有 new chum 和 old hand 一对词组，后者由 old chum 演变而来。这两个词组都曾是早期澳大利亚囚犯的圈内黑话（cant），意指初来乍到的新狱友和相识已久的同室难兄难弟。时至今日，澳大利亚人仍在使用 new chum 这个短语，只是语义上早已发生了变化，意指某一技能的初学者，或生手（a tyro, a novice），而后者则由于语义变化而被 new hand 所取代，意思也与狱友原义脱离了关系。

再如，澳大利亚英语中的常用词 swag 也曾发生过类似的语义变化。在殖民之初，这个词也属罪犯圈中的黑话，意思是扒窃到的“赃物”（thief 's loot），而后来的澳大利亚人在使用这个词之时却放弃了原有的语义，取而代之的则是“很多”（large quantity），比如，今天的澳大利亚人会说他有 a swag of letters to answer，意思是他有很多需要回复的书信。此类具有黑话词源的语汇在当代澳大利亚英语中并不少见，像 bash（beating）、coak（die）、dollop（robbery）、pig（cop）、quod（prison）等都当归于此类，这是澳大利亚英语词汇的一大特色。

以上列举的词汇是早期移民从英国南部、爱尔兰等地带入澳大利亚的。跨洋而来的人们登上这片陌生土地之后，当然也会受到本地“生物地理”环境的浸染，于是，土著人口中的“土特产”很快便进入了他们的日常语言。有统计称，这类具有显著土著词源背景的词语至少有10,000余个，也正是这批土生土长的语汇使得澳大利亚英语显现出了它鲜明的方言特性。英国语言学家克里斯特尔在其《剑桥英语语言百科》（*Cambridge Encyclopedia of the English Language*）中就为我们列举了大量的此类单词，其中一些与澳大利亚的独有植物有关，比如banksia（山龙眼树）、mallee（油桉树）、quandong（框档树）、wattle（金合欢树）等，另外一些则是只能在澳大利亚才能见到的大小动物，比如barramunda（肺鱼）、galah（桃红鹦鹉）、koala（树袋熊）、kangaroo（袋鼠）等。

不同的地理区域和人文环境势必会丰富一个语言的词汇，这一点在澳大利亚英语的形成过程中又一次得到证实。不过，就书面语而言，特别是在书面语的语法结构方面，澳大利亚英语和英国标准英语之间并不存在突出的差别，很多到过澳大利亚的人甚至难以觉察到两者之间在书面语上的异同。但是，如果细心观察，在日常应用中还是能够体验到两种英语方言之间细微差别的，而这些差别主要体现在发音之上。的确，与标准英语发音（Received Pronunciation, RP）相比，澳大利亚英语听上去是不一样。上个世纪60年代，悉尼出版了一本语音学专著，书名是《澳大利亚英语发音》（*The Pronunciation of English in Australia*），作者是两位语音学者米切尔和德尔布里奇（A. G. Mitchell and A. Delbridge）。两位学者在这部书中根据社会语言学原理，将操英语的澳大利亚人分为三大社会群体，并详细地分析了这三大社会群体所讲英语之间的主要语音区别。

根据他们的大致分类，澳大利亚社会中有近10%的人属于第一群体，简称“文雅口音群”（Cultivated Accent Type）。这些人受过英国式的良好传统教育，大多居于社会中上层，有体面的工作，也有富足的生活环境，他们的人数不多，其交际圈也相对固定。这一阶层的口音虽多少沾染了一些澳大利亚味道，但就整体而言，他们的语音语调听上去与英格兰南部的标准语言非常接近，也正是出于这一原因，其特征显著的发音经常会引起周围人们的侧目，颇有故意“装腔作势”（affected）之嫌。不过，第一群体在澳大利亚人口中占比不大，他们的口语当然不是当地英语的代表。所谓第二群体占据当地总人口的一半，有人说可达 60%，是澳大利亚人的主体。这一群体的语音状态与第一群体突出的英国腔略有差别，他们在日常交谈之时，其声调虽然流露着显著的澳大利亚泥土气息，但听上去还是保有英国标准英语的主要特征，由于这一群体是澳大利亚的主要英语人群，米切尔和他的同事称这些人为“普通口音群”（General Accent Type）。

剩下来的第三群体约占总人口的 30%，其占比虽然不高，但是，他们说话时顺口流露出来的特殊“土腔”却给人们留下了深深的澳大利亚英语印象。人们或许会问，在这部分人的谈吐中究竟有哪些发音可以配上“澳大利亚英语”（Australian English）这个六字标签呢？粗想起来这个问题并不复杂，这些被米切尔和他的同事称为“宽音口音群”（Broad Accent Type）的澳大利亚人，大多是来自伦敦东部和爱尔兰灾区的下层难民后裔，祖上的英语发音习惯经过几代遗传，在他们的澳大利亚子孙身上得到了充分的体现，这些人话语中的“元音宽化”（broadening）现象其实是其原籍英语的典型发音特征。更确切地说，这里提到的“宽化”不是语音变化，而是澳大利亚英语保留了源方言的历史特色。

为了叙述方便，这里依然使用“宽化”这种说法。先来看几个澳大利亚英语语音中元音宽化的典型例子。所谓元音宽化有两种情况，先看第一种。英国标准发音（RP）的前闭元音或后闭元音央化（centering），通过发音位置降低宽化，形成新的双元音，比如前长元音 /iː/ 变成双元音 /əɪ/，后长元音 /uː/ 变成双元音 /əʊ/，澳大利亚英语中比较常见的例子像 meat 和 soup，其读音与英国标准发音有很大的不同，通常读成较宽的 /məɪt/ 和 /səʊp/。多音节词汇中非重读音节中的前元音 /ɪ/ 通常被宽化了的央元音 /ə/ 取代，比如 hospital 中第二个音节的前元音就会被宽化，读成 /'hɔspətl/，这也属于第一种情况。第二种情况与英国标准发音中的双元音有关，最为典型的是双元音 /eɪ/ 在澳大利亚英语中呈现出来的变异。这个双元音的第一个音素被明显宽化，变成了 /aɪ/，比如 cave 和 delay 这两个词在澳大利亚人的嘴里会变成 /kaɪv/ 和 /də'laɪ/，有人因此戏谑道，当澳大利亚朋友对你说 Come here to die 之时，他未必在跟你开玩笑，其本意是邀请你今天就过来到他家做客（Come here today）。另外一个英国标准发音中的双元音 /aɪ/ 也有相似的变异，其首音素在澳大利亚英语中也要后移并宽化，变成 /ɔɪ/，比如 my bike 会被澳大利亚人说成 /mɔɪ bɔɪk/，这种在发音上的显著不同后来成了澳大利亚英语最富特色的方言标志。

当然，澳大利亚英语中还有一些其它发音特征，比如，有人将带有浓厚澳大利亚土音味道的英语称为 twang（重鼻音英语）。前面提到，澳大利亚英语继承了伦敦东区（East End）英语方言的发音特色，比如，与鼻辅音相邻的元音在很大程度上会受其影响发出浓重的鼻音，这一现象便来自伦敦东区方言。比如 down 这个词，元音 /aʊ/ 后面紧跟着鼻辅音 /n/，noun 中的元音 /aʊ/ 也紧跟着鼻辅音 /n/，因此这两个词的元音在典型的澳大利亚英语中均带有浓重的鼻腔音，这也是澳大利亚英语的一大特色。

以上是澳大利亚英语的由来与特征。下面再来看一看南非英语的基本情况。英国人于 18 世纪末迅速闯入南非的过程与其以往海外殖民经历不尽相同。起初，他们既没有当年北美保王党亟待摆脱 13 州政治胁迫的压力，也没有英国王室急于寻找海外罪犯流放地的实际需求，因此，操着满口英语的英国人远渡重洋来到非洲最南端国度的首要目的是与其他欧洲列强展开实质性的海上霸权竞争，夺取已被他人先手控制的自欧洲至好望角的海上商道。

英国人于1795年第一次登上了这块后来以“彩虹之国”（Rainbow Nation）闻名于世的南部非洲多语言多文化的富饶之地，这一年距荷兰人染指南非的时间晚了 143 个年头，距葡萄牙航海家首度探访非洲则更为久远，葡萄牙航海家迪亚士（Bartolomeu Dias 1450—1500）率领第一个欧洲探险船队停靠在非洲西南角的鲸湾港（Walvis Bay），并于次年成功绕行非洲最南端，最终发现了著名的好望角（Cape of Good Hope），这一旷世盛举发生在公元 1488 年岁末，比英国人首次造访此地早了足足 300 余年。欧洲列强的举世成就，尤其是他们对这一重要商业航道的控制给相关国家带来了巨大的商业利益。为了获取印度和亚洲地区的贸易利益，荷兰东印度公司（Dutch East India Company）在荷兰王室的直接支持下于 1602 年成立，此后的数十年，荷兰东印度公司充当了南非殖民者的角色，同时独霸了这一地区的贸易活动，并从中赚取了巨大财富。有史料记载，这一时期欧洲纺织、丝绸、香料进口贸易的绝大部分都是通过这家巨大的跨国公司来完成的，这种情况当然引起了正在蒸蒸日上的英国王室的高度不满，于是，英国东印度公司（English East India Company）应运而生。及至 19 世纪初叶，以英国东印度公司为代表的英帝国政治与商贸势力早已取代了其它欧洲海洋列强，在南非地区占据了绝对的主导地位，这个富饶的国度不仅成了英国的固定殖民定居点，同时英语也被好望角殖民区（Cape Colony）首任英国总督萨摩赛特勋爵（Charles Henry Somerset 1767—1831）正式宣布为开普敦（Cape Town）地区乃至整个南非英属殖民地的官方语言，这一标志性历史事件发生在 1822 年，这一年离 5,000 多名英国移民成批踏入南非之时仅距两年有余。

英语当然不是南非的唯一语言。根据 1993 年颁布的南非共和国宪法，这个国家认定 11 种语言为其官方语，包括除英语之外的科萨语（Xhosa）、祖鲁语（Zulu），以及被称作“阿非利卡”（Afrikanns）的南非荷兰语，而后者是大部分南非白人族群的第一语言。据说，当初会讲英语的人只占全境总人口的 10% 左右，其中英国移民的后裔占据多数。随着英语的影响力不断提升，包括阿非利卡在内的各个官方语言不再是人们彰显自己族群属性的重要标志，讲英语逐渐被公认为南非最具国际功能的第一交际方式，于是，英语成了各族群白人和有色种群的通用语。根据 2006 年 6 月人民网《南非概况》的说法，南非议会中 80% 的文件都用英语发布，英语在当下南非政治生活中的重要地位由此可见一斑。

粗略地说，在种群复杂的南非，以英语为母语的族群大致有三个，包括白人（white speakers）、有色人（colored speakers）和印度人（Indian speakers）。白人大多为东开普敦（East Cape）居民的后裔，有色人的祖上也大部分居住在开普敦及其周边地区，而以英语为母语的印度人主要来自纳塔尔（Natal）。请注意，这里强调他们将英语称为“母语”，表明此处所讨论的是英语家族中的另外一个重要变体，一种以英语为第一语言的人群日常使用的方言，这一有别于英国标准英语（Standard British English）的形式，与从二语习得（Second Language Acquisition）中获得的那种非规范言语是有本质区别的。

那么，在南非英语中，哪些是其区别于英国标准英语的典型方言特征呢？有人说，南非英语的显著特征有二，其一是大量从当地语言借入的外来词汇；其二便是与英国标准英语具有显著差别的南非英语发音。先来看看第一个特征。其实，因进入陌生文化而产生与该文化相符的人名地名物名概念名词汇实属常识，不足为奇。根据克里斯托尔提供的 1988 年统计数据，南非英语中 48% 的词汇具有南非荷兰语的血统，从班图语言（Bantu languages）进入英语的词汇大约占 11% 上下，其它来源还有科伊桑语系的各语言（Khoisan languages）、马来语等。姑且不谈 10,000 余个此类词汇，即便是仅占 29% 来自英国的，因不同文化的影响而形成语义变异的“新英语”（New English）字词数目也极为可观。我先给大家列举几个英语学习者不难辨认的习惯用语。假使一位南非朋友打来电话告诉你，他今天一直不舒服，所以下午要留在家里，不过，一会儿他便做你交代给他的工作。这位朋友或许会这样用南非英语说：“I have been rather very ill today, so I will be by the house this arvey and I will do the job just now.”。乍看上去，除了对 arvey（afternoon）这个词略感生僻，对说话人的意思不十分清楚之外，从字词拼法到短语用法上，似乎也分辨不出什么显著的问题。不过，读者一定对第一句中的 rather，第二句中的 by the house 和第三句中的 just now 有些不解其意。朋友用错词语，说错话了吗？当然不是。南非英语因受阿非利卡语和其它当地语言的影响，已经在语法上，语义上和词汇上发生了显著的变化，因此，尽管这几句话中的每一个词每一个短语都是地道的标准南非英语，其变化已经给我们造成了一些理解上的麻烦。

上面例子中的“电话”（telephone）在南非日常英语中常以 bell 替代，这个词很像英国英语中的 ring 字，如 Give me a ring（给我打个电话）。此类颇具南非英语特点的常用单词还有很多，比如 bioscope（电影院）、bottle store（卖酒商店）、robot（交通指示灯）、dorp（村庄）等，这些词都似曾相识，但意思已发生了蜕变。上列最后一个字似与源自古北欧语的英语词 thorp 有关，首字母不同当是近代传承过程中发生音变的结果。当然，一些原创于南非的英语词汇数量更多，比如，apartheid（segregation）这个词是由荷兰语中的apart（separate）和heid（hood）两个词拼接而成的，在南非共和时期（1852—1902）经由阿非利卡借入英语，如今已成为具有特殊历史定义的南非英语专门词汇。

下面我们讨论南非英语的发音。乍看上去，南非英语的语音与其词汇相比或显得有些“保守”，除了因不同语言碰撞而形成的一些音变之外，这个游离于英国标准英语之外的重要变体其实并没有太多显著的变化。当然，最初接触南非英语的人一定可以觉察出与英国标准英语的不同，尤其是因这一特殊国度的历史原因而形成的社会阶层之间的话语语音差别。在讨论这一话题之前，我们先简单回顾一下发生在上个世纪50年代初的一段往事。芬兰的著名学术杂志《语文学》（*Neuphilologische Mitteilungen*）于1954年刊发了一篇论文，题目是《当代英语的社会阶层语言区分指数》（Linguistic Class-Indicator in Present-Day English），作者是英国伯明翰大学的社会语言学学者罗斯（Alan S. C. Ross 1907—1980）教授。这篇文章通过分析不同社会群体所使用的英语，将使用者划分为上层（upper class）与非上层（non-upper class）两个人群，从而形成了一个新的社会阶层语言划分公式，即所谓“U and non-U Formula”。他的观点一经提出便在西方知识界引发了一场不大不小的争论，人们热议的焦点今天看起来并不十分学术，但其中强调的社会语言学观察角度是明显的，即凭借某人的话语习性辨认说话人所隶属的社会阶层。罗斯在这一领域的先导性关注与论述，当对拉波夫（William Labov）20世纪60年代之后所做的有关北美各社会阶层英语语音分化的研究，或许产生过一定的影响，对我们今天分析南非英语形成的社会原因也当有重要的参考价值。

显然，每一个人都会在说话之时不自觉地流露出某种腔调，社会分层（social stratification）中这位说话人的具体位置便因此得以认定。社会中各阶层所拥有的独特经历以及他们自己社会身份的独特认知，对其语音选择的影响的确是存在的。拉纳姆（L. W. Lanham）和麦克唐纳（C. MacDonald）于 1979 年写过一本专著，题目是《南非英语标准及其社会历史》（*The Standard in South African English and Its Social History*）。他们在这部专著中对只占南非国家总人口约 10% 的英语母语使用者做了一个具体的语音使用划分，依据这一分类，南非英语使用者可分为"保守语音使用者"（Conservative South African Accent Users）、"体面语音使用者"（Respectable South African Accent Users）和"特色语音使用者"（Extreme South African Accent Users）等三个类型。这个三分法与澳大利亚的情形差不多，占据绝大多数的群体是中间那些体面语音使用者，所谓保守语言使用者为数不多，但代表着使用与英国标准语音相近的传统英语使用群体，这些人往往与相当于英国贵族公学的私立学校（private schools）正统语言教育有直接的关联。整体上看，前两种语音差别不大，只是后者比前者更趋恪守英国腔罢了。真正凸显南非英语传统的当是第三种语音使用者，因为这批人无论来自农村地区还是来自城市贫民阶层，都与当地的南非荷兰语使用者有着广泛的接触，其英语也因此凸显着阿非利卡语的语音影响。正是由于这一原因，说第三种英语的人被称作特色英语使用者，他们浓重的地方腔调（broad accent）也就成了南非英语方言的典型标志。

被称为特色语音使用者所用的口头语言在发音上有什么显著的特征？如果做个简单的概括，或许可以这样归纳：南非英语语音中最突出的标志当是前短元音的系统音变（chain shift），也就是说，标准英语中的所有前短元音在南非英语中都各自高音化（raising），高前元音 /ɪ/ 向央元音 /ə/ 转移，即央音化（centralization），这一高度系统化的音位上移和央音化与我们前面讨论过的英语长元音大音变（Great Vowel Shift）有些相似，两者的最大区别在于这里所涉及的仅是前短元音，而不涉及长音系统。我来举几个典型的例子：低前元音 /a/ 提升为中前元音 /e/，因此英国标准英语中的 pat（拍打）在南非英语中的发音是 /pet/，听上去与 pet（宠物）相差无几，pet 这个词因受新系统发音的挤压要向上升高，其发音变成了 /pɪt/, 这样一来原本的单词 pit（坑穴）又受到了挑战，其音无法继续上移，只好向央音转移变成 /pət/，以避免因新旧发音相撞而造成的语义冲突。这是一个很规则的音变链条，一环扣一环，从旧语音系统蜕变成了新的系统。当然，在这一系统蜕变过程中，也有因某种因素而造成的非规则状况，比如，根据克里斯托尔的说法，高前元音如果紧跟着一个软腭辅音，如 /k, ɡ, h/，这个高前元音则不央化，因此，kit 不受这一音变系统的影响，其发音依然是 /kɪt/，这个词在南非英语韵体诗中自然不能与 sit /sət/ 形成押韵关系。

这一环环相扣的音变在带有前元音的词语中呈现出了显著的规律性运动，但没有对后元音造成系统影响。而后元音的变化主要表现在带有标准英国语音 /ɑː/ 的字词上。对此布兰德福特（William Brandford）描述道，在南非英语口语中，/ɑː/ 经过音变的典型发音是显著圆唇化了的 /ɔː/，因此，在南非英语中 park the car 通常被说成 /pɔːk ðə kɔː/，据说，这一变化是受早期移民伦敦东区土话发音影响的结果。

南非英语语音的另外一个突出特征表现在几个重要的双元音之上，所涉及的每一个英国标准英语中的双元音在南非英语中都有单元音化（monophthongization）的趋势。我列举两个例子：第一个是双元音 /ɛə/，其音变倾向是音位上移，单元音化，比如 fair hair 在典型的南非英语使用者口中会说成 /feː heː/；另外一个例子是双元音 /ai/ 向单元音 /ɑː/ 转化，比如英国绅士口中的 I tried to find you 在南非人口中会说成 /ɑː trɑːd tə fɑːnd juː/，句子中的每一个双元音都被南非人单音化了，这一现象也是南非特色语音使用者在英语方言形成过程中的一大贡献。

总之，英国标准英语在英国人殖民过程中在不同地区发生过几次重大变异，因此而形成了美国英语、加拿大英语、澳大利亚英语、南非英语等不同的重要英语方言。这些方言在不同程度上继承了标准英语的语法、词汇、发音，同时也经过变化丰富了英语家族的内容，成为英语的地区性标准变体。当然，在语言变异过程中，除了这些重要方言的形成之外，还出现了众多与其它语言相混合的语言现象，其结果是皮钦语和克里奥尔语的大量出现。这是下一讲所涉及的主要内容。

文化经纬

英语的拟声词

在现代英语中拟声词是比较稳定不轻易变化的词类。一般而言，此类词以一词形借助其发音模拟自然界的某一种声音，是任何语言必有的普遍表达形式。各种语言中“爸”“妈”两种称呼的声音极其相似，其原因大概是这两个词都源自小孩子们与生俱来的生理本能。英语称拟声词为 onomatopoeia，这个单词借自古希腊语，意思是 word making，说的就是这种出于生理本能而用某种音色对大自然的模仿，因模仿声音而生出的代表相似声音的词形便是我们今天所说的拟声词。

这一过程看似简单，如果仔细观察，其中还真的有一些语言学习者必须了解的细节。先拿动物的叫声举例。牛叫羊叫猫狗叫，这些都是我们不假思索就能脱口而出的声音，但这些动物发出的叫声在英语中如何表达，对以英语为外语的人来说可就没那么容易了。牛的叫声为 moo，羊的叫声是 baa，狗叫猫叫的声音分别是 bark 和 meow。有些常见动物的叫声在英语里有些令人意想不到，比如母鸡的叫声是 cluck，而鸭子的叫声则是 quack。还有一些动物的叫声在英语里变得很是复杂，比如青蛙发出的声音通常被描述为 croak，而北美青蛙的叫声则有变化，常用的拟声词是 ribbit。

在现代英语中，很多野生鸟类的名称源自人们从它们那里所听到的鸣叫声音，比如，澳洲鹦鹉的英语名字是 weero；美洲有一种水鸟叫喧鸻，个头不大，但叫声异常刺耳，其英文名字是 killdeer，据说这个名字的读音与其鸣声相似。据说北美的蓝松鸦与我们熟悉的乌鸦是同类，至于它为什么被称作 jay，大概就不用解释了。因叫声有特点而得名的鸟类还很多，比如 cuckoo、chiffchaff、chichadee 等。

其实，以英语为母语的人们历来有用声音为身边事物命名的传统，比如 zip 自然是拉锁发出的声音，年龄稍大一点的人一定记得 beeper 是什么物件，变焦镜头被称为 zoom lens 的原因也自然不言而喻。

人们在找不到恰当词汇描述某一种声音之时，通常会模仿其声音创造出一个新词来，这种例子在日常生活中比比皆是。比如老式挂钟钟摆摆动时发出的嘀嗒声在英语中是 tick tack，因生气而猛关房门发出的声音是 bang，饭吃得不顺当的打嗝声是 hiccup，将一盆水泼出窗外所造成的动静是 splash，见到心爱的人给她一吻自当用 mwah 来描写了。

在英美连环漫画中，因追求图画的独特叙事魅力，经常借助拟声词来尽力减少作品中的文字数量，其效果远远超出了人们的想象。有评论家曾这样描述 *Captain Easy* 和 *Buz Swyer* 两部长篇漫画故事的作者，美国的系列漫画作家克兰（Roy Crane 1901—1977）对读者的影响：

It was Crane who pioneered the use of onomatopoeic sound

effects in comics, adding "bam," "pow" and "wham" to what had previously been an almost entirely visual vocabulary. Crane had fun with this, tossing in an occasional "ker-splash" or "lickety-wop" along with what would become the more standard effects. Words as well as images became vehicles for carrying along his increasingly fast-paced storylines.

语言天地

当代文学英语

生于法兰西，长于英格兰，在德意志接受高等教育的英国作家毛姆（W. Somerset Maugham 1874—1965）素以突出的"国际视野"著称于欧洲文坛，这当然也与其后来的游历及其相关作品主题有着密切的关联。尽管人们对其文学史地位意见不一，他那本具有浓重自传色彩的长篇小说《人性的枷锁》（*Of Human Bondage*）堪称是一部20世纪英国文学史中的杰出作品。

毛姆一生创作了大量短篇小说，其中大部分都收录在九部短篇小说专集之中，有人说，毛姆之所以最终荣获20世纪小说家的盛名，在很大程度上源自读者们对其光怪陆离短小故事中语言表现力的钟爱。下面收录的是短篇小说《午餐》（Luncheon）中的一个片段。故事描述了一位初露头角的穷小说家的离奇遭遇。他在巴黎街头高档餐厅中不得不硬着头皮款待一位并不熟识的读者太太，在这顿"午餐"中他经历着一个接一个的难以启齿的煎熬：

…

We waited for the asparagus to be cooked. Panic seized me. It was not a question now how much money I should have left over for the rest of the month, but whether I had enough to pay the bill. It would be mortifying to find myself ten francs short and be obliged to borrow from my guest. I could not bring myself to do that. I knew exactly how much I had and if the bill came to more I made up my mind that I would put my hand in my pocket and with a dramatic cry start up and say it had been picked. Of course it would be awkward if she had not money enough either to pay the bill. Then the only thing would be to leave my watch and say I would come back and pay later.

The asparagus appeared. They were enormous, succulent and appetizing. The smell of the melted butter tickled my nostrils as the nostrils of Jehovah were tickled by the burned offerings of the virtuous Semites. I watched the abandoned woman thrust them down her throat in large voluptuous mouthfuls and in my polite way I discoursed on the condition of the drama in the Balkans. At last she finished.

"Coffee?" I said.

"Yes, just an ice cream and coffee," she answered.

I was past caring now, so I ordered coffee for myself and an ice cream and coffee for her.

"You know, there's one thing I thoroughly believe in," she said, as she ate the ice cream. "One should always get up from a meal feeling one could eat a little more."

"Are you still hungry?" I asked faintly.

"Oh, no, I'm not hungry; you see, I don't eat luncheon. I have a cup of coffee in the moring and then dinner, but I never eat more than one thing for luncheon. I was speaking for you."

"Oh, I see!"

Then a terrible thing happened. While we were waiting for the coffee, the head waiter, with an ingratiating smile on his false face, came up to us bearing a large basket full of huge peaches. They had the blush of an innocent girl; they had the rich tone of an Italian landscape. But surely peaches were not in season then? Lord knew what they cost. I knew too — a little later, for my guest, going on with her conversation, absent-mindedly took one.

...

第 21 讲　英语的克里奥尔语言变异

这一讲的话题是英语的克里奥尔（creole）语言变异现象。

讨论以英语为基础的克里奥尔语言，还要从前面提到过的皮钦语（pidgin）说起。四五百年前，欧洲人争相漂洋过海，开始为生存而寻找和拼抢海外资源与贸易市场，英国也随之逐渐加快了自己的脚步，将其触角迅速地伸向了欧洲以外的世界各个角落。无论是为了一时之需还是为了长远利益，英国人抵达某个心仪之地之后，必然要与当地的土著打交道，不同习俗的相互联系，大小生意的彼此往来，都会以语言的接触与融合为先导而相继展开。于是，这些来自英伦的文明海盗们闯入了“野蛮的”非洲、加勒比海、太平洋，英语也伴随着这一进程很快在各地催生出了一系列词汇贫乏、语义粗糙、句式杂乱的应急口头沟通语言，这便是以英语为基础的早期皮钦语天然模型。

最早收录 pidgin 一词的是《牛津英语大词典》第三版，其中的相关词条将这个词的词源与中国联在了一起，最早的记录设定在了 1850 年。据说，19 世纪初叶的上海曾经有一条细长的溪流自西向东注入黄浦江，其地理位置就在今天的延安东路一线，法租界和英租界分别占据了小河的南北两岸，由于这段水道地处黄浦江西侧，加上沿岸聚居着不少黄发碧眼的西洋男女，当地人便顺嘴将其称为西洋泾浜了。当时的这段河道及其两边的马路每天都熙熙攘攘地挤满了向洋人兜售小商品的上海买卖人，正是这些人在与洋人做生意的时候时常把英语中的 business 读成 pidgin，久而久之，坊间也就将错就错，将他们所用的此类“商务英语”统称为“洋泾浜英语”（pidgin English）了。

有关 pidgin 一词的源头还有其它说法，米尔霍斯勒（Peter Mühlhäusler）就在他 1986 年的专著中一口气列出了五个词源，其中之一与英语词 pigeon（信鸽）有关。提出这个主张的人说，既然买卖人使用的杂乱英语像信鸽一样在人与人之间传输着信息，称其为信鸽也无不妥，因此，人们便无意中臆造出了 pidgin 这个与 pigeon 发音相仿的专用词语。当然，将类似说法视为臆造的证据并不充分，或许有些武断。从这个意义上说，将 pidgin 与英语中的 business 直接联系在一起似乎更贴近皮钦语的早期生成环境，因此，这种说法也就逐渐得到了多数研究者的普遍认可。早在 1929 年，一位叫柯林森（C. W. Collinson）的学者在讨论南海诸岛的皮钦英语之时就明确说过，pidgin 源自中国，是“中国佬”（John Chinaman）误读英语词 business 的结果。柯林森对中国人的称呼如今已带着西方列强的傲慢走进了历史，但是，他所做的判断对当下中国语言研究者来说依然具有重要的参考价值。

粗糙的皮钦英语显然是应现实之需与其它语言混合而成的临时沟通媒介。随着使用时间的延长，使用范围的扩大，使用频度的提高，皮钦语在一定程度上得以拓展，进而变成了特定地域内现实生活中不可或缺的日常“交际语”。苏格兰阿伯丁大学的英语史学者芬内尔（Barbara A. Fennell）曾根据前人的研究成果对这一演变过程做过简洁的梳理。根据她列出的图示，两种地位不同的语言相互碰撞之时，交流者之间如果缺少双方可以共用的语言，他们会以强势语言为基础不自觉地共同拼凑出一种“临时接触语”（interim contact language），经时间磨砺而在形式和功能上逐渐稳定下来的这种接触语言，会成为使用者后代与生俱来的“母语”，这便是克里奥尔语的产生过程。基于这一认识，芬内尔进一步图解了两个地位不同的语言因接触，从混杂的皮钦语转化成独立的克里奥尔语，再从“下层方言”（basilect），经由“中层方言”（mesolect）和“上层方言”（acrolect），最终完成向另外一种新生语言的蜕变，这一过程所呈现的渐变方言状态，便是芬内尔所说的“后克里奥尔语言连续体”（post-creole continuum）。

以上情况是皮钦语和克里奥尔语的形成细节，以及它们在语言演化过程中所处的各自位置。至于皮钦和克里奥尔研究（pidgin and creole studies），甚至克里奥尔学（creolistics）这门特殊学问的形成过程，还要从大名鼎鼎的舒哈特（Hugo E. M. Schuchardt 1842—1927）说起。此人是19世纪末20世纪初长期在奥地利格拉茨大学（University of Graz）任教的著名德国历史语言学学者。早在19世纪80年代，这位原本潜心于罗曼语（Romance philology）和巴斯克语（Basque）研究的语言学家，曾发表过一系列别开生面的论文，以此将历史语言学界的视线引向了一个当时并不受重视的新兴学术领域，正是这些以“克里奥尔研究”（Kreolische Studien）之名而轰动一时的系列论文为舒哈特赢得了克里奥尔学创始教父的美誉。

在这一研究领域的创建初期，克里奥尔并没有立即成为趋之若鹜的“显学”，尽管一些学者对南非荷兰语等语言的克里奥尔起源做了很多有意义的探索，发表的文章除了招来些许质疑声之外，并未在学界掀起什么波澜。及至20世纪初叶，这一领域的研究者们依然保持着他们不咸不淡的学术位置，即便是献身于克里奥尔研究的舒哈特本人，也曾为同行们的集体漠视而发出过无可奈何的慨叹，这是1914年的事。克里奥尔真正进入语言学研究核心地带的时间当是1959年，这一重要年头见证了在牙买加举行的一次重要学术会议，其主题是

“皮钦和克里奥尔研究”，会议文献汇编所收集的大量论文确认了本领域的理论框架，并为后续研究提供了主要研究方法。事隔十年，代表西方人文社科学术前沿的美国《现代语言协会年度文献目录》（*MLA Annual Bibliography*）于 1969 年首度为这一领域的研究成果开辟了专门章目，这是国际语言学研究界接纳克里奥尔研究的里程碑。

皮钦语向克里奥尔语的转变，实际上是一种语言自觉地通过自我解构与其它语言深度交合（hybridization），并逐渐生成出另外一种全新语言的中间步骤，是语言历史中不断发生并反复得到印证的规律性现象。舒哈特曾以他对混合语（mixed languages）的考证为依据，提出了“混合语同源”的假想（monogenesis hypothesis），认为非洲西岸国家的众多克里奥尔语均源自一种以葡萄牙语为基础的 15 世纪“原始皮钦语”（proto-pidgin），经过后来的缓慢传播，这种原始皮钦语和其它语言再度混合（relexification），形成了今天的各种基于不同词汇来源语言（lexifiers）的克里奥尔语。据说，舒哈特假想的根据在于很多克里奥尔语中都留有葡萄牙语的痕迹。虽然学者们对这一理论至今仍有微词，但人们对语言的演化过程是抱有普遍共识的。一般认为，皮钦化（pidginization）和克里奥尔化（creolization）是任一语言生命周期（linguistic life cycle）的相互衔接，同时也在很大程度上相互交叠的两个重要环节，是不同语言接触（language contact）之时，通过接收强势语言（superstrate language）的词汇，融合弱势语言（substrate language）的句法结构，在普遍语法（universal grammar）内在生成能力的支撑下，语言使用者自我习得，并在使用的过程中逐渐使其优化起来的另外一种自然语言（natural language）。从这个意义上说，研究皮钦语和克里奥尔语有助于我们更为准确地理解人类各种语言的起源，对我们思考人类语言的未来也很有启发意义。

为了帮助各位加深印象，我下面列举几个有关克里奥尔语形成与发展的典型例子。从语言之间关联性这个角度看，美国黑人英语（African-American English）当与我们的英语史靠得最近。美国黑人历史是个很复杂的话题，就拿人们对美国黑人的称呼来说吧，在历史的演进过程中，其称谓就经历了数次重大变化。据文献记载，被英国人托尔逊（William Towerson ?—1630）从西非带回英国的三名黑人于 1557 年返回非洲黄金海岸，开始在自己的家乡用学来的英语为英国人的奴隶贸易做起了翻译工作，此时的欧洲称这些会说英语的人为"非洲人"（Africans）。及至 20 世纪初期，美国的民权运动迅速崛起，"国家有色人进步联合会"（National Association for the Advancement of Colored People）在纽约成立，并宣布"有色人"（Colored People）自此成为美国黑人的正式称谓。若干年后，《纽约时报》（*New York Times*）刊文，将美国黑人的官称改为"尼格鲁人"（Negros），这是 1930 年 3 月 7 日发生的事。这个称呼在社会上沿用了 30 余年，到了 20 世纪 60 年代中期，黑人民权运动领袖号召打破肤色等级（Coloracracy）枷锁，宣誓为黑人尊严而抗争到底，于是，"黑种人"（Black People）取代了带有殖民历史痕迹的称谓，黑人文化逐步得到了全社会的重视。1989 年，美国知名学者哥伦比亚大学教授马拉布尔（William Manning Marable 1950—2011）在《高等教育中的黑人问题》（*Blacks in Higher Education*）季刊上发表论文，题目为《是非洲裔美国人还是黑种人？》（African-American or Black?），从此，美国黑人的政治文化身份再次发生巨大变化，"非洲裔美国人"（African-Americans）一举成为上至联邦政府下到平民百姓普遍认同的正式黑人称呼。

与美国黑人称呼的变化几乎保持同步的是黑人英语的称谓，对此，语言学界曾经做过细致的梳理，甚至有人将其变化过程一直追溯到了美国史中的殖民年代。比如，早年间有人称美国黑人英语为

Ebonics，这显然是 ebony（乌木）和 phonics（发音学）两个古老词汇的混合体，意指黑人交流时从口中发出的声音。其它描述黑人英语的术语比较直白，比如 Negro Speech、Black Talk、Pan-African Language in the Western Hemisphere、Black English Vernacular 等。到了 20 世纪 90 年代，学界干脆用 African-American English 取代了沿用多年的 Black English，美国黑人英语至此得到了一个官方表述方式，当然，这一步步的变化也充分体现了美国人权运动在种族方言研究领域的持续关注与诉求。

需要注意的是，在美国黑人英语称谓的演变过程中，“格勒”（Gullah）是一个不可忽略的历史名称，因为这个词直接把我们带入了黑人英语形成的初始阶段。大家都知道，公元 1619 年，来自非洲的 20 个黑人奴隶被荷兰人押送到了北美弗吉尼亚，开始了他们在这块英国领地辛苦劳作的奴隶生涯。1865 年，伴随着美国南北战争的结束，长达 200 余年的蓄奴制度在北美被正式废除，此时，美国的黑人奴隶总数已增至 400 余万。值得注意的是，在这 400 余万重获自由的黑人当中，绝大部分是通过皇家非洲公司（Royal African Company）和非洲商贸公司（African Company of Merchants）这两家具有官方背景的英国公司，自安哥拉、塞内加尔、冈比亚、塞拉利昂等地贩运到南卡罗来纳、佐治亚、佛罗里达地区的。由于这批黑人奴隶中很多来自西非的安哥拉（Angola），欧洲的奴隶贩子们便借助谐音将操着不同非洲语言的黑奴统称为格勒人了，今天的大多数美国黑人便是这批被称为格勒人的后裔。

这里刻意提到格勒人，当然与关于美国黑人英语的讨论有关。据说，格勒人的出生地具有水稻种植的悠久历史，由于他们大多熟悉稻谷栽培技术，英国的贩奴者便把这些劳动力统统集中到了北美南部的英属领地，专门开垦并种植这种谷物。封闭的种植园环境，连同他们之间已有的语言障碍，彻底打消了奴隶们联手反抗或聚众出逃的念头，多种文化氛围也使奴隶们各具特征的非洲故土文化得以最大程度地留存融合，其中包括他们各自不同的语言文化。被后人称为格勒语的，正是这些奴隶在与当地白人接触过程中，逐渐创造出的一种以英语为基础的早期黑人克里奥尔语，这是美国黑人英语的源头。随着 19 世纪初“地下交通网”（Underground Railroad）将南部黑奴向北方和加拿大的大量输送，格勒语也自然成了整个北美洲黑人英语的源头。

客观地说，美国黑人英语的克里奥尔特征十分明显。这个语言不是一般意义上游离于标准语之外的方言变体，它实实在在是一种英语语言元素和诸多种非英语语言元素显著交融在一起的混合语言。下面我们以标准英语为参照，仔细观察一下经历过克里奥尔化复杂过程的美国黑人英语。

从语音角度看，尽管美国黑人英语的发音带有浓厚的早期南方白人方言腔调（drawl），掺杂其中的诸多非英语特征也是显而易见的，其中，词首齿间清擦音 /θ/ 的缺失最为突出。这个标准英语发音在黑人英语中通常表现为齿龈塞音 /t/ 或 /d/。咱们看几个典型例子：标准英语中的 through 常被说成 trough，而 throw 这个词的发音也出于同一原因变成了 trow。与此相仿，think 的黑人英语对应形式是 tink，不过，them 的情况有些特殊，因为这个词中的元音 /e/ 在鼻音之前向 /ɪ/ 音前移，在黑人英语中的形式是 dim。另外，黑人英语通常用前鼻音 /n/ 替代标准英语后鼻音 /ŋ/，致使 -ing 这个词尾的发音变成了 /ɪn/，比如 sing /sɪn/、ring /rɪn/ 等。前面例子中 think 的音变也属于此类。如果我们用“视觉方言”（eye-dialect）的方法依据实际发音抄录一个典型黑人英语的句子，其模样或许是 She tin she know me tru dim（She thinks she got to know me through them）。

大家知道，无论在标准英国英语还是在标准美国英语中，th 这个字母组合都会发齿间擦音，但是，黑人英语的发音与此却大相径庭。当这个字母组合在词尾位置之时，其发音并不是齿间清擦音 /θ/ 或齿间浊擦音 /ð/，我们所听到的经常是唇齿清擦音 /f/ 或唇齿浊擦音 /v/，比如，黑人将 month /mʌnθ/ 说成 /mʌnf/，把 smooth /smu:ð/ 一定说成 /smu:v/。当 th 出现在词首位置之时，标准的英语发音往往是齿间浊擦音 /ð/，而黑人英语的发音则是另一番景象，在这种情况下，其发音通常是 /d/，比如 those 这个词词首的 th 不发 /ð/ 音，而是 /d/，整个词读出来是 /douz/，与 doze 几乎完全一样，语音学称这个音为 th-topping，因为发音时舌尖不在两齿之间，而要抵触上齿龈。

以两种或多种语言为基础而形成的克里奥尔语，简化源语言中不吻合且又无伤语义传输的部分是克里奥尔语的一大特征，这一特征在美国黑人英语的语音表象上也有充分体现，其中最显著的是对词尾辅音丛（consonant cluster）的简化，比如，desk、guest、wasp、band、talks 等词后面的辅音丛通常会简化成 des、gues、was、ban、tok，上面例子中的 think 变成 tin，也属于此类。大家知道，以 s 结尾的英语名词变成复数之时，词尾加 -es，黑人英语中经词尾辅音丛简化而形成的 -s 词尾自然也当受这一发音规律的影响，如此一来，前三个名词的复数形式也就因类推在黑人英语中变成 deses、gueses、wases 了。有研究显示，因词尾辅音丛简化而省略掉的尾辅音以齿龈塞音 /t/ 或 /d/ 居多，即使是动词后缀 -ed 也不例外，特别是此类动词后面跟着一个以辅音开头的名词，词尾的齿龈塞音一定被简化掉，比如过去式 missed 和 passed 在口语中常被简单说成 miss 和 pass，因此，句子 She missed me 自然也就变成 She miss me 了。诸如此类的简化现象在双元音上也有所体现，比如 /aɪ/、/ɔi/、/au/、/ou/ 等。在典型的黑人英语中，这几个双元音倾向单元音化（monophthongization），变成没有显著音渡（glide）的长元音，其结果是，美国黑人英语中的 rice、toy、doubt、nose 丢失了原本双元音两音间的滑动，听上去很像 /rɑːs/、/tɔː/、/dɑt/、/noz/。

关于美国黑人英语的发音，还有两个有趣的现象，其一是单词重音的前移。到过美国的朋友一定会注意到，黑人总是把 defense 说成 /'dɪfens/，把 Detroit 说成 /'dɪtrɔːt/，把 police 说成 /'pouliːs/，把 umbrella 说成 /'ʌmbrelə/。另外一个发音现象也很有意思，即黑人英语中元音后的 r 音缺失（nonrhoticity）。美国英语历史告诉我们，由于早期移民方言的缘故，定居在新英格兰一带的英国人讲话时，没有通用美国英语中的元音后 r 音（post-vocalic r），而这些人与后来进入北美南部的非洲黑人之间并无显著的语音影响关系。可见，美国黑人英语中元音后 r 音的缺失与源自英格兰的西南方言和爱尔兰英语方言，并无显著的牵扯，也就是说，美国黑人英语中元音后 r 音的缺失很有可能源自某一非洲语言。

总体上看，美国黑人英语的语法要比它的语音复杂很多，特别是在字词形态方面黑人英语和标准英语之间的确有很大的不同。我们先来看看名词的形态变化。黑人英语的名词不常出现复数标记，一个妹妹是 one sister，两个妹妹的表述通常是 two sister，标准英语复数名词的词尾 -s 因语义意义上的冗余而被黑人英语所忽略。如果以上例子在逻辑上不影响语义的表达，把“吉姆的妹妹”说成 Jim sister 其意思就比较模糊了。不过，省略名词所有格后缀 -'s，的确是黑人英语常用的修辞特征，即便在形容词性物主代词的使用上，黑人英语也凸显着它的简约倾向，惯用的表达一般是 I love you sister（I love your sister）。

黑人英语中的动词形态变化也与标准英语有很大的差别。来看看动词的现在时态：当主语是单数第三人称的时候，谓语动词的词尾不发生任何变化，She make me breakfast every morning 当是再常见不过的表达方式；日常会话中，规则动词的过去时后缀 -ed 实在是可有可无，比如 He talk to me last week，或许可以将这个句子显现的情况解释为黑人英语对词尾辅音丛尾音的省略，因为当动词属不规则之列的时候，其过去时形态常在语句中得以保留，比如 He went home yesterday。可见，过去时这个概念在黑人英语动词形态中并不是完全不存在。

当然，在时间概念的表达上，黑人英语显然遵循着另外一套动词使用规则。请看几个突出的例子：在表达动作的过去概念时，动词往往不发生形态变化，像 He come yesterday（He came yesterday），这里的动词 come 被称为“无标记过去时”（unmarked past tense），yesterday 一词早已标明动作发生的时间，动词的形态变化显然多余。另外，在同一个句子中，如果“过去”的概念清晰，状态动词（stative verb）一般不发生形态变化，甚至彻底省略不用，比如 Larry sick when she come yesterday（Larry was sick when she came yesterday），这种用法似乎符合克里奥尔语的“语言简化”标准。另外，当说话者要表达某一动作发生在另外一个过去的动作之前，助动词 bin 则派上了用场，比如 Larry bin gone when she come yesterday（Larry had left when she came yesterday），这里的 bin gone 被称为“前过去时”（anterior past tense），与标准英语的过去完成时态（past perfect tense）用法相似。

黑人英语现在完成时（present perfect tense）的组合也与标准英语不一样。通常，说话者不用助动词 have 加过去分词的方式来表达现在完成概念，而是使用助动词 done 来代替标准英语中的 have，比如 Larry done gone（Larry has left）。当然，助动词 done 也可以与行为动词的过去分词组成过去完成时态，比如上面那个例句也可说成 Larry done gone when she come yesterday（Larry had left when she came yesterday）。另外，黑人英语中有一种不依赖助动词，只用动词形态变化来表达时间的情况，与标准英语中的动词过去时很相像，这就是我们熟悉的语法术语所说的进行时态。黑人英语表达进行时概念的方法很简单，不是标准英语的助动词 be 加现在分词形式，其语法形式只在动词后加上后缀 -in 即可，比如 How you doin?（How are you doing?），再如 Larry hollerin when she come back（Larry was hollering when she came back）。

美国黑人英语的另外一大特色是动词的多重否定。依据一般的语言逻辑，否定的否定当是肯定，但是，在黑人英语中，否定加否定是对后一个否定的语气加重，而且否定词越多，否定意味越发浓厚。美国社会语言学家拉波夫在《市中心语言》（*Language in the Inner City*）一书中曾举例说明这种多重否定的语法现象，比如，当黑人说 I ain't never had no trouble with none of 'em（I never had any trouble with any of them），他的意思一定是"我和他们中间的任何人都从未发生过冲突"。当然，标准英语之外的一些其它方言中也有这种多重否定的现象，但美国黑人英语在这方面显得尤为突出。

人们的一般印象是，美国黑人英语和美国标准英语并不会给使用者造成相互之间交流上的明显障碍，无论是语音还是语法，黑人英语很像是标准英语的不规范变体，其特征可以用"蹩脚英语"（broken English）一言以蔽之。其实，我们对这种说法并不陌生，因为这种说法似乎是因全球性扩张而便以"优越"自诩的英国早已习惯了二元对立英语区分传统。不过，如果从语言学的角度观察，一个地理区域因特殊需要，使一个侵入语言（prestige language）与另外一个或多个当地语言（local language）高度融合，由此而逐渐形成并固化下来的克莱奥尔语在本质上就是一个完整的全新语言。这一全新语言一旦形成，便面临着两种前途，其一是独立发展，其二是被动蜕化。如果克莱奥尔语与侵入语言保持密切接触，"非克莱奥尔化"（decreolization）便会出现，克莱奥尔语继续吸收侵入语言的各种语言特征，致使其越来越接近后者，这便是新生语言的第二种前途，这当然也是美国黑人英语的现实状况。

我在前面提到，黑人英语形成于欧洲人殖民与贩奴年代的初期。英国人与西非奴隶贩子的交往导致了“商务”色彩浓厚的皮钦英语的产生，随着黑人皮钦语在北美的克里奥尔化，一个新生语言在特殊的社会土壤中孕育成形并得以发展，这就是北美克里奥尔英语的由来，这也是经历了非克里奥尔化的当今美国黑人英语的前身。大家应该还记得前面讨论过的格勒语，语言学家贝内特（John Bennett）曾将其描述为“野蛮的原始人”（savage and primitive people）对“高度文明种族及其系统化语言”（highly organized language of a very civilized race）的粗糙模仿。请各位注意，贝内特所描述的正是美国黑人英语的最早形态，从他的评价中我们或许能够观察到，这个克里奥尔语和当今的美国黑人英语之间当也存在着巨大的差异。请看几个格勒语句子：I talk done（I have no more to say）; How you duhz fix you hog maw?（How do you cook hog belly?）; Larry bin done gone when Uh come（Larry had already left when I came），以上例句或许能给大家留下一个粗略的印象。

有人说，皮钦语是通过最大限度地剔除标准语中不影响基本沟通的语言要素而临时拼凑成的应需语言，后来的克里奥尔语只是在剔除程度上和应用稳定性上有别于皮钦语，为此而已。依据本章前面的讨论我们或可大致说，以上判断的前半部分忽略了皮钦语背后“标准语”的多语性质，而后半部分则缺乏对克里奥尔语自我完善这一自然语言功能的基本认识。为了进一步说明克里奥尔语的正常语言属性，下面我再给大家介绍一个比美国黑人英语更为年轻的克里奥尔语。

这个克里奥尔语在语言学界的常见名称是 Tok Pisin，汉语的译文通常是“托克皮辛语”，为了区别于其它同类语言，有人也称其为“新几内亚皮钦语”（New Guinea Pidgin），是 1975 年才从澳大利亚统治下独立出来的英联邦岛国巴布亚新几内亚（Papua New Guinea）的三个官方语言之一。这个世界第三大岛国曾经是南太平洋浩瀚烟海之中的一处无名之地，除了千百年前东南亚土著时常到这个群鸟栖息之地寻找各类羽毛，为其部落首领们制作漂亮冠带之外，再也没有人提及过这片岛屿，即使在欧洲人热衷海外探险的16世纪，这个地方也很少有人问津。据说，一位叫奥尔蒂斯（Yñigo Ortiz de Retez）的西班牙人于1545年曾造访过附近岛屿，他发现居住在这个地方的土著貌似非洲西部海湾的黑人，于是，他想起了葡萄牙人给非洲那一带“黄金海岸”起的名字Guiné（黑人之地），并在词前冠以“新”字，“新几内亚”（Nueva Guinea）便因这位欧洲探险家的臆想而成为岛屿的地理名称了。

也正是居住在南太平洋深处这片岛屿之上的岛民们使用着占全球12%的各类地方语言，其总数约在820个左右。从现代语言谱系分类的角度看，这820种语言大致可划分为两大类，其一是奥斯托洛尼亚语群（Austronesian languages），另外一个是巴布亚语群（Papuan languages），前者是群岛南部住民的语言，而后者的使用者大部分居住在北部地区。在经历了19世纪末期之后陆续到来的三波白人族群统治之后，居住在新几内亚东部和美拉尼西亚（Melanesia）诸岛的岛民们终于获得了一定程度上的独立自治，由于北方的巴布亚于1902年加入了英属新几内亚地区，这个国家获得自治之时便将巴布亚新几内亚定成了自己的国名。

如前面所述，巴布亚新几内亚是一个多语国度，不过，在几百种语言之中，绝大部分语言的使用者都在千人以下，即便是安格语（Enga）这个没有明显地域限制的南部高地语言，使用人数也不过在200,000左右。显然，因多语种共存而造成的语言沟通窘境曾严重地阻碍着这个新兴国家的正常发展，这当然是某种通用语最终出现的客观语言环境。于是，上个世纪70年代前后，英语、莫图语（Hiri

Motu)、新几内亚皮钦语便同时成了国家认可的三个官方通用语。不过，虽说英语是巴布亚新几内亚最受官方重视的语言，但英语的使用仅局限在政府运作、对外交流，以及中高等教育等领域之内，人们在日常生活中，除了特殊交际场合之外，并不时常使用这个来自欧洲的语言。相比之下，莫图语的境况稍好，因为这个语言是巴布亚南部沿海地区原住民的母语。但是，尽管这个语言一度被政府警方认定为专用语言（Police Motu），它始终未能摆脱其区域性质，从来没被认定为全国性通用语。

剩下的便是新几内亚皮钦语了。严格地说，新几内亚皮钦语是个语言学意义上的以英语为基础的克里奥尔语，正是这个语言几十年来在巴布亚新几内亚这个岛国之中独领风骚，出没于几乎所有官方的语言应用场合，其使用范围之广远远超过英语和莫图语。请看两个例子：其一，英语是官方认定的教育语言，也是任何一位巴布亚新几内亚人走出家乡、融入国际社会的必要装备，因此，这个岛国的受教育者均在漫长的学校生涯中始终以英语为伴。不过，小学生是个例外，孩子们自走入学校大门的第一天，便要接受新几内亚皮钦语的启蒙，时长三年之久，否则便会失去继续接受正统教育的机会。其二，1970年，当天主教传教士米哈利克（Francis Mihalic）神父创办《友人新闻报》（*Wantok Niuspepa*）之时，毅然选择了一度被当地英语使用者（anglophones）鄙视的新几内亚皮钦语为这个全国性周刊的唯一工作语言，使其迅速成为四大新闻媒体中最接地气发行量最大的刊物。由以上例子可以看到，新几内亚皮钦语在这个岛国独特的多元社会之中，至今依然保持着它难以替代的广泛影响力。

即便从1970年代算起，事情已与当今间隔了半个世纪，然而，新几内亚皮钦语在当地的社会生活中还在显示着巨大的语言活力，这种活力应归于多语种融合而凝聚在一起的多元文化能量。19世纪中期之后，西方人压榨南太平洋土著（blackbirding）的风潮导致无数不同语言背景的各地岛民聚集到白人控制下的种植园或采矿区。统治者与被统治者之间，以及不同语言背景的被统治者群体之间的交流障碍促使某一欧洲语言与众多当地语言融为一体（intermixing），形成操不同语言的人们可共同使用的通用语，此类通用语再经过漫长的由简及繁的复杂变化，逐渐累积起促成本质蜕变的自然语言要素。新几内亚皮钦语中的确凝聚着诸多语言，包括英语、德语、葡萄牙语，以及马来语、夸奴瓦语（Kuanua），甚至与其平行发展起来的所罗门群岛的Pijin语，瓦努阿图（Vanuatu）的比斯拉马语（Bislama），等等，这便是这个克里奥尔语获得并保持着自然语言生机的秘密所在。

多种语言的痕迹集中于一体是新几内亚皮钦语的典型特征。我们从词汇的角度观察几个例子：这个克里奥尔语诞生伊始，便被澳大利亚英语所包裹，因此来自英语的词汇量自然很大。请看，当地人把三个官方语言之一的英语称作 Tok Inglis，这两个词显然是英语中 talk 和 English 的直接翻版；paul 借自英语的 foul，意思是“不正确”，如果有人对你说 Em i paul，他一定是在告诉你，错在于他，与你无关。德国人与新几内亚的北部人有过密切接触，以德语为基础的克里奥尔语 Unserdeutsch 也曾对新几内亚皮钦语施加过直接的影响，因此，这个克里奥尔语中存在大量德语借词就不足为奇了，比如，bensin（gasoline）与德语 Benzin 一词的拼法完全一样；haus 虽和英语中的 house 长相接近，但与德语中 Haus 的无间紧密则不言而喻；maski 的大意是“没什么了不起”，从读音上看也应该直接借自德语的 macht nichts。对新几内亚皮钦语有过直接影响的欧洲语言中还有葡萄牙语，比如，pikinini 这个词的意思是“小孩子”，从拼写上看，与流行于早期葡萄牙属地的通用语单词 pickaninny 很相像，这当表明 pikinini 是经过皮钦化进入新几内亚皮钦语的葡萄牙语单词。

新几内亚皮钦语成形之前，无论是在克里奥尔化阶段还是在后来的非克里奥尔化阶段，当地的各种语言肯定是其混合词汇（loan blend）的另外一个主要源泉。这类例子在新几内亚皮钦语中比比皆是，比如：来自马来语的 amamas（happy, pleasing）、susu（milk, breasts），来自奥斯托洛尼亚语的 balus（bird, fowl）、kaikai（food, eat），来自莫图语的 bubu（grandparent, grandchild），以及来自斐济语的 lotu（church, worship），等等。

借助外来词以使借入语的语汇得到丰富，这是发展期语言的本能选择。当一个语言逐步走向成熟，另一种情况便会伴随着外来词汇的引进（borrowing）而逐渐显现，即借入词和借入语中已有的词语之间发生语义冲突，如此一来，两者之一不得不做出让步，而此类让步情形出现在后来者身上的概率更大。新几内亚皮钦语中的 meri 借自英语女性人名 Mary，进入新语言之后，这个词的性质便发生了转变，单就语义而言，meri 改为一般性形容词，泛指母性，与另外一个借词 man 相对，比如，bulmakau meri 这个词组的英语直译是 bull cow female，意思是“母牛”，与 bulmakau man（公牛）相对而言。与此相仿，kakaruk meri 意指“母鸡”，kakaruk man 当然就是“公鸡”了。

这种词语转义在相对成熟的语言中属常见现象，借助语言内可用资源（productive internal resources）成就词语建构，以一个词项（lexical item）加上另一个词项的方法组合新的词语（compounding），这种自造能力也是语言趋于成熟的独特标志，新几内亚皮钦语在这方面的表现十分突出。请看两个例子：其一，新几内亚皮钦语中的 gras 是从英语导入的借词，原义为长在土地上的“绿草”，由这个单词与其它词语组合后衍生出来的新词有 mausgrass（moustache）、grassnogut（weed），前者以两个词项 mouth 和 grass 相加组成一个新词，意思是“胡须”（长在嘴上的草），后者的两个词项是 grass 和 uncut，意思当然是“杂草”（未经割除的野草），经组合而成的两个复合词语义准确生动，似乎比高度词化（highly lexicalized）的 moustache 和 weed 更为形象贴切；其二，新几内亚皮钦语从英语中借入 bilong（belong）一词，当这个词在新的语言中扎根之后，在句法中担负起了介词的语法功能，其用法与英语中的 of 相像，同时又原汁原味地保留了源语言中“归属”词义。再用 gras 举两个由此派生出来的词组：gras bilong fes（beard）、gras bilong pisin（feather），如果各位知道 pisin 在新几内亚皮钦语中的意思是“飞鸟”，借自英语中的 pigeon 一词，你们或许有能力发现这两组词的妙趣了。

有关“词”的定义在语言学界多有争论。对词汇在语言中的分布状况做过系统研究的美国结构语言学家布龙菲尔德（Leonard Bloomfield 1887—1949）曾经说过：“词是语言中最小的自由形式”，如果定义中所涉及的是可以单独构成句子或话语的“词汇词”（lexical word），我们便有理由相信，这个语言最小单位的活力直接代表着它所在语言的生命力。从以上讨论中可以看到，以英语为基础的新几内亚皮钦语相对稳定的自我生成状态，或许是这个基本判断的有力注脚。

本章收尾之夜，恰逢 2022 年冬奥会在北京开幕，我为亲历祖国盛世，为能在双奥千年古都静心伏案读书写字而由衷满足。特录此情此景，以略表内心的感动。

文化经纬

扣人心弦的寻根小说

1977 年，美国《纽约时报》畅销书排行榜上赫然出现了一部引人注目的小说，题目是《根：一个美国家族的传奇》（*Roots: The Saga of an American Family*），此后的46个星期这部小说始终榜上有名，其中竟有22周雄踞榜首。同年1月，美国电视艺术与科学研究院（Academy of Television Arts and Sciences）斥资660万美元将这部小说搬上了电视屏幕，美国广播公司（American Broadcasting Company）的首映顿时轰动了整个美国社会。根据当年“尼尔森电视剧收视率”（Nielsen TV Ratings）的排行统计，这部作品的观众据说有1亿3千万之多，在美国电视史上稳居第三，接踵而来的便是普利策文学奖（Pulitzer Prize）、黄金时段埃米电视剧奖（Primetime Emmy Awards）、金球电视剧奖（Golden Globe Award）等几乎所有美国的重大奖项。这部后来被转译成37种文字的著名小说究竟是怎样一部作品呢？

小说的作者黑利（Alex Haley 1921—1992）出生在美国南部的一个黑人中产阶级家庭。他早年当过兵，做过随军记者，也在《读者文摘》（*Reader's Digest*）、《花花公子》（*Playboy*）等杂志做过文字编辑和专栏作家，而真正使黑利走上文学道路的是他对美国黑人家族谱系（African American Genealogy）的追索。1967年初秋，他在马里兰州的首府安纳波利斯小住，据说这是他的先祖200年前戴着沉重的镣铐登上美洲大陆的故地。正是在这里，黑利开始了他研究和撰写自己家庭历史的工作。

他后来在《根》中描述，孔塔（Kunta Kinte）是他的七世先祖，被劫之前生活在冈比亚河畔（Gambia River）一个叫诸佛里（Juffureh）的小村庄里。1767年，17岁的孔塔在村外寻找制作手鼓的木料时，被埋伏在那里的黑人奴隶贩子（slatees）捕获，并将其转卖给了一个满身腥臭味道的白人。接着，他被扒光衣服，打上烙印，戴上镣铐，蒙上双眼，连同其他被劫掠的一众黑人被强行推上了押解奴隶的欧洲商船“利戈尼尔领主”（Lord Ligonier）号。经历了漫长的海上漂泊与煎熬，孔塔在安纳波利斯（Annapolis）登上了北美大陆，在拍卖场被一个来自弗吉尼亚叫作沃勒（John Waller）的奴隶主买下。他试图逃跑过，也因为企图逃跑他被主人砍掉了右脚脚趾，成了瘸子。后来，孔塔的后代几经波折，来到了田纳西州一个叫作亨宁（Henning）的小镇。南北战争之后，美国废除了蓄奴制度，经过几代人的努力孔塔的后代逐渐发达起来，到了黑利的父辈那一代，这个家族已成为中产阶级，其父（Simon Haley）已是远近闻名的农学教授。20 世纪 70 年代黑利因受大英博物馆罗塞塔石碑（Rosetta Stone）的启发，立志追索自己家族的历史，在冈比亚口述艺人（griot）的协助下，终于在 1976 年完成了他的小说，一举成名。

出版之初，很多人认为《根》是一部口述历史，这部作品也因此饱受诟病，有人质疑其历史细节的可靠性，也有人认为作品中的一些情节有剽窃之嫌。不过，从整体上看，这部著作当是一本杰出的历史小说，其意义主要有二：其一，作品生动地描绘出了一幅美国黑人的历史画卷，从而为这一种群提供了大致可靠的谱系依据；其二，作品详尽地叙述了美国黑人英语形成与发展的来龙去脉，将黑人英语从皮钦语到克里奥尔语的演变过程生动地呈现出来，这后者对我们理解美国黑人英语的本质当有一定的帮助。

下面是从这部小说中摘录出来的一段黑人英语。孔塔的女儿基锡（Kizzy）被主人转卖给了北卡罗来纳州的农场主穆尔（Tom Moore），当晚便遭到了这个沉湎于年轻女奴隶的新主人暴力奸污。她从昏迷中清醒后发现年长一些的黑人女奴马利奇小姐（Miss Malizy）正在身边照料她。两个女人同病相怜，交谈了很久。

> ...
>
> Miss Malizy's brows lifted at the dismay on Kizzy's face.

"What work you done where you was?"

"Cleanin' in de big house, an' helpin' my mammy in de kitchen," Kizzy answered in a faltering voice.

"Figgered sump'n like dat when I seen dem soft hands of your'n! Well, you sho' better git ready for some callouses an' corns soon's massa git back!" Miss Malizy then seemed to feel that she should soften a bit. "Po' thing! Listen here to me, you been used to one dem rich massa's places. But dis here one dem po' crackers what scrabbled an' scraped till he got holt a li'l lan' an' built a house dat ain't nothin' but a big front to make 'em look better off dan dey is. Plenty crackers like dat roun' here. Dey got a sayin', 'Farm a hunnud acres wid fo' niggers.' Well, he too tight to buy even dat many. 'Cose, he ain't got but eighty-some acres, an' farmin' jes' 'nough of dat to lay claim to bein' a massa. His big thing is his hunnud an' some fightin' chickens dat Mingo nigger helpin' him raise an' train to bet on in fights. Only thing massa spen' any money on is dem chickens. He always swearin' to missy one day dem chilckens gwine see 'em rich. He git drunk an' tell 'er one dese days he gwine buil' her a house so big it have six columns crost de front, an' be two stories tall, an' even finer'n de houses o' dese real rich massas hereabouts what snubs 'em so bad, like dey still de po' crackers dey started out! Fact, massa claim he savin' up for de day he buil' dat fine house. Hmph! Might, for all I know. I know he too tight even to have a stableboy, let alone a nigger to drive 'im places like near 'bout all massas has. He hitch up his own buggy an' wagon both, saddle his own hoss, an' he drive hisself. Honey, de only reason *I* ain't out in de fiel' is missis can't hardly cook water, an' he love to eat. 'Sides dat, he likes de looks of havin' a house servin' nigger for when dey guests come. When he git to drinkin' out somewhere, he *love* 'vitin' in guests for dinner, tryin' to put on de dog, an' 'specially if he been winnin' pretty good, bettin' on his roosters at dem cockfights. But anyhow, he finally had to see wasn't no way jes' Uncle Pompey an' Sister Sarah could farm much as he like to plant, an' he *had* to git somebody else. Dat's how come he bought you..." Miss Malizy paused. "You know how much you cost?"

Kizzy said weakly, "No'm."

"Well, I reckon six to seb'n hundred dollars, considerin' de prices I'se heard him say niggers costin' nowdays, an' you bein' strong an' young, lookin' like a good breeder, too, dat'll bring 'im free pickaninnies."

With Kizzy again speechless, Miss Malizy moved closer to the door and stopped. "Fact, I wouldn't o' been surprised if massa stuck you in wid one dem stud niggers some rich massas keeps on dey places an' hires out. But it look like to me he figgerin' on breedin' you hisself."

语言天地

新几内亚皮钦语

牛津大学语言学家罗曼（Suzanne Romaine）曾在她的书中记录了一段与一位新几内亚老者的有趣对话。这位老者不是本地人，新几内亚皮钦语（Tok Pisin）也不是他的母语。当她问这位老人第一次听到这种克里奥尔语有何感受时，老者说这种语言听起来很像白人说的话，但当地的澳大利亚白人却一口咬定这不是他们的语言。

(Tok Pisin)

SR: Long taim yupela harim tok pisin pastaim, yupela ting em tok bilong waitman o nogat?

OM: Mipela ting em tok bilong waitman ia. Mipela ting tok bilong waitpela. Bihain ol i tok em i tok insait long namel i tasol. I no bilong waitman. Mipela askim kiap ol kiap mipela askim kiap. Mi tok, "Em tok ples bilong yu?" Em tok, "Nogat. Disfela tok pisin em i bilong yupela bilong Niu Guini." Mipela longlong. Mipela ting em bilong kiap ia bilong gavman, tok ples bilong en, nau. Nogat.

(English Translation)

SR: When you first heard Tok Pisin did you think it was the white man's language?

OM: We thought it was the white man's language. We thought it was the language of white people. Then they said that there's only a little bit [of English] inside of it [ie Tok Pisin]. It's not the white man's. We asked the kiaps [Australian administrative officials]. We asked the kiap. We said, "Is this your native language?" He said, "No. This pidgin language is your language, a New Guinean language." We were wrong. We thought it was the kiap's language, the government's language, their native language, but it wasn't.

直到 20 世纪 40 年代前后，人们才真正意识到英语和新几内亚皮钦语是两个很不相同的语言，正像一位当地人所说的，新几内亚皮钦语如同德语一样，虽与英语有着紧密的关联，但它已是一个截然不同的语言，换句话说，两者都是独立的标准语（normal languages）。

(Tok Pisin)

Ol hilong Germany ia tok strong liklik. Nau long England tru astokples bilong ol em England. Ol i go long asples bilong toktok na Germany em narafela. Toktok [bilong en SR] mipela sigarapim em narapela kain toktok, tok bilong strong.

(English Translation)

The Germans speak harshly. But in England itself, this is the mother country for them [those who speak English SR]. They go back to the place of origin of this language. But Germany, that's different. We compared the language [of Germany with that of England] and it is different. It's a foreful language.

第 22 讲　网络时代英语的再崛起

网络语言（Netspeak）当是英语语言的重要变体，也是本讲的主要话题。

语言变体（variety in language）是可供使用者酌情选择的不同语言形式。由于语言从来就不是整齐划一的统一体，我们自然可以根据不同情况将其细致划分。比如，在英语的方言（dialect）、语域（register）、谈话方式（manner of discourse）、谈话内容（content of discourse）等方面，我们可将其细分为很多不同的英语种类。举个例子："专门用途英语"（English for Special Purposes，简称 ESP）是"非母语英语"（English as a Second Language，简称 ESL）教育中的一个重要分支，仅这一领域就包括政治英语、宗教英语、科技英语等诸多变体，近些年国内英语教育界所特别关注的商务英语、法律英语也是这一分类体系中的重要内容。请注意：英语变体分类虽然庞杂，但要适可而止，不宜过细，比如，媒体英语或许存在，但报刊英语、广播英语、电视英语就未免有些牵强。

粗略地说，媒体英语还是有其明显特征的。研究媒体新闻报道的学科叫作新闻学（journalism），熟悉这一领域的朋友们都知道，新闻写作的核心在于对所谓"5Ws"的整体把握，即 Who、When、

Where、What、Why 这五个英语词，除此之外或许还可以在这串 W 的末尾再加上一个 How。常识告诉我们，这的确是一则新闻的核心内容，只有交代明白什么人，什么时间，什么地点，什么事由，什么因果关系，再描述清楚事情的来龙去脉，这篇报道才会有真正的新闻价值。另外，一位从事新闻报道的专业作者还要懂得如何形象地写好大标题（headline），以抓住读者的注意力，如何生动地组织全文首段落（first paragraph），以迅速将读者引入新闻故事，如何准确地提供故事来源（source），以强调新闻的时效性与权威性等，也正是根据以上特征的客观要求，有人刻意拟构出了“新闻语言”（journalese）这个别致且夸张的提法。

用今天的眼光看，这些特征似乎是与媒体语言相关的再普通不过的常识，但报纸的早期历史告诉我们，新闻写作者的关注点并不总是放在读者的阅读兴趣之上。1618 年，出版商维塞勒（Joris Veseler）在阿姆斯特丹创办了《意大利德意志新闻》（*Courante uyt Italien, Duytslandt, &c.*），他根据这份定期发行的对开大印张周报风格，又于 1620 年在罗马创办了首个英语报刊，并很快将其迁移到伦敦。遗憾的是，1638 年，这份英语报刊便因意识形态原因被臭名昭著的“星室法庭”（Star Chamber）蛮横地查封了。

其实，历史上任何全新传播媒介的出现都会触动到社会的敏感神经，如果动静过大也有可能遭到主流群体的质疑甚至压制。在报纸出现之前的 1476 年，卡克斯顿从比利时的布鲁日返回故乡，在伦敦威斯敏斯特宫建立了英国的首个印刷作坊。很快，这位印刷术的引进者便招来了英国上流社会的特别关注。19 世纪的爱尔兰画家麦克利斯（Daniel Maclise 1806—1870）曾创作过一幅传世油画，这个作品细致地描绘了卡克斯顿在威斯敏斯特宫向英王爱德华四世展示其印刷成果的情景，场面之豪华足以见证当时的卡克斯顿及其印刷事业在英国所享受的风光。当然，这只是故事的一个方面。1499 年，也就是卡克斯顿的印刷作坊开张 20 余年之后，伦敦坊间便出现了一幅渲染“死亡之舞”的版画（*La grante danse macabre*）。作品刻画的也是印刷作坊，不过，与麦克利斯的油画相比，这幅 15 世纪末的木刻却着意烘托着一种肃杀气氛，画面中的死神正在以狰狞的面目试图将忙于排字的工匠强行拖向坟墓。弥漫于作品之上的阴冷与恐怖显然是在提醒世人此生短暂，无人能够摆脱最终的死亡归宿。与此同时，木刻作品或许也在借助永恒的死亡主题暗示印刷商们切莫得意忘形，世俗读物的盛行，特别是“魔鬼信息”（voice of the devil）的泛滥，必然招来传统信仰的诅咒甚至唾弃。

19 世纪是新兴通信技术集中呈现的高峰期，电报和电话正是在这一阶段相继进入了人们的日常生活。1837 年，当库克（William F. Cooke 1806—1879）和惠特斯通（Charles Wheatstone 1802—1875）在伦敦与伯明翰之间的铁路上首度测试其电报系统之时，1876 年，当贝尔（Alexander G. Bell 1847—1922）的电话获得美国发明专利，并很快将话语透过声波在两地之间神奇传递之时，人们除了享受电信技术所带来的空前方便之外，也为传统的人际沟通方式或许一去不复返而暗自焦虑。接踵而来的广播电视更是给世人带来了莫名的担心。据说，当美国共和党人胡佛（Herbert Hoover 1874—1964）于 1928 年透过广播网向全国发表第 36 届总统人选获胜演讲的时候，朝野各界无不为这位政治家的高超鼓动能力而深感叹服，同时也为先进传媒在这次成功竞选中所发挥的特殊作用而唏嘘不已。

与大众生活息息相关的还有后来的便携计算机和移动电话。上个世纪 80 年代，民用计算机（home computer）的名称被“个人计算机”（personal computer, PC）所取代，其物理形态也在后来的一段时间发生了很大变化。直至 90 年代初期，人们在日常生活中所使用的计算机还远不是今天的便携计算机（laptop computer）这个样子。即便是80年代末出现的最时髦的IBM286型台式计算机（desktop computer），除了笨重的彩色显示器和与其相分离的移动键盘之外，还有一个装载硬件的扁方形金属箱子，微软视窗、汉语字模等各种软件要通过安装盘分别输入金属箱内的操作系统之中，否则，计算机便无法运行。便携式个人计算机出现于上个世纪90年代末，由于其设计酷似两片可折叠的蚌壳（clamshell），人们开始形象地称其为“笔记本电脑”，这种折叠设计使显示屏和键盘在移动时得到了有效的保护。这一时期的个人计算机还内嵌了专用电池，从而大大提高了计算机的便携度。随着体积和重量的变化，便携式个人计算机如今已成为人们书写文件，查询信息，相互交流的重要工具。

另外一个迅速提升远程人际交流效率的工具是移动电话（mobile phone），其形态演进更是令人眼花缭乱。移动电话开始走入寻常百姓生活的时间是上个世纪90年代初。记得1994年春天的一个周末，我在美国芝加哥第一次亲眼看到了移动电话，这个摩托罗拉移动电话的手持者是正在唐人街游逛的一位的中年美籍华人。那个时候，享用这种稀罕物件的人士非富即贵，为了显示拥有者的地位，主人甚至会安排跟班小弟手握电话在左右伺候，因此，人们惯于把这种随身携带的手提电话（handphone）尊称为“大哥大”。早期的手提电话个头的确不小，拨号用的数字按键码在机身下部，上方是只能显示一个电话号码的黑白液晶屏，机身顶端是固定天线的位置，电话通过这根天线接收或发送无线电讯号。后来的30年间，“蜂窝”网络电话（cellular phone）便迅速蜕变成了数字智能电话（smartphone），成了具有数码处理、网络联通、录音摄像、现金收付身份验证、出行导航等功能的无线通信系统，从而完成了由单一的移动通信工具向多功能高速移动网络多媒体传输平台的神奇转身。随着应用领域的不断拓展，其外表变得越来越精致，重量越来越轻巧，屏幕也越来越宽大。毫不夸张地说，如今的人们最离不开的便是这个已被冠名为“5G 手机”的贴身物件了。

当然，如此细致地回顾通信技术的发展，是为了讨论由此催生出来的新一代英语语言变体，也就是在本讲开始时提到的“网络英语”。自 1989 年英国牛津大学科学家博纳斯-里（Tim Berners-Lee）和他的同事推出万维网（World Wide Web）以及浏览软件开始，网络应用便在短短的两年内做好了井喷的准备，无数个“网吧”（internet café）几乎在一夜之间便涌进了全球各大城市。我还清楚地记得，北京的第一家网吧“实华开网络咖啡屋”于 1996 年 11 月 16 日在首都体育馆附近突然亮相。接着，数以百计的同类店铺在四九城的街头巷尾纷纷划出了自己的地盘，为以“上网冲浪”为最高时尚的无数老少网民提供了昼夜享乐的场所。正是在这段如火如荼的网吧文化发展过程中，因特殊语境而逐渐现身的网络语言引起了语言学者们的关注，描述这一语言变体的新词也在英语中相继露面，比如 Weblish、Netlish 等。不过，正像语言学家克里斯特尔所说，早在万维网被统称为“互联网”（Internet）之前，其全球化倾向已充分体现，多语言的相互融合（multilingualism）是互联网语言的突出特征，Weblish 和 Netlish 因其过于单一的指向局限很快被使用者抛弃，取而代之的是 Netspeak 这个或许更契合实际的网络语言名称。

网络语言含有来自不同语言的词素（morpheme），这是网络技术走向世界所导致的必然结果。当然，我们也应该看到，全球网络语言自诞生之日起便打上了英语的烙印，这是我坚持说 Netspeak 根植于英语，在本质上是英语变体的原因。大家一定熟悉 cyber- 这个名词前缀，它与 cybernetics 这个地地道道的英语单词有着直接关联。1948 年，美国麻省理工学院（MIT）的数学家威纳（Norbert Wiener 1894—1964）为了描述他有关人工智能的理念而一手杜撰出了这个新词，十几年后，《韦氏世界英语大词典》第三版（*Webster's Third New International Dictionary of the English Language*）首度将这个词条录入英语辞书，自此，它便以全新的姿态取代了古希腊词 κυβερνητική（steersman）。美国文化人类学者米德（Margaret Mead 1901—1978）后来又给 cybernetics 添加了一层更具神奇力量的引申义，用她的话说，这个词可用来精准描述不同领域的研究者，通过同一个强大语言得以相互沟通的神奇状况，于是，cyber- 迅速成为描述网络语言特殊功能的标准词素。用这个前缀组合出来的英语网络技术词汇的确很多，比如 cyberspace、cyberculture、cyberlawyer、cybersex、cyberkitchen、cybersitter 等。人人熟知的 cybercafé（网吧）也属于同一结构，英语在网络语言中的基础地位由此可见一斑。

称全球通行的网络语言为网络英语是有一定道理的。有关网络英语的特征，克里斯特尔曾经做过清晰的定义：

> When we examine the linguistic properties of Netspeak, it is hard to avoid the conclusion that what we have here is not simply a new variety of English, but a whole new medium, comparable to speech and writing in its distinctiveness and generality, and subsuming a great deal of linguistic variation.
>
> 我们如果讨论网络英语的语言功能，便难以绕开如下判断：摆在面前的并非简单的英语变体，而是一种全新的语言模式。无论是单独还是总体，其特征足以让我们将它与英语口语和英语笔语相提并论，因为这一模式已从语言学意义上远远超出了语言变体的范畴。

依据克里斯特尔的说法，网络英语不是一般的英语变体，其人际交流功用早已突破了语言学意义上的变体所及。那么，网络英语的特殊性体现在哪些方面？要说清楚这个问题，还需从其应用媒介赋予它的特殊定位说起。常识告诉我们，传输媒介对所用语言有着不容抵御的影响。比如，以字符数计费的电文传输引出了存有大量缩略语的电报语言风格（telegraphic style），上个世纪 80 年代风靡一时的寻呼机（pager）以及后来的早期移动电话，因其显示屏的容量有限（数字寻呼机的液晶显示屏仅能容纳 10 个数字，本世纪初移动电话显示屏的容量也不过 160 个字母），它们所传输的短信（text message）便充满了极度简化了的语句，和“表情包”（image macro）等图像化（iconification）的表达方式。当便携计算机走入人们的日常生活之后，这种语言变化趋势则愈演愈烈，渐渐形成了这一特定时期的语言表达时尚。

在博纳斯-里为高能物理学圈推出万维网这一沟通渠道之初，其想象所及一定是有限的。他的标准信息传输方案（standard protocol）居然在眨眼之间成为网罗全球的多媒体通用交流模式，对计算机研究界也当是始料不及之事，其中或许也包括美国计算机技术先驱汤姆林森（Raymond S. Tomlinson 1941—2016）。早在 1971 年，这位天才便建立起自己的“电子邮箱”（electric mailbox），又别出心裁地选用计算机键盘中的 @ 符号标出自己的私人网址，并从这个网址透过互联网发出第一个试验性“电子邮件”（email），带着他那神秘的“QWERTYUIOP”字母串，踏上了一条闻所未闻的人类交流新路。

从一个隶属自己的网址经由互联网向拥有私人注册网址的任何人传送任意信息，这是民间人际网络沟通的最初模式。几乎在这一信息传输模式迅速得到普及的同时，另外一种群体网络交流模式也悄然开始流行起来，这就是曾令世人着魔的网络“聊天群”（chatgroup）。在这个社交群体中，任何人都可以进入某个自己心仪的聊天室（chat room），与其中的任何人就任何话题以任何方式畅谈闲聊。参与此类交流的方式大致有两种：一种方式是直接加入其中并即兴表述自己的想法，进行“实时交谈”（synchronous chatting）；另外一种方式称为“非实时交谈”（asynchronous chatting），这种交谈方式对加入者没有时间限制，随时进入聊天室，随时开聊，参与者可任意选择已谈论过的话题发表自己的见解。无论使用哪个方式加入聊天行列，聊天者的话语都会被记录在实时滚动着的信息显示屏上，以再次引起其他人的注意并开启新一轮的讨论。

如此无拘无束畅快淋漓的网络群聊，一定会激发出网民们（netizen）前所未有的参与兴致，加上网络虚拟环境（virtual environments）的魅力在多媒体的协助下不断扩张放大，更使参与者对虚幻角色产生不自觉的认同，这种从文本到音像演绎出来的神奇情境很快便使大批乘兴冲浪的参与者们深陷其中，如醉如痴地与其他网上同伴一道享受起了“超验世界”（metaworld）中特有的各种幻象。根据林纲先生在一本网络语言教程中的说法，及至 2016 年，沉湎于网络社交平台上的中国网民即已达到 7.10 亿人，半年内的增长规模竟高达 2132 万。

正是如此纷繁多变的语言环境塑成了网络英语的特殊气质，当然也为克里斯特尔的定义提供了充足的口实。当他强调网络英语不同于英语口语，也与英语笔语有显著的差别的时候，这位细心的观察者对网络英语的判断是有其扎实理据的。克里斯特尔在其著作中曾经提到过一个有趣的例子：上个世纪 80 年代末期，美国电视台开始热播一部情景喜剧，题目是《西蒙森一家》（*The Simpsons*），这部动漫以 33 季 750 集的超长篇幅生动地刻画了一个充满摩擦且又十分搞笑的美国家庭，其中有一段几个人聚在一起讨论电子邮件的情节：主人公西蒙森先生对电子邮件一无所知，也不十分明白为什么使用电子邮件的人被大家奉为时尚偶像，于是，这位老兄向与其相交甚好的两位同事询问此事。其中一位老友想了想说：“电子邮件是计算机上的东西，好像是用电流发送出去的信件。”另外一位似乎对此了解较多，接茬道：“电子邮件是一通没有声音的电话。”一个是通过纸笔递送的信件，一个是经由口耳相传的电话，两个截然不同的交流方式却被电子邮件神奇地合为一体，这便是 1990 年前后人们的普遍认知。如果把当时人们对电子邮件的印象和克里斯特尔对网络语言的定义做个比较，我们会发现，两者之间虽然在表述上略有不同，它们对网络语言本质的理解却非常相似。

无论我们从哪个角度观察，网络语言与传统意义上的口语笔语既有明显的相同之处，又与二者存在着巨大的差别。就拿“网聊”来说，自决定与网络另一端的某人或某些人聊天之时开始，你的两只眼睛就固定在了显示屏上，你一定紧闭着双唇，尽可能快地把要说的话通过十个指头一个字母一个字母地依次输入计算机，虽说在这一特殊的“聊天”过程中，你下意识地使用“:-)”（smiley）等表情填补符号不断强化着“聊天”的感觉，不过，就整体而言，你还是在以“书写”的方式外化着自己内心的所思所想，你的信息是在通过手眼传递，其间的感受一定与朋友之间面对面的交谈有着明显的不同。从另外一个角度看，当你将自己的想法切分成一个个简短的片段，并把它们以文字的形式依次敲进显示屏的过程中，自己头脑中较早形成的思绪会随时被来自对方的只言片语所打断，你也一定会顺服地接受对方施加给你的影响，主动修正或者放弃自己业已开启的话题，并将改写过的片段及时传输给对方。这种一来一往随来随往的碎片式交流，显然带有很强的即时性和随机性，口耳相传是其主要特征，这与传统的笔语生成方式及其文本结构形态相比，同样有着本质上的差异。

口头对话的参与者通过表达、倾听和反应来实时交换信息，而参与书面交流的双方均期待对方以书写和阅读的方式择时发出和反馈信息，前者的即时性与后者的延迟状态源自人们在社会生活中自然习得并逐渐养成的交流习惯，同时也决定了它们在字词拣选和语篇建构等方面截然不同的风格。不过，当网络交流介入人们的社会生活之时，两种截然不同的语言风格被你中有我我中有你的特殊语境强行融于一体，加上多人交互（multiple interactivity）的逼迫，网络语言根本无法以原有的任何一种传统风格来应对新的语言环境，如此一来，语言风格发生变化是大势所趋，网络英语正是被这样一种特殊的语言环境催生出来的。

网络语言如影随形，时刻都陪伴在我们的左右。为了给本讲的讨论提供与网络语言相关的鲜活例子，笔者打开手机随意扫了几段朋友圈里推送的对话，其中所涉及的内容以及所使用的语言都让我感到新鲜甚至有些陌生。我在这里给大家抄录几句："吃瓜群众，不该遇事就插嘴，可楼上那位，你真逗逼，P 图磨皮达人，还抱怨男友脱单，你就不怕照片刷屏，登上热搜？化好你的妆，去胡同口买瓶农夫山泉，回来洗洗，看看帖子睡了吧。本宝宝生日，最好的驴友只留言没上墙，我都没吐槽。"暂且不去评论这几句话的格调，仅就句子结构和词语风格而言，你不觉得清新奇特且直接地气吗！

回过头来看看这些年网络环境中英语的典型表现。今天的 80 后朋友们或许还记得，上个世纪 90 年代末，中国的大小出版物上突然出现了一大批以"e-"开头的洋里洋气的广告招牌，比如 e-mail、e-commerce、e-zine、e-trans 等。打头的 e-mail 很快成了与大家朝夕相伴的电子邮件，后面的电子商务、电子期刊也陆续被社会所接受，成了日常生活的一部分，而随后的一个是通过网络为社会，特别是英特尔、通用电气、惠普等跨国公司，提供翻译服务的企业招牌。其实，这一潮流是全球性的，据记载，1998 年，美国话语协会（American Dialect Society）在其季刊《美国话语》（*American Speech*）发布的年度最具影响力英语词语排行榜中将"e-"置于榜首，并声称这个前缀在未来的日子里是最具构词潜力的英语词素。果然，几乎昼夜之间，以"e-"为首字母的各类词语便充斥了欧美各国甚至全球主要城市的街头巷尾。

任何一个语言的突出变化总会以词汇为先导逐步显现出来，而当代英语之所以再度受到语言学界的高度重视，也与网络英语在词汇形态上非同寻常的表现有着密切的关联。就整体而言，英语历来以利用传统词素创造新词的传统闻名于世，词缀附着（affixation）、词类转换（conversion）、词素混合（blending）、字词复合（compounding）等都是英语结构新词的有效手段，网络英语词汇近三十年突飞猛进的增长也恰恰证实了英语语言在这方面的巨大潜力。下面我们来逐一观察各类网络英语词汇的情况。

先看词缀附着的构词方法。网络英语中存在着大量利用原有前缀后缀重新组合而成的新词，以这种方法合成的词语往往带有鲜明的时尚色彩，所传递的概念很有新意。比如，用前缀 hyper- 组成的新词包括 hypertext（超文本）和 hyperlink（超链接）。前者的典型例子是 hypertext fiction（超文本小说），一种具有非线性故事发展脉络，具有不同视角、不同人物、不同情节、不同起因、不同结局的多文本网络小说样式。后者也与网络有关，是一种可以与其它相关文本交互链接的文本形态。比如，我们通常用来搜索各类信息的多语在线查找工具维基百科（Wikipedia）和同样具有强大查找功能的搜索引擎“百度”，在向使用者提供信息的同时，也会将文本中的重要术语与网络提供的相关定义或数据列表等内容链接起来，从而帮助读者获取与所查找的资料密切相关的其它重要信息，此类延展查找便是通过“超链接”完成的。

另外一个与计算机技术相关的时髦英语词缀是 -bot。据说这个后缀源自古斯拉夫语的 rabota，意思是奴隶提供的劳役，公元 1920 年，捷克作家恰佩克（Karel Čapek 1890—1938）在其科幻舞台剧《罗梭的万能工人》（*Rossumovi Univerzální Roboti*）中给他的人造精灵们选择了一个雅号，即 roboti（robots），这个新创词语（coined word）是后来网络

英语多产后缀 -bot 的根源。当然，正是这个词语后缀的特殊身世使我们容易领会网络英语中很多新词的词义。无论新词词义多么神奇玄妙，我们都知道它一定是某种通过提前嵌入的计算机程序，自动执行人类指令的“机器人”，比如，能够与另一终端客户沟通“闲谈”的软件系统叫作 chatterbot，能够收集网络上相关信息的软件系统叫作 knowbot、mailbot 一定是能够为邮政机构执行邮件投递任务的机器人，spybot 必定是能够按照既定程序潜入敌后，为军方刺探军事情报的机器人了。如果有人提起 annoybot，我们一定想象得到这是一个除了捣乱添烦别无它事的特殊自动系统，上个世纪 80 年代“阿帕网”（ARPA）上执行垃圾信息删除任务的 cancelbot 也属于此类嵌入式网络自动装置。

显然，从一个字词中截取部分词素用来组合新词，是扩充语言词汇的重要手段，也是彰显语言生命力的突出标志，网络英语中丰富的词语形态就充分体现了生机勃勃的英语构词活力。下面我们来观察传统英语的词汇扩展外延能力（extensions）在网络英语构词过程中的表现。

常见的构词方法是利用现有的词语成分拼接组合成一个新词，英语词法中称其为复合构词（composition），出现在信息技术发展之后的此类网络英语词汇可谓多如牛毛。来看几个例子，1984 年被正式收入牛津词典的 computer mouse（鼠标）衍生出大量与其相关的复合名词，比如 mouseclick、mousemat、mouseover、mousepad、mousepotato 等；与计算机软硬件（software，hardware）随之而来的有 firmware、freeware、groupware、shovelware、wetware 等；自从上个世纪 90 年代初 World Wide Web 这个名称被广泛使用之后，一连串与 web 相关的字词便相继走入了英语使用者的视野，比如 webcam、webcast、webhead、webhosting、webliography、weblog、webmail、webmaster、webonomics、webpage、webster、webucation、webzine 等。

各位当然知道，以上的例词都是由一个名词加上另一个名称或词素组合而成，其词义可想而知，这当然不是网络英语构词的唯一特征。熟悉网络英语的朋友一定感觉得到，凡来自传统英语构词法的说法，都可以在网络英语词汇中找到例证，比如，英语构词法中有一个术语，叫作“变换”，说的是词语的功能或类别的变更。下面我列举几个词类变换的例子。从名词转换成动词的情况很是普遍，比如 to mouse、to backspace、to clipboard 等。人们有时称沉湎于网络技术却不谙人情世故的人为 computer geek，当某位网络高手在你面前无事不与技术挂钩而高谈阔论之时，他是在 geek out，这也是将名词转换为动词使用的突出例子。

网络英语新词的形成远不止一般构词法所描述的方式。克里斯特尔曾举过一个有趣的例子。他说，网络使用者在查找所需信息的时候，往往会在显示屏上看到“404 error”提醒，因此得知网络中没有相关文件，这种习以为常的情形其实也是网络英语极富创意的语言面貌。“404”的提法源自 1995 年的一部美国影片《四间客房》(*Four Rooms*)。这部轻松喜剧讲述了旅馆服务生特德在入职第一天所遭遇的四个离奇窘境，其中一个就发生在 404 客房。特德按照前台的指示进入 404 客房为客人送所需冰块，不想客人见到他便破口大骂，指控他与其妻子私通，于是，特德在枪口的逼迫下任由客人摆布，完全弄不清究竟发生了什么。正在他不知所措之际，窗外突然传来楼上客人索要冰块的叫声，他恍然大悟，立刻冲出房门，迎面碰上了正在寻找 404 客房的另外一名客人，等待这位客人的当然是 404 主人的一场同样的怒骂，404 正是因为这段故事一举变成了网络英语表达离奇错误的标准语汇。随着时间的推移，404 又被网络英语使用者赋予了另外几层含义。比如，如果有人说“You’ve got a 404 look on your face”，他是在笑你满脸茫然，不知所措；如果有人奉劝你“Don’t bother trying to get an answer out of that 404 headcase”，你的朋友是在提醒你那个胡说八道的人在犯神经，不必介意他说了什么；如果你的同事告诉你“Sorry, I’m 404”，他是在为承诺过的事情没有进展而向你致歉。依据克里斯特尔的说法，这些与 404 有关的表达恰恰是网络英语词汇派生活力的鲜明例证。

说到这里，我顺便讲一讲网络英语的语言风格。大家知道，特殊的网络环境决定了所用语言简约与率直的特征，而形式简练无华表达直截了当的英语风格，早在互联网进入人们的日常生活之初，即已成为多数英语使用者的书写习惯，这种貌似预先准备好的语言状态当然要归功于简明英语（Plain English）倡导者们多年的不懈努力。英国语言学家麦克阿瑟（Tom McArthur 1938—2020）在其《牛津英语语言指南》（*Oxford Companion to the English Language*）中曾经高度赞扬过一个名为“简明英语运动”（The Plain English Campaign）的专业公司，正是在这个机构的奔走呼号下，截至 1985 年英国政府废止了 15,000 余种官用行政文书，另外 21,000 余种经过认真的文字修改之后才重新恢复使用。不过，早在马厄（Chrissie Maher）在英国开启“简明英语运动”之前，美国便制定了《文书工作减量法案》（Paperwork Reduction Act），并在两年后的 1978 年发布总统令，以全面推广政府文书简明英语使用规范，这是美国联邦政府《2010 年简明写作法案》（Plain Writing Act of 2010）正式出炉的前奏，也当是英语世界简明英语使用呼声的必然响应。

由美国总统奥巴马签署的 2010 年联邦法案要求，政府部门的行政文书全面使用简明英语，政府行政人员必须接受简明英语写作培训，政府官方网站所用语言要符合简明英语写作规范，自政府部门发出的所有文件必须与法案要求相互一致，等等。美国联邦政府的这一举措是对当代英语书写风格的官方确认，对英语笔语标准的最终形成起到了无与伦比的作用。2011 年 5 月 29 日互联网上出现了两段博客文字，对英语书写风格的转变做了一个对比。前一段是简明英语使用之前的景象：

> The amount of expenses reimbursed to a claimant under this subpart shall be reduced by any amount that the claimant receives from a collateral source. In cases in which a claimant receives reimbursement under this subpart for expenses that also will or may be reimbursed from another source, the claimant shall subrogate the United States to the claim for payment from the collateral source up to the amount for which the claimant was reimbursed under this subpart.

经过重写，这段文字一改繁冗造作的传统文风，呈现出了当今清新明快的英语书写面貌：

> If you get a payment from a collateral source, we will reduce our payment by the amount you get. If you get payments from us and from a collateral source for the same expenses, you must pay us back the amount we paid you.

显然，英语世界对书面语高效率高表达力的持续倡导为英语确立了富有时代色彩的简约基调，由此而生成的网络英语独特风格就不难理解了。

新生语汇与书写范式造就了网络英语的特殊性格，独特的社会风尚也在语言面貌的形成过程中起着难以估量的作用，而这种话语风尚往往具有昼夜间即可勃生的传奇色彩。20 世纪 20 年代初，一个叫作“阿奇”（Archy）的故事突然占据了纽约《太阳晚报》（*Evening Sun*）的整个专栏。故事的作者是美国通俗作家马奎斯（Donald R. P. Marquis 1878—1937），其中的主角则是一只会作诗的大蟑螂。每天夜深人静之际，它便钻进马奎斯的办公室，跳上他的那台老旧打字机，开始在键盘之上爬来爬去，不断地用头碰撞着不同的字键，于是，一系列妙趣横生的诗行便呈现在了打字纸上。这只蟑螂留下的离奇诗行使马奎斯大为震惊，蟑螂无意间透露出来的前世诗人奥秘更使他由衷慨叹。有意思的是，由于蟑螂身体的局限，它在打字过程中无法顾及到大小写转换键，因此，蟑螂用头磕碰出来的诗行完全由小写字母组成，其中没有任何大写字母，据说，后人称为“最简书写体”（graphological minimalism）的文字书写风格便是这样诞生的。

蟑螂写诗无疑是段发人深省的有趣故事，因为这则故事不仅开启了以阿奇为主角的系列童话，同时也引发了“全小写”的英语书写时尚。今天的人们读到阿奇的故事或许依然发笑，但不会意识到这段文人臆造的时尚竟然给英语书写风格带来了不小的影响。英国时装零售巨头“新风貌”于 1969 年出现在英格兰西南小镇汤顿（Taunton），之后不久，开创者们便以全小写的 new look 两个词将其品牌做了恰如其分的时尚定格。事隔 20 年，英国教育与就业部（Department of Education and Employment）出版了一本教师就业指南，题目是《教师：直面变革的挑战》（*teachers: meeting the challenge of change*），这部提醒教师们迎接挑战的官书选择了以全小写的书名向近 300 年的英语书写传统发起了直接的挑战，这件事发生在 1998 年。其实，小写字母远不是英国人的独特偏好，一生写过 2,900 余首诗的 20 世纪美国大诗人卡明斯（E. E. Cummings 1894—1962）也是这一书写时尚的超前践行者。这位先生一反英语大小写的传统使用规律，以全小写的诗行抒发其无拘无束的诗人胸怀，树立起了自己独特的英语写作风格，这不可谓不是英语书写史上的一大创举。

回想起来，每一个新兴传播技术的出现都会引出新兴的语言类型，从 15 世纪中叶的西方铅字活板印刷技术，到 19 世纪末开始席卷全球的广播电视技术，再到 20 世纪后期陡然兴起并蓬勃发展至今的电信网络技术，无不伴随着英语的多方面重大变更。今天的世界被物联网、数字货币、电子书、腾讯、网课、人工智能等新的概念不断覆盖、翻新，以英语为主要标志的网络语言也为之重塑、变换，这奇异的社会与语言的互动不由使我内心感受着一种强烈的冲动，希望能以克里斯特尔 27 年前写下的一段意味深长的话语来结束来讲的讨论：

> The electronic age has changed our lives, as communicating human beings. New methods of sending and receiving information enable us to communicate with a bank or supermarket, interrogate a library catalogue or encyclopedia database, or select from a series of menus, as in television data display (teletext). In each case, we have to learn new conventions of communication — new techniques of accessing or asking, new techniques of reading and assimilating. Interacting with a computer is (at present) not the same as interacting with a human being. And strange things can happen to conversational language when people let an electronic device come between them...

文化经纬

美国的布鲁斯摇滚

“布鲁斯”（Blues），也称“蓝调”，因为这个名字的原义为与忧郁情绪相关的“蓝色”，因其原义而最终成为发源于19世纪末的美国南部黑人音乐的名称。这种音乐具有自己独特的音阶、节奏与和声，而宣泄黑人情感则是其本质特征，因此，用“蓝色”界定这一南部乡土音乐风格，的确十分贴切。有研究显示，首次使用“布鲁斯”这个名称的是生活在19世纪美国的富腾夫人（Charlotte Forten 1837—1914），这位来自宾夕法尼亚州并以自由人的身份长期在南卡罗莱纳州教书的女诗人，曾经在其日记中写道，她每每走入家门，内心总是沉浸在苦闷的情绪之中（I often came home with the blues），为了得到某种解脱，她便把内心的孤独与抑郁记录在自己的诗歌作品之中。此类表达幽怨乡愁的诗歌经过黑人奴隶们的反复吟诵，便很快形成了一种有唱有和的“布鲁斯”咏唱风格，这大概是19世纪60年代前后发生的事。

最早的布鲁斯歌词只有一行，多以一人呼唤众人响应的方式反复吟唱，之后布鲁斯无论从形式上还是从主题上都日趋复杂多样。一般认为，《达拉斯布鲁斯》（Dallas Blues）是最早的典型布鲁斯作品，其发表日期为1912年，作者是俄克拉何马城大名鼎鼎的布鲁斯艺人万德（Hart Wand 1887—1960），这一作品的公开发表标志着布鲁斯艺术形式已近成熟，于是，12小节AAB结构（12-bar blues with AAB lyric structure）便成了布鲁斯持续多年并对后来创作形成巨大影响的标准范式。此后，无论从演唱形式上，还是从词曲主题上，布鲁斯都经历了日趋复杂丰富的演变过程。这一演唱形式从黑人到白人，从奴隶到自由人，从南部到北部，从乡村到城市，从北美到世界，一步步走向广泛的爱好者，其主题也随之从单纯的忧伤情调逐步掺杂进诙谐欢愉元素。

上个世纪50年代，正当越战如火如荼之际，以勒努瓦（J. B. Lenoir 1929—1967）为代表的芝加哥布鲁斯流派以更为时尚的音乐形式和更为丰富的艺术主题，将布鲁斯推上了一个全新的台阶。每当他怀中的吉他和他沙哑浑厚的歌声在低音贝斯和架子鼓的烘托下在夜总会中响起，富有芝加哥情调的布鲁斯便会引来无数痴迷者，他们总是久久地陶醉其中，流连忘返。关于他的演唱内容，当时经常与勒努瓦同台表演的布鲁斯艺术家狄克逊（Willie Dixon 1915—1992）曾以芝加哥布鲁斯的名义出版过一个专辑，题目为《亚拉巴马布鲁斯》（Alabama Blues），其中的一首作品足以显现当时同类作品的状态。歌中唱道：

I never will go back to Alabama, that is not the place for me,
I never will go back to Alabama, that is not the place for me.
You know they killed my sister and my brother,
And the whole world let them peoples go down there free.

狄克逊的演唱风格大有早期美国摇滚乐（Rock and Roll）的味道，有人说，这位艺术家是将布鲁斯和摇滚乐结合为一体，进而形成典型的布鲁斯摇滚（Blues Rock）的关键人物。

遗憾的是，为布鲁斯的成长付出巨大辛苦的勒努瓦于1967年4月在美国伊利诺伊州的厄巴纳城因遭遇车祸受伤而不幸去世，那年这位天才的艺人才仅仅38岁。2003年美国推出了一部纪录影片，片名为《人的灵魂》（The Soul of a Man），以纪念这位杰出的艺人。

语言天地

癫狂背后的理性

提起“意识流”（stream of consciousness）这个话语表达样式，一众现代主义英语文学名流便会涌入我们的脑海，比如美国的艾略特（T. S. Eliot 1888—1965）、英国的伍尔夫（Virginia Woolf 1882—

1941）、爱尔兰的乔伊斯（James Joyce 1882—1941），等等，他们不仅在其创作中尽情发挥自己对语言表述形态的独到想象，同时也非常乐意为自己的努力冠以“现代主义”等时髦标签，“多数人的文明，少数人的文化”这一信条曾促使这些“先锋”文学（avant-garde）践行者们不断标新立异，奋力突破传统与通俗的束缚，以图摆脱文学作品众口难调的现代窘境，艾略特的长诗《荒原》（*The Waste Land* 1922），伍尔夫的小说《达洛维夫人》（*Mrs. Dalloway* 1925），乔伊斯的小说《芬尼根的守灵夜》（*Finnegans Wake* 1939）就是此类文学作品的典型范例。

1840 年，当美国医生奥利弗（Daniel Oliver 1787—1842）首次在其著作中使用“意识流”这个新词之时曾描述道，多个思绪相互缠绕并延续不止的意识流，其实是遵循将不同印象合至一处的思维法则。换句话说，看上去混乱的语言表述着真实的思考，其表面的癫狂掩盖着本质的理性。从这个意义上说，“现代主义”作家们对“真实”的摹写不仅是对“新奇”的追求，应该说是一种进步，因为“新”必然取代“旧”，如同火车注定淘汰牛车一样。

下面的片段选自伍尔夫的著名小说《达洛维夫人》，用作者自己的话说，其中琐碎无序的叙述方法远远高于传统的现实主义技巧，因为混杂于一处的万千思绪更接近人们内心的真实活动。

...

For it was the middle of June. The War was over, except for someone like Mrs Foxcroft at the Embassy last night eating her heart out because that nice boy was killed and now the old Manor House must go to a cousin, or Lady Bexborough who opened a bazaar, they said, with the telegram in her hand, John, her favourite, killed — but it was over; thank Heaven — over. It was June. The King and Queen were at the Palace. And everywhere, though it was still so early, there was a beating, a stirring of galloping ponies, tapping of cricket bats; Lords, Ascot, Ranelagh and all the rest of it; wrapped in the soft mesh of the grey — blue morning air, which, as the day wore on, would unwind them, and set down on their lawns and pitches the bouncing ponies, whose forefeet just struck the ground and up they sprung, the whirling young men, and laughing girls in their transparent muslins who, even now, after dancing all night, were taking their absurd woolly dogs for a run — and even now, at this hour, discreet old dowagers were shooting out in their motor cars on errands of mystery — and the shopkeepers were fidgeting in their windows with their paste and diamonds, their lovely old sea-green brooches in eighteenth-century settings to tempt Americans (but one must ecomomize, not buy things rashly for Elizabeth), and she, too, loving it as she did with an absurd and faithful passion, being part of it, since her people were courtiers once in the time of the Georges, she, too, was going that very night to kindle and illuminate; to give her party. But how strange, on entering the Park, the silence; the mist; the hum; the slow-swimming happy ducks; the pouched birds waddling — and who should be coming along with his back against the Government buildings, most appropriately, carrying a dispatch box stamped with the Royal Arms, who but Hugh Whitbread; her old friend Hugh — the admirable Hugh!

…

结语　语言死亡与英语前途

英语语言史讲到这里已经接近尾声，我想以“语言死亡与英语前途”作为扫尾话题。

语言死亡（language death）与人类的生命终点有所不同，发生之时不会引发焦虑与恐惧，更不会使人们亲历那种刻骨铭心的伤痛与遗憾，因为语言死亡与我们的生活似乎异常遥远。不过，只要你想深入了解语言历史，就无法完全回避这个话题。语言死亡是客观存在，自然不以人的意志为转移。我先给大家讲一段亲身经历。2019 年底，我应发小之邀，开始为英国剑桥大学出版社翻译一部中国的史学著作，书名是《中国现代通俗文学史》。这本洋洋 80 万言的巨著在叙述中国现代通俗文学发展脉络的同时，列举了很多晚清民国时期各类作家的生平轶事，其趣味感在很大程度上化解了译书的辛苦，至今回想起来，那段时光依然让我很觉留恋。当然，除了享受其中的乐趣之外，这部书的某些章节也的确使我费过力犯过难。

比如，文学史开篇第一章便提到了 19 世纪 90 年代韩邦庆的章回小说《海上花列传》，这部作品浓墨重彩地绘制了一幅早年上海的大都会众生相，其中有一段故事令人印象深刻：主人公姚季莼偏好寻花问柳，当他的糗事败露之后，其妻姚二奶奶直奔妓院向老鸨魏霞仙兴师问罪。姚二奶奶乘着轿子在众仆人簇拥之下径直闯入大门，不由分说冲着魏霞仙便破口大骂，声言如不立刻交出姚季莼，她便命手下将其堂子砸个稀巴烂。围观的男男女女纷纷上来劝阻，不想魏霞仙突然上前一步，打断众人，高声喝道：

> 覅响！瞎说个多花啥！……耐个家主公末，该应到耐府浪去寻畹。耐啥辰光交代拨倪，故歇到该搭来寻耐家主公？倪堂子里倒勿曾到耐府浪来请客人，耐倒先到倪堂子里来寻耐家主公，阿要笑话！倪开仔堂子做生意，走得进来，总是客人，阿管俚是舍人个家主公！耐个家主公末，阿是勿许倪做嗄？老实搭耐说仔罢：二少爷来里耐府浪，故末是耐家主公；到仔该搭来，就是倪家客人哉。

魏霞仙的强悍尖刻立刻使堂屋里鸦雀无声，那口鼻朝天的姚二奶奶也被撑得瞠目结舌、无言以对，这位可怜的贵太太迟疑了片刻，自知理亏，只好抽泣着吆喝一声“走”，猛地掉转轿头，在一片哄闹声中打道回府了。这是一段很精彩的描写，其中那干净利落的“吴语”抢白也一定为这火爆场面增色不少。最早为这部小说叫好的读者群大多是韩邦庆的“同乡”，字字珠玑的台词自然会唤起他们对这部方言小说的好感甚至追捧。不过，即使在当时，这种“吴语”也是出不得上海地界的，不尽如人意的小说销量便是可靠佐证。韩邦庆的同行孙玉生就曾含蓄地表达过同样的疑虑，张爱玲（Eileen Chang 1920—1995）费力费时将这部作品转译为“国语”，其出发点也当是对这前景黯淡的“吴语”小说深感担忧。

至此，我所说的只是方言的地域局限，与我们关注的主题并无紧密的关联。记得初读老鸨魏霞仙的这段犀利刻薄的抢白之时，我就意识到了“吴语”的遥远。于是，我找来一位上海人，想请她协助我解读这段文字的确切意思。谁知这位土生土长的上海中年女士没等读完，便一脸茫然地直接用上海普通话告诉我，她们上海城里人并不这样讲话。你看，虽然仅仅时隔百年，地道的“吴语”即已不知不觉地被上海人忘却了，假如再过一百年，上海人还能辨别出今天已经渐行渐远的本地方言吗？

可见，语言是有可能“死亡”的。类似“吴语”的方言很多，它们或许正在世界的某些陌生角落无声无息地自我凋萎，并慢慢失去活力，最终走向死亡。根据 2011 年 8 月 29 日香港《南华早报》的报道，在中国 1,000 多万满人族群之中，真正懂得满语（Manchu）的人数少得可怜，即便在满族人聚居的黑龙江齐齐哈尔附近的三家子村，能说满语的也不过十几位年迈长者，用黑龙江大学赵阿平教授的话说，满语的消亡是早晚之事，全然不可避免。正在走向死亡的语言何止满语一个，时常被学界提及的还有印度安达曼群岛（Andaman Islands）的阿卡波语（Aka-Bo）。据报道，2010 年 10 月，一位名叫博阿（Boa Sr 1925—2010）的老太太以 85 岁高龄在南安达曼岛布莱尔港（Port Blair）的一家医院悄然离世，她身后没有子女，为老人送葬的是其在世的全部族人，共计 52 名。更令人唏嘘的是，这全球仅存的 52 位中，没有一个人会说本族的母语。至此，阿卡波语便在地球上销声匿迹了。顺便提一句：英国王室于 1858 年将印度纳入自己的日不落帝国版图，开始正式行使对南亚次大陆的统治权，及至印度被肢解的 1947 年，历时不到一个世纪，博阿老人在英属印度（British Raj）中的族群便从 5,000 余人锐减到了区区两位数，单从人口减少的速度看，阿卡波语当然在劫难逃。

语言死亡是已经持续了近两个世纪的沉重话题，围绕这个话题的争论也由来已久。以 19 世纪德国人博普（Franz Bopp 1791—1867）

为代表的部分历史语言学者长期坚持他们的语言进化观点，认为语言是个有机体（organism），必将因循自然法则，像任何其它有机体一样，沿着自然发展轨迹从幼年，途经少年、青年、壮年、老年，最终以死亡的形式完成一轮生命周期。换句话说，语言必然因其越来越明显的内在缺陷被更具生存活力的语言所取代，缓慢衰落，直至消逝。当然，与语言进化论唱反调的学者古来有之。霍尔（R. A. Hall）在讨论皮钦语这种非标准语言的生命现象时就曾经指出，与皮钦语不同的标准语言（normal language）并不是什么有机体，当然也不会有预期寿命。语言不过是世代相传的某种口笔表达习惯，所谓的“谱系树”中使用的人类家族称谓只是形象比喻，并不意味着自然语言像人类一样正在走着一条从生到死的必然路径。基于这种非达尔文主义的判断，讨论语言变化之时，诸如“进步”（progress）与“衰落”（decay），“原始”（primitive）与“先进”（advanced）之类的描述或有离谱之嫌，自当慎用，理由是语言只在形态上发生着变化，并无向好向坏，成长衰老等具有进化意义的方向性进展。

也正是这种关于语言生命的持续论争，使得历史语言学家们从进化臆想中逐渐脱出，越来越多地关注起语言变化过程中的“替代”（replacement）现象。丹麦语言学家叶斯柏森（Otto Jespersen 1860—1943）早在1922年便在其代表作《语言论：语言的本质、发展与起源》（*Language: Its Nature, Development and Origin*）中指出，英语变化的主要标志是，屈折词尾消失和介词短语、固定词序出现这两种趋势的同步发生，这一过程并未在任何意义上削弱或加强英语，只是以一种形态取代另外一种形态的方式，实现了同一机体中两个组成部分的此消彼长，又一次印证了语言变化中两者之间的“替代”关系而已。

无论如何，达尔文对生物世界的观察与推论客观上为语言研究开辟了更为广阔的遐想空间，我们今天即便不谈语言是否拥有并受控于自身的寿命铁律，世间众多语言之间的高低贵贱也始终是语言关注者们的热衷话题。至于孰高孰低，谁贵谁贱，则众说纷纭，从来没有出现过像样的定论。从哈佛大学语言学家奇夫（George Kingsley Zipf 1902—1950）“最省力原理”（Principle of Least Effort）的视角看，能够以最小词汇量表达最多语义的一定是最具活力的语言。如果这个推论成立，我们是否可以说，以简单为基础的活力会使一个语言的地位高而且贵？然而，按照一般常识判断，这种说法是很难经受仔细推敲的。别的不说，单从“简单”这两个字看，语言中的某种“简单”难道不是正在暗示着某种“缺陷”的存在吗？实际情况或许是，因简单而形成的某种缺失往往会带来为弥补这种缺失而不得不导入的另外一种“复杂”。

举一个与英语词汇相关的例子：在英语语法范畴中名词的数（number）历来是个热门话题。由于早期英语词源复杂，名词形态未免有些繁乱。在第九讲中我曾经提到，古英语因循古日耳曼语传统，将名词的数分成单、双、复三种，尽管双数在名词中逐渐消失，其单复数形式依然复杂。以今天仅存的几个不规则名词（irregular nouns）为例，其中有 4 个要在词尾加上后缀 -en 来组成其复数形式，因此，ox、child、brother、aurochs 的复数是 oxen、children、brethren、aurochsen。源自古英语的这些“土著”词汇本有其屈折词尾变化，但在中古英语后期，复杂的屈折系统逐渐被使用者遗弃，名词中大多倾向服从新兴的结构“规则”，即便是少数拒绝“驯化”的残留者，也在不同程度上通过类推（analogy）逐渐靠近新的词法套路，于是，brother 的复数在非诗歌语境下变成了 brothers，而 sister 和 daughter 两个词更是放弃了乔叟曾一度坚持使用的复数 sustren 和 daughtren，彻底加入规则行列，改成了 sisters 和 daughters。

此类屈折词尾的简化对英语使用者来说当然是省心省力的好事，

但是，正如前面所说，趋于简单化的屈折系统有时是以相关语义的流失为必然代价的。学习英语的人都知道，有一组复数形式没有词尾屈折变化的英语名词，包括 deer、sheep、swine 等，原因是这几个单词在古英语中是中性名词（neuter nouns），其古英语词形分别是 deōr、sceap、swīn，其复数主宾两格词尾没有阳性名词复数主宾两格的 -as 词尾，由于它们保留了传统的中性名词零词尾的复数形式，其当代英语的复数便呈现出了 deer、sheep、swine 的零词尾结构，这是大家已了解的情况。大家或许不熟悉的情况是，通过类比，一些本不属于零词尾的其它名词也相继进入了这一类别，比如古英语阳性名词 fisc（fish）、fugel（fowl）等，也同样由于类推的缘故，一些本来要加 -s 词尾构成复数形式的单词，通过不同的复数形式做了语义上的区分，比如，当涉及动物的单词指向一类动物的时候，其复数形式通常不加 -s 后缀，比如，“我去山上打野鸟”的英语是 I'll go and shoot wild fowl in the hills，“他是当地的捕鱼能手”则是 He is good at catching fish in the neighborhood，等等。但是，如果说“玛丽在院子里喂鸭子”，英语应当是 Mary is feeding her ducks in the garden，“我们今年要购买五十头猪”则是 We are going to purchase fifty pigs this year，两个词都加上了 -s 词尾，因为我们在强调动物的每一个体，与这两个词可数不可数无关。这些在历史上习以为常的细致语义区分，在近代英语屈折词尾不断简化的过程中，已经慢慢显露出了逐渐蜕化的迹象。

可见，奇夫的“最省力原理”或许是对人类行为倾向的准确描述，但用来描述语言变化有时未免牵强。在语言领域，与奇夫的观点最为接近的当数波兰人柴门霍夫（L. L. Zamenhof 1859—1917）的语言创造实践。在仅仅 14 岁之时，这位神奇少年便独自踏上了他一手创造并传播“世界语”（Lingvo Internacia）的不归之路，他所命名的“世界语”很快便被其追随者换上了他的笔名“希望者”（Esperonto）。

早在这个旨在协助实现世界大同的人造语言问世之前，其创造者便为其设定了一个奇伟的目标：一个具有词根与词缀自由组合的超强派生能力，以少量词汇实现充分沟通的世界通用人造语言，这个语言将使波兰人、俄罗斯人、德意志人、犹太人等不同民族远离战争，和谐相处，以实现“希望者”的和平梦想。柴门霍夫的理想的确伟大，但这条以语言铺垫的理想之路却充满了坎坷，即便今天看上去，这个理想也同样显得过于“骨感”。事实是，及至今日，世界语与英语相比，依然脆弱无助，甚至濒于死亡。

现在，可以再次回到有关英语的话题了，这里要探讨英语这个颇具“世界语”风范的语言，在未来难以估量的一段时间里可能的走向。我很喜欢阅读英国语言学者克里斯特尔的书，因为在他的字里行间我们总是能够感觉到一种预言家的深邃。就拿“世界通用语”这个话题来说，他曾经设想，当下的英语很有可能被后人肢解，从中提炼出最便于使用的语法词汇规则，重组成一个全新的英语变体，以供世界各地语言社群做交流沟通的主要媒介。据他所言，这一直通“世界通用语”的可能早在20世纪80年代就已初见端倪了，而且，这是英语发展的最大可能。这一充满期待的判断与当年牛津大学知名学者斯威特（Henry Sweet 1845—1912）的悲观想法迥然不同。1877年，就在斯威特沉湎于古日耳曼语言与文化研究的同时，他也在为百年后英语标准发音的分崩离析而深感担忧。当英国人、美国人、澳大利亚人因语言的变化而彼此难以沟通，英语或许也就走到了生命的尽头。不过，百年后的现实非但没有如此令人沮丧，语言学家们还为再过百年的英语命运做出了极为乐观的预见。

对英语的乐观畅想当然不是20世纪语言学家们的发明。曾在印欧语系研究领域做出重大贡献的德国语文学家格林在1852年的一次演讲中就明确指出，全部现代语言之中没有任何一个像英语这样充满力量与活力，所以唯有英语能够担当“世界语言”的重任，因为这个伟大的语言来自英国，一个必将统领未来，其影响也必将遍布全球每个角落。这是我所看到过的对英语最有信心的描述，这一点毋庸置疑。但是，我想在这里提醒大家思考这充满激情的言辞究竟基于怎样的客观基础。其实，为170年前这则演讲词背书的是英国甚至美国无与伦比的文化优势，也正是在这种文化优势之下，发表于1873年9月13日英国《语音学周刊》(*The Phonetic Journal*)的一篇著名的论文才有足够的底气预测，截至公元2000年，全球讲英语的人数会有零有整地飙升至1,837,286,153人。

发射于1977年9月5号的“旅行者I号”(Voyager I)外空探测器在离开太阳系履行其深空探测任务之时，美国宇航局别开生面地让这艘再也不能返回的宇宙飞船带走了一则人类音频信息，据说是时任联合国第四任秘书长的奥地利前总统瓦尔德海姆(Kurt Josef Waldheim 1918—2007)亲自录制的。这位阴差阳错被美国宇航局选中的人类代表向着浩瀚的太空冲着未曾谋面的宇宙精灵说了这样一段话：“本人谨以联合国秘书长的名义，代表几乎囊括本星球全体住民的147个成员国发出我们的问候。”这条划时代信息的语言不是德语，当然也不是其它语言，这走向银河系的第一条地球信息，字字句句都是用字正腔圆的标准英语朗读的，这当然昭示着英语背后强大的文化实力，至于未来的英语命运如何，时间或许会给出恰如其分的解答。

参考文献

中文文献

比德. 英吉利教会史. 陈维振, 周清民译. 北京：商务印书馆，1997.
丁弘. 历史上的大迁徙. 北京：中国发展出版社，2007.
郭方. 看得见的英国史. 北京：北京大学出版社，2018.
金志霖. 英国国王列传. 北京：东方出版社，1998.
李赋宁. 英语史. 北京：商务印书馆，1991.
梁葛, 海林. 英国史演义. 北京：知识出版社，1998.
林纲. 网络语言学教程. 北京：科学出版社，2017.
牛道生. 英语与世界. 北京：中国社会科学出版社，2008.
仁博德. 人文学的历史. 徐德林译. 北京：北京大学出版社，2017.
侍建国. 历史语言学：方音比较与层次. 北京：中国社会科学出版社，2011.
王忠和. 英国王室. 天津：百花文艺出版社，2007.
徐通锵. 历史语言学. 北京：商务印书馆，1996.
阎照祥. 英国史. 北京：人民出版社，2014.
赵林. 赵林谈文明冲突与文化演进. 北京：东方出版社，2006.
郑子宁. 东言西语: 在语言中重新发现中国. 兰州：敦煌文艺出版社，2020.

西文文献

Baldwin, T. W. *On the Literary Genetics of Shakspeare's Sonnets*. Urbana: U of Illinois P, 1950.

Barber, Charles. *The English Language: A Historical Introduction*. Cambridge:

Cambridge UP, 1993.
Barron, W. R. J. ed. and trans. *Sir Gawain and the Green Knight*. Manchester: U of Manchester P, 1974.
Baugh, Albert C. and Thomas Cable. *A History of the English Language*. London: Routledge, 1993.
Bennett, John. "Gullah: A Negro Patois." *South Atlantic Quarterly* 7-8 (1908-09): 332-347; 39-52.
Bevington, David ed. *Medieval Drama*. Boston: Houghton Mifflin, 1975. Blackham, H. J. A. "Definition of Humanism." *The Humanist Alternative: Some Definitions of Humanism*. Ed. Paul Kurtz. Pemberton, 1974.
Blair, Peter Hunter. *An Introduction to Anglo-Saxon England*. 2nd ed. Cambridge: Cambridge UP, 1977.
—. *The World of Bede*. Cambridge: Cambridge UP, 1990.
Blum, Ralph. *The Book of Runes*. New York: St. Martin's Press, 1982.
Brandford, William. "English in South Africa." *The Cambridge History of the English Language*. Vol. V. Ed. Robert Burchfield. Cambridge: Cambridge UP, 1994. 430-496.
Brook, G. L. *English Sound-Changes*. Manchester: U of Manchester P, 1935.
Burke, Peter. *Languages and Communities in Early Modern Europe*. Cambridge: Cambridge UP, 2004.
Burnley, David. *The History of the English Language: A Source Book*. London and New York: Longman, 1992.
Burrow, J. A. ed. *Sir Gawain and the Green Knight*. Harmondsworth: Penguin Books, 1972.
Cannon, Garland. *The Life and Mind of Oriental Jones: Sir William Jones, the Father of Modern Linguistics*. Cambridge: Cambridge UP, 1990.
Cannon, John ed. *The Oxford Companion to British History*. Revised ed. Oxford: Oxford UP, 2002.
Caugh, Albert C. and Thomas Cable. *A History of the English Language*. 4th ed. London: Routledge, 1993.
Chambers, J. K. "Canadian Raising." *Canadian Journal of Linguistics / La revue canadieene de linguistique* 18 (1973): 113-135.
Clapin, Sylva. *New Dictionary of Americanisms: Being a Glossary of Words Supposed to Be Peculia to the United States and the Dominion of Canada*. New York: Weiss, 1902.
Collinge, N. E. *The Laws of Indo-European*. Amsterdam: John Benjamines Publishing Company, 1985.

Collinson, C. W. *Cannibals and Coconuts*. London: George Philip & Sons, 1929.

Crystal, David. *The Cambridge Encyclopedia of the English Language*. 2nd ed. Cambridge: Cambridge UP, 2003.

—. *English as a Global Language*. Cambridge: Cambridge UP, 2003.

Dalby, D. *Black Through White: Patterns of Communication*. Bloomington: Indiana UP, 1970.

Davis, H. W. C. ed. *Medieval England*. Oxford: Oxford UP, 1928.

Davis, Norman ed. *Sir Gawain and the Green Knight*. 2nd ed. Oxford: Oxford UP, 1967.

Delderfiel, Eric R. *Kings and Queens of England and Great Britain*. 2nd ed. Newton Abbot: David & Charles, 1970.

Fennell, Barbara A. *A History of English: A Sociolinguistic Approach*. Oxford: Blackwell, 2005.

Gardiner, Mark. "The Exploitation of Sea-Mammals in Medieval England: Bones and Their Social Context." *Archeology Journal* 154 (1997): 173-195.

Gardner, John. *The Life and Times of Chaucer*. New York: Vintage Books, 1977.

Garmonsway, G. N. trans. and ed. *Anglo-Saxon Chronicle*. London: J. M. Dent & Sons, 1972.

Gimbutas, Marija. "Proto-Indo-European Culture: The Kurgan Culture during the Fifth, Fourth and Third Millennia BC." *Indo-European and Indo-Europeans*. Ed. George Cardona, et al. Philadelphia: U of Pennsylvania P, 1970.

Greenberg, Joseph H. "Some Universals of Grammar with Particular Reference to the Order of Meaningful Elements." *Universals of Language*. Ed. Joseph H. Greenberg. Cambridge, MA: MIT Press,1961. 71-113.

Grohskopf, Bernice. *The Treasure of Sutton Hoo: Ship-Burial for an Anglo-Saxon King*. New York: Atheneum, 1970.

Hall, R. A. "The Life-cycle of Pidgin Languages." *Festschrift De Groot (Lingua II)*: 151-156.

Hartmann, R. R. K. et al. *Dictionary of Language and Linguistics*. Trans. Huang Changzhu. Shanghai: Shanghai Dictionary Press, 1981.

Higgins, Ian M. *The Book of John Mandeville with Related Texts*. Indianapolis: Hackett, 2011.

Hogg, Richard M. ed. *The Cambridge History of the English Language*. Cambridge: Cambridge UP, 1992-2001. 6 vols.

Jean, Georges: *L'ecriture · Memoire des Hommes*. Trans. Cao Jinqing and Ma Zhenqing. Shanghai: Shanghai Bookstore Press, 2001.

Jespersen, Otto. *Language: Its Nature, Development and Origin*. New York: Henry Holt and Company, 1922.

Kamenetsky, Christa. *The Brothers Grimm and Their Critics: Folktales and the Quest for Meaning*. Athens: U of Ohio P, 1992.

Knowles, Gerry. *A Cultural History of the English Language*. London: Arnold, 1997.

Labov, William. *Language in the Inner City*. Philadelphia: U of Pennsylvania P, 1972.

Lanham, L. W. and C. MacDonald. *The Standard in South African English and Its Social History*. Heidelberg: Julius Gros, 1979.

Lehmann, Winfred P. *Historical Linguistics*. 3rd ed. London: Routledge, 1992.

Lockwood, W. B. *Languages of the British Isles: Past and Present*. London: Andre Deutsch, 1975.

Luria, Maxwell S. and Richard L. Hoffman ed. *Middle English Lyrics*. New York: W. W. Norton, 1974.

Marable, William Manning. "African American or Black?: The Politics of Cultural Identity." *Blacks in Higher Education* 2 (1989): 50-72.

Marckwardt, Albert H. *American English*. New York: Oxford UP, 1958.

Matthews, P. H. *Oxford Concise Dictionary of Linguistics*. Shanghai: Shanghai Foreign Language Education Press, 2000.

McArthur, Tom. "English World-wide in the Twentieth Century." Mugglestone 360-393.

—, ed. *The Oxford Companion to the English Language*. New York: Oxford UP, 1992.

McCrum, Robert, et al. *The Story of English*. 3rd revised ed. New York: Penguin Books, 2002.

McMahon, April M. S. *Understanding Language Change*. Cambridge: Cambridge UP, 1994.

Mead, Margaret. "The Cybernetics of Cybernetics." *Purposive Systems*. Ed. H. von Foerster, J. D. White, L. J. Peterson, and J. K. Russell. NP: Spartan Books, 1968. 1-11.

Meech, Sanford Brown. "John Drury and His English Writings." *Speculum* 9.1 (1934): 70-83.

Meillet, Nmtoine. *La Methode Comparative en Linguistique Historique*. Trans. Cen Linxiang. Beijing: World Books Press, 1995.

Millward, C. M. *A Biography of the English Language*. Fort Worth: Harcourt Brace Jovanovich College Publishers, 1988.

Mitchell, A. G. and A. Delbridge. *The Pronunciation of English in Australia*. Sydney: Angus & Robertson, 1965.

Mugglestone, Lynda ed. *The Oxford History of English*. Oxford: Oxford UP, 2006.

Mühlhäusler, Peter. *Pidgin and Creole Linguisics*. Oxford: Blackwell, 1986. *New Encyclopaedia Britannica*. 15th ed. Chicago: Encyclopaedia Britannica, Inc., 1988.

Page, R. I. *Reading the Past Runes*. Berkeley: U of California P, 1987.

Palmastier, R. A. *Descriptive Syntax of the Ormulum*. The Hague: Mouton, 1969.

Partridge, A. C. *A Companion to Old and Middle English Studies*. Totowa, NJ: Barnes & Noble Books, 1982.

Pyles, Thomas and John Algeo. *The Origins and Development of the English Language*. 3rd ed. San Diego: Harcourt Brace Jovanovich, Inc., 1982.

Romaine, Suzanne. *Pidgin and Creole Languages*. London and New York: Longman, 1988.

Rowland, Beryl ed. *Companion to Chaucer Studies*. Revised ed. Oxford: Oxford UP, 1979.

Smith, Jeremy. *An Historical Study of English: Function, Form and Change*. London: Routledge, 1996.

Smyth, Alfred P. *King Alfred the Great*. Oxford: Oxford UP, 1995.

Tacitus. *The Agricola and the Germania*. Trans. H. Mattingly. Harmondsworth: Penguin Books, 1970.

Taylor, Alan John Percivale. *English History 1914-1945*. Vol. xv. *The Oxford History of England*. Ed. George Clark. Oxford: Clarendon Press, 1965.

Tinniswood, Adrian. *The Royal Society*. London: Head of Zeus, 2019.

Trask, R. L. *Historical Linguistics*. Beijing: Foreign Language Teaching and Research Press, 2000.

Turner, George W. "English in Australia." *The Cambridge History of the English Language*. Vol. V. Ed. Robert Burchfield. Cambridge: Cambridge UP, 1994. 277-327.

Vantuono, William ed. and trans. *Sir Gawain and the Green Knight*. A dual-language version. New York and London: Garland Publishing, 1991.

Wrenn, C. L. and W. F. Bolton ed. *Beowulf with the Finnesburg Fragment*. Exeter: U of Exeter P, 1988.

Zipf, George Kingsley. *Human Behavior and the Principle of Least Effort*. Reading, MA: Addison-Wesley Press, 1949.